필드

박진숙 드라마 걸작선 ❶

필드

2006년 8월 25일 1판 1쇄 인쇄 / 2006년 8월 30일 1판 1쇄 발행

지은이 박진숙 / 펴낸이 임은주 / 펴낸곳 도서출판 청동거울 / 출판등록 1998년 5월 14일 제13-532호
주소 (137-070) 서울 서초구 서초동 1359-4 동영빌딩 / 전화 02)584-9886~7
팩스 02)584-9882 / 전자우편 cheong21@freechal.com

주간 조태림 / 편집 문효진 / 디자인 임명진 / 마케팅 김상석 / 관리 이현정

필름 출력 (주)딕스 / 표지 인쇄 금성문화사
본문 인쇄 이산문화사 / 제책 광우제책

값 14,000원

ISBN 89-5749-078-7
ISBN 89-5749-077-9(세트)

박진숙 드라마 걸작선 ❶

필 드

원작 소설이 있는 각색 드라마 모음집

청동거울

각색 원고를 묶으며

　소설 「필드」를 드라마로 각색하자는 제의를 받았을 때의 얼떨떨하던 느낌을 기억한다. 그때까지 나는 소설에다만 순정을 고스란히 바치고 있던 중이었다.

　시대는 변하고 있고 기회가 자주 주어지는 것도 아니라는 생각에서 해보기로 마음먹었다. 이미 만들어져 있는 소설인데 그 소설을 놓고 드라마로 옮기는 일이 무에 그리 어려우랴, 생각했던 것도 사실이었다. 그러나 그 일은 생각처럼 그렇게 만만한 일이 아니었다.
　또 다른 창작의 세계가 거기 있었다.

드라마를 쓰고자 하는 사람이면 각색 작업을 꼭 해보라고 권하고 싶다.

원작 소설과 각색된 드라마 대본을 비교·분석하다 보면 누구의 도움 없이도 영상매체에 접근하는 방법을 터득할 수 있게 될 것이다.

좋은 소설들이 드라마로 많이 각색되었으면 하는 바램이 있다.

문학이 대중매체의 옷을 입는다 해도 현명한 시청자들은 본질의 향기를 놓치지 않을 것이므로.

2006년 한여름
박진숙

차례

필드

원작 박진숙

극본 박진숙

연출 박진수

방송 1987년 10월 KBS TV문학관

필드

차희가 두 번째 나타났던 날 명옥은 생각했다.

차희는 변했나 보다, 아주 수더분한 쪽으로. 세월은 모서리를 깎아내는 명약이지 뭔가. 있는 그대로의 모습을 편안한 마음으로 받아들이도록 해야 해.

거실이랄 것도 없는 옹색한 공간의 풀자리에 차희를 앉게 하면서 명옥은 자연스럽게 이런 생각을 하게 되었던 것이고 그제야 그 어떤 긴장의 끈이 늦추어지던 것이었다.

널 만나려고 얼마나 고생한지 아니? 전화를 열 군데도 더 걸었다.

처음 차희가 명옥의 집에 온 것은 불과 이틀 전이었고 그 만남은 햇수를 꼽아 보니 딱 십오 년 만이었다. 차희가 왜 그렇게 자기를 만나고 싶어했는지 명옥은 도통 이해가 되질 않았다. 명옥은 단 한 번도 차희를 궁금해 하거나 그리워하지 않았으니까. 이런 느낌들이란 대개 상대성을 띠고 있을 것이었으므로. 차희에 대해서라면 명옥은 오히려 나쁜 기억을 갖고 있었다.

네 눈은 참 예쁘다. 그 독기만 좀 덜하다면 말이야.

차희가 명옥에게 접근한 방법이었다. 내던지듯 그렇게 말했을 뿐 차희는 명옥의 반응 따위는 전혀 개의치 않고 바람처럼 휙 스쳐 지나갔다. 이후 명옥의 안중엔 자꾸 차희가 넘나들게 되었지만 그건 어디까지나 마음뿐이었다. 명옥은 천성적으로 행동의 표출이 적었다. 화려한 용모에 성격까지 활발한 차희의 주변엔 남녀의 구분 없이 사람이 많았다. 고집처럼 시골티를 우겨 안고 있던 명옥은 언제나 홀로 지냈었는데, 대학 1학년의 봄은 그렇게 갔다. 학기말 고사가 시작될 즈음이었다. 명옥은 학교 뒷산 숲에서 막 도시락을 꺼내던 중이었다.

늘 여기서 이렇게 밥을 먹는 거니?

차희였다. 혼자 도시락을 먹는 모습이 좀 그럴 것 같아 늘 그래온 것처럼 숨듯이 찾아 앉은 자리였는데 차희가 불쑥 나타난 것이었다. 차희는 책을 싸안은 엑스자 모양의 팔을 풀면서 밥을 살 테니 내려가자고 했다. 명옥은 묵묵히 꽃을 지운 개나리 줄기를 꺾어 젓가락 두 짝을 만들었고 알루미늄 젓가락은 차희에게 내밀었다. 어머니가 담궈 보내신 아가미젓갈이 반찬의 전부인 명옥의 도시락은 잠시 무참히 버려져 있었다. 이날 차희는 명옥의 도시락을 반 정도 비웠다. 아가미젓갈이 너무 짜서 명옥은 신경이 쓰였지만 말은 하지 않았다. 차희도 별 말이 없었다. 이런 상황에서 어떻게 편안한 기분이 되지 않는 것인지 그것이 무엇인지 명옥으로선 꼬집어 말할 수가 없었다. 다음날, 첫 시간 시험 준비로 부산스런 강의실에서였다. 명옥의 책상 위에 흰 봉투 하나가 놓여졌다. 배가 불룩한 이상스런 흰 봉투 겉봉에서 명옥은 읽었다. 〈난 누구한테든 신세는 지고 싶지 않은 사람이다. 김차희.〉 쌀? 쌀이었다. 영락없는 수재민 구호성미. 〈원한다면.〉 이건 명옥이 마음속으로 쓴 답장이었고 침착하게 쌀 봉투를 책가방에 집어넣었다. 강의실 어딘가에서 차희가 지켜보고 있을 거라는 추측은 어렵지 않았다. 명옥은 면도날 같은 날카로운 것으로 김차희라는 이름을 마음에서 도려내었다. 열아홉이란 나이는 무얼 도려내는 일에 아주 도움이 되었다. 긴 방학을 마치고 이 학기가 되었을 때 차희는 오랫동안 모습을 드러내지 않더니 곧이어 휴학 소식이 전해졌다. 이 학년이 되었을 땐 결혼을 했다는 소식이 들렸다. 식장에서 이미 배가 불렀다느니 신랑이 나이가 많더라느니 소문은 삼 일 정도 무성했었다.

이거 애들 줘. 아니 너한텐 복수를 사용하면 안 되겠구나. 애가 하나라지?

첫 방문에서 차희는 아몬드를 박은 초코렛 한 상자를 내놓았다. 누구에게서 어떻게 자신의 이야기를 들었는가에 대해 명옥은 묻지 않았다. 세월에도 곰삭지 않은 딴딴한 무엇이 아직 남아 있는 탓이었다.

이제 집도 알고 했으니 자주 놀러 오련다, 괜찮지?

소재를 찾느라고 고생고생한 사람답지 않게 차희는 이내 일어섰다. 명옥은 집이 어느 쪽이냐고 물었고 친절하고 자상하게 노선버스를 일러주었다. 마음이 열리고 있지 않았음을 눈치채일 새라 명옥은 턱없이 조바심이 나던 것이었다. 명옥은 차희를 따라나섰다. 버스가 떠나는 것까지 보고 올 참이었다. 계집아이들이 손톱에 꽃물을 먹이기 위해 꽃이며 이파리를 다 따낸 봉숭아가 허전한 꽃대로만 남았고 코스모스가 막 꽃을 피우기 시작한 연립주택의 화단가에서 차희가 발걸음을 멈추었다.

더 놀다 가고 싶지만 파출부를 집에 보내야 할 시간이라…… 또 놀러 올게.

그래. 버스정거장 쪽으로 가면서 얘기하자꾸나.

명옥이 몸을 움직였을 때 차희는 핸드백을 열더니 작은 열쇠 하나를 꺼내들었다. 화단가에 무심히 세워져 있던 한 승용차가 차희의 것일 줄이야 명옥은 꿈에도 몰랐다. 우윳빛의 승용차에 익숙하게 오른 차희가 시동을 걸었다.

아, 저 이름을 다시 도려내고 싶구나⋯⋯. 명옥은 자신이 느끼게 된 고약한 배신감이 결코 선망에서 오는 열등감은 아닌 거라고 마음을 다잡았다. 차희의 승용차는 곧 사라졌다. 그 우윳빛의 화려함이 명옥의 팔등에 소름이 돋게 했다. 건듯 부는 바람결에 쓰레기 냄새가 우우 몰려왔다. 주황색 조끼를 입은 인부가 건너편 동에서 열심히 삽질을 하고 있는 모습이 보였다. 명옥은 팔짱을 낀 채 그 자리에 오래오래 서 있었다. 픽, 웃음이 나왔다. 정말 살림이 이렇게 쬐여서 어떻게 사누, 파출부로 나서든지 무슨 수를 내야겠어. 이건 별 생각도 없이 명옥 스스로 해온 말이었고 다음 보너스 받으면 운전학원에 등록해야지 차가 있든 없든 운전면허는 따 둬야 되지 않겠어? 요즘은 그게 상식에 속한다니까 말야. 이건 남편이 작년부터 해온 말이었다. 명옥은 팔짱을 풀고 허청허청 이층으로 향하는 계단을 올라갔다. 어쩐지 차희는 다시 나타나지 않을 거란 생각이 들었었다.

명옥은 마실 것을 가지러 부엌으로 갔다. 연탄광의 창을 통하여 상체를 젖혀 가며 연립주택의 마당을 훑어보았다. 우윳빛의 승용차는 지난번과 똑같은 자리에 주차해 있었다. 왜 그걸 확인하고 싶어졌는지 몰랐다. 있는 그대로를 받아들이는 거야. 명옥은 다짐했다. 이틀 만에 또 찾아온 차희가 아니던가. 명옥이 아들아이를 주려고 아껴뒀던 오렌지 주스 두 잔을 받쳐 들고 차희 앞에 앉았다. 갈증이 났었던지 차희가 단숨에 주스 잔을 비웠다. 한 잔 더 줄까 하고 묻는 명옥에게 차희는 솔직히 말해서 실망이다, 하고 생뚱스런 소리를 했다.

네 눈이 예전 같지가 않거든.

독기가 없어졌니?

둘은 소리내어 웃었다. 공동의 기억은 한 겹의 벽을 헐었다.

너, 쌀 봉투 기억하니?

차희가 먼저 말하지 않았으면 명옥이 똑같이 말할 뻔했다.

난 네가 좋았단 말이야. 다들 내게 접근을 못 해서 야단들이었는데 너만 날 모른 척했어. 얄미운 생각이 들었지 뭐니. 요 시골뜨기 콧대를 꺾어 놔야지 싶더라구. 얘, 넌 왜 그렇게 안하무인이었니 그때. 지금도 그러니?

누명 씌우지 말라며 명옥이 웃었다.

그래, 다 지난 세월이구 돌이켜 보면 청춘은 아름다와라다. 안 그러니?

차희는 다리를 뻗었다.

그나저나 우리나라도 보통 일이 아니다.

차희가 음성을 낮췄다. 그리곤 잠시 가만히 있었다. 명옥이 무슨 뜻이냐고 묻지 않을 수가 없었다.

인력 말이다. 너 같은 고급인력이 고스란히 집에서 썩고 있으니 말이야.

고급인력, 썩고 있다, 너 같은, 우리나라, 보통 일이 아니다……. 명옥이 차희의 의중을 알지 못해 눈만 자꾸 깜박이는 사이 차희는 또 말했다.

얘, 넌 하루를 어떻게 보내니?

이상스런 도전기가 묻어 있는 말투였다. 이제 명옥은 대답을 하기 위해 전전긍긍하는 꼴이 되고 말았다.

어떻게라니……. 그냥저냥이지 뭐. 다른 주부들처럼. 고급인력이랄 것도 없지 뭐.

명옥은 자신의 대답이 맘에 들지 않았다. 더 근사한 대답을 해야 했거나 그렇게 묻는 너는 어떻게 지내냐고 되물어도 좋았을 것이었다.

14

그러나 차희는 어떤 대답이 나왔더라도 그렇게 했을 다음 말을 다부지게 이어 갔다.

만족하니? 아니지! 아닐 거야. 너 지금 네가 풍기는 분위기가 어떤 건지 알고나 있는 거니? 이건 마냥 풀어진 동네아줌마 꼴이야. 네가 입고 있는 옷만 봐도 그렇다. 그게 뭐니, 허리도 없는 포대자루 같은 홈웨어가. 타이트한 옷을 입어 버릇해야 돼. 너 계속 그런 옷만 입단 봐라. 허리가 무진장 늘어날 테니. 늘어난들 네가 알기나 한다던? 마냥 방치상탠데. 너 더 늦기 전에 네 모습 찾도록 해. 넌 뭐든 맘만 먹으면 해낼 수 있는 잠재력을 갖고 있어. 난 이미 옛날에 그런 너를 알고 있었어. 눈빛을 다시 찾아. 그건 네 몫이야.

명옥의 심장이 아까부터 요동을 치고 있었다. 욕을 보는 것도 같고 칭찬을 듣는 것도 같은 것이 눈앞을 어질어질하게 하고 있었다. 차희가 고삐를 늦추지 않고 계속 내몰았다.

니네 남편 말이다. 어떤 사람이니? 수학 선생님이라고 들었는데, 어떤 사람이니? 여자가 나서서 무슨 일을 하는 것에 대해 영 떫어 하는 그런 꽉꽉 막힌 사람은 설마 아닐 테지. 하긴 요즘도 그런 웃기는 사람들이 도처에 있긴 있는 모양이더라만.

아냐! 그인 그런 사람 아냐.

서둘지 않으면 기회를 놓치게 되는 사람처럼 명옥은 다급하게 말했다. 남편과는 이런 문제를 놓고 얘기를 해본 적이 전혀 없었다. 거짓말 같은 사실이었다.

그럼 됐다. 내가 보니까 별 문제는 없겠어. 너 일자리 갖고 싶지 않니? 보람도 있고 사는 게 사는 거 같아진다. 물론 보수도 생기지.

그게 어디 쉬운 일이라던. 갓 졸업한 씽씽한 애들도 취직을 못 해 야단인 마당에. 애도 내가 돌봐야 하구……

명옥의 목소리엔 풀기가 하나도 없었다.

이런 못난 소리. 필요로 하는 곳을 찾아내면 될 거 아니니. 너 그 노력해 봤니? 안 해봤잖아. 그리구 아이 문제도 그렇다. 니 아들 중학생이지. 중학생을 왜 니가 끼고 도니. 아이들이란 다루기 나름이다, 너. 너무 싸서 키우지 마. 혼자 설 수 있게 독립심을 길러 줘야 해. 희생적인 부모가 자식에게 줄 수 있는 것은 부담감뿐이야. 놔 줘. 난 애들 싸안아 키우지 않아. 왜! 그게 옳다고 보니까. 남편이 갖다 주는 월급봉투나 쪼개 쓰고 앉아 있지 마. 너도 벌어. 아니 돈은 차선이야. 일을 가지란 말이야, 일을. 난 내 일을 가지구 있어. 한 육 개월밖에 안 됐지만 말야.

일을 한다면서 이렇게 놀러 다니느냐고 명옥은 물었다. 코너에 몰린 듯한 기분이 언짢으면서도 야릇한 기대감이 온몸을 스물거렸다.

파트타임. 얘, 여성들의 파트타임 일이 외국에만 있는 줄 알았지? 아냐 내가 바로 파트타임으로 일을 하고 있다구.

어머, 그거 괜찮겠네.

드디어 명옥의 얼굴에 부러움이 노골적으로 드러났다. 차희가 전화를 좀 쓰겠다고 했다.

곽 실장님? 저 김차희예요. 어디긴 어디예요. 필드에 있죠. 증원됐어요. 틀림없어요. 에이, 오늘은 이걸루 봐 주세요. 쉽게 된 일이 아니에요. 공을 얼마나 들인 일이라구요. 네, 대졸이에요. 저하구 같은 학교요. 동갑이에요. 그러니까 동기생이죠. 기대하셔도 좋을 거예요. 네, 밝을 명, 구슬 옥. 명옥이에요. 정명옥. 네네 그럼 내일요.

명옥은 주스 잔을 치우고 있다가 차희의 통화 내용이 자신과 관련이 있음을 알자 화들짝 정신이 들었다.

얘, 이력서하고 주민등록등본 한 통 준비하도록 해. 구비서류는 그것뿐이야. 간단해서 좋지? 졸업증명서 같은 거 떼오란 소린 안 하는 데니까 학력은 내가 말한 대로다. 공연히 고지식하게 굴지 말어. 나도 그렇게 돼 있으니까.

그랬다. 차희는 명옥의 중퇴 사실도 알고 있었다. 집안의 기욺과 남편의 적극적인 구애는 시차적으로 잘 맞아 떨어진 것이었지만 명옥에겐 두고두고 한이 되는 부분이었다. 1년만 더 버티었더라면. 명옥은 한숨을 내쉬었다.

내일 열 시다. 내가 약도를 그려 주고 갈 테니까 시간 지키도록 해. 물론 우리가 원한다고 다 되는 일은 아니다. 하지만 이 김차희의 추천이다. 일은 할 수가 있을 거야. 믿어 봐. 나 이래뵈두 상당히 유능한 직원이다, 너?

난 그곳이 무슨 일을 하는 곳인지도 모른다. 넌 왜 전화부터 하구 그러니?

아아, 정명옥 여사. 안심하세요. 이 김차희 여사가 이미 하고 있는 일이니까요. 애, 원서를 아예 대졸자만 받는 곳이야. 일단 나가서 교육을 받아 봐. 막말로 밑져야 본전이니까. 교육받아 보구 도저히 적성에 안 맞는다 싶으면 그때 그만둬도 돼. 그 누구도 강요하진 않을 거니까.

척척척 약도를 그려낸 차희가 다시 한 번 다짐을 두곤 자리에서 일어섰다.

너 언제까지 연탄내 맡으며 살 거니? 우리나라 주부들 중엔 만성 중독환자가 많대더라. 이제부턴 너 하기 달렸어. 열심히 해봐. 나, 차 끌고 다닌 거 얼마 안 됐어. 내가 벌어서 샀다면 너 믿을 수 있겠니?

막상 차희 앞에선 심드렁하게 굴었던 명옥은 차희가 돌아가고나자 마음이 급해졌다. 이력서에 붙일 증명사진이 없어 속성사진을 부탁했고 악필을 우려해서 이력서 용지는 열 장이나 샀다. 문을 닫기 직전인

동사무소로 달려가 등본도 떼었다. 퇴근해 온 남편이 물었다.

당신 뭐 좋은 일 있어?

나라고 뭐 맨날 그날이 그날인 줄 알았어요?

남편이 더 이상 묻지 않은 것은 다행이었다. 비밀은 불투명한 탓도 있었지만 혼자 즐기는 것에 더 오진 재미가 있었다.

명옥의 외출 준비는 의외로 간단하지가 않았다. 나이론 스타킹은 모조리 줄이 가 있어서 일일이 손을 넣어 검사를 해보아야 했고, 입고 나가리라 작정해 두었던 A라인 스커트는 허리가 어림없었다. 차희의 말은 일일이 옳은 것이었다. 당황해서 허겁지겁 옷장을 다 뒤졌는데 미리 해둔 화장이 엉망이 되도록 진땀이 솟았다. 소시지 같은 모습이긴 했지만 아랫배에 힘 주는 것만 잊지 않으면 그런 대로 괜찮은 니트 원피스를 입기로 했다. 아들아이의 간식거리를 챙기면서 명옥은 좀 안쓰럽다는 생각을 했다. 그러나, 널 언제까지 내가 끼고 있을 수는 없는 거 아니겠니. 엄마도 엄마의 일을 갖기로 했단다. 명옥은 소리내어 중얼거린 이 말이 아주 맘에 들었다. 남편에게 말하지 않은 일도 다시 한 번 잘 한 일로 여겨졌다. 아낄 줄을 알아야지. 이것은 남편의 십팔 번인 말이었다. 맏형네의 살림이 맨날 그 모양 그 꼴인 것은 형수의 씀씀이가 헤픈 탓이라고 남편은 몇 번이나 말했었다. 그 맏형의 그늘에서 결혼 전까지를 보낸 남편이었다. 그렇다 하더라도 남편의 십팔 번은 들어 주기 힘들 때가 종종 있었다. 가능하기만 하다면 내 수입은 비밀로 할 테야, 명옥은 은밀하게 웃었다. 전철을 탈까 하다가 명옥은 택시를 잡았다. 그러나 미터기가 수치를 더할 때마다 명옥은 간이 졸아붙었다. 이 무슨 소심증이람. 앞으론 택시를 타야 될 일이 종종 있을 것이고 또 타도 될 만한 여건이 될 것인데. 명옥은 자위하려 들었지만 남편의 음성은 쉬 떨어지질 않았다. 아낄 줄을 알아야지. 차희가 일러준

빌딩은 명옥이 생각했던 것 이상으로 엄청나게 높았고 으리으리했다. 아랫배에 잔뜩 힘을 주면서 명옥은 구두를 닦아 신고 나서지 않은 것에 대해 잠시 후회했다. 엘리베이터 속엔 예쁜 아가씨가 단추를 누르고 있었고 삼면으론 흑경이 붙어 있었다. 흑경 속에서 명옥은 두 눈에 힘을 잔뜩 준 자신의 모습을 보았다. 꼭대기 층에서 엘리베이터를 내린 사람은 명옥이 말고도 몇 사람이 더 있었다. 모두 하나같이 나이가 좀 들었다 싶은 아주머니들이었다. 같은 층에 보험회사라도 있는 모양이라고 명옥은 생각했다. 거긴 학력 제한이 없을 거라는 것도 함께.

정명옥 선생님? 정명옥 선생님?

명옥은 목소리의 주인공 앞으로 다가갔다. 남편의 직업 탓으로 사모님이란 소리는 종종 들어왔으나 선생님이란 호칭은 아무래도 낯이 근지러웠다. 명옥의 곁에도 같은 모양들이 속출하고 있었다. 얼굴을 모르는 이들이 서로 확인하고 맞아들이기에 분주한 것이었다. 보험회사는 꼭대기 층에 있지 않았다…….

미스 주예요. 곽 실장님이 기다리고 계십니다.

갓 여고를 나왔음직한 깨끗한 피부의 아가씨가 자기소개를 했다.

차희요, 김차희는 어디 있나요?

명옥은 보호자를 찾는 어린아이처럼 간절한 음성을 내고 있었다.

아, 김 선생님요? 지금 이 시간에 회사에 계실 리가 있습니까. 미팅 마치고 필드에 나가셨죠. 어서 가시죠.

호텔의 객실처럼 양켠으로 주욱 붙어 있는 방 하나로 미스 주가 명옥을 데리고 들어갔다. 실장 곽옥순이라는 자개 팻말이 붙어 있는 방 안쪽의 커다란 테이블에서 나이를 가늠하기 어려운 세련된 옷차림의 여자가 일어섰다.

어서 오세요. 환영합니다. 정명옥 선생님이시죠? 나 곽 실장입니다.

곽 실장이 남자처럼 악수를 청했다. 방 가운데로 커다란 타원형의 테이블이 놓여 있었고 문간 쪽으로 미스 주의 작은 테이블이 놓여 있었다. 곽 실장이 타원형 테이블에 속한 의자 하나를 빼주며 앉기를 권했다. 타원형의 테이블엔 여자 둘이 이미 앉아 있었는데 사무실과는 전혀 밀착되지 않은 생소한 표정으로 보아 명옥과 똑같은 입장인 모양이었다. 명옥은 곽 실장이 독신일 것이라는 생각을 했다. 곽 실장에게서는 전혀 살림의 냄새가 나질 않았다. 언발란스의 생머리가 잘 어울리는 것이 그랬고, 군살 한 점 붙지 않은 미끈한 몸매가 그랬다.

미스 주. 아직 시간이 있네. 정 선생님께도 차 한 잔 대접하지.

네, 실장님.

미스 주가 차 준비를 하면서 설탕은 몇 스푼을 넣을까 물었다. 명옥은 설탕은 치지 않는다고 말했다. 맛을 즐겨서가 아니라 비만을 염려해서 얼마 전부터 그렇게 해오고 있는 터였다.

어머, 곧 실장님 한 분 나오겠어요.

방 안에서 그 말의 뜻을 알아차린 것은 곽 실장과 미스 주뿐인 것 같았다.

우리 회사 실장님들은요 하나같이 설탕 안 친 커피를 드시걸랑요.

미스 주가 커피를 갖다 놓으며 설명했다. 명옥은 놀림을 당하고 있는 것 같았다. 차희가 모습을 내보이지 않은 것이 새삼 괘씸했다.

전 아직 이 회사가 무슨 일을 하는지도 알지 못합니다.

명옥의 음성이 경직되어 있었다.

어머, 그러세요? 좌우지간 김차희 선생님은 알아 줘야 한다니까. 김차희 선생님이 그러셨다면 그건 그것대로 아마 이유가 있었을 거예요. 암튼 일단 나오셨으니까 교육은 받아 보세요. 내용이 아주 알찹니다. 나머지 것은 교육 끝나고 결정해도 좋습니다. 하긴 최종 결정은 내가

20

내리는 것이 아니고 회사에서 내리는 것이지요.

곽 실장이 좀 거드름을 피웠다. 커피는 하루 중 첫 잔이었으므로 맛이 좋았다. 시계의 자명종 같은 소리가 먼 곳에선 듯 아련히 들려왔고 미스 주가 교육장 안내를 하겠다며 일어서라고 했다.

곽 실장의 전화가 명옥의 집으로 걸려 온 것은 아침 설거지를 끝내고 막 돌아섰을 때였다. 상대방을 확인하는 절차도 없이 축하합니다, 라고 말했으므로 처음엔 잘못 걸린 전화인 줄 알았다. 삼 일간의 교육을 어제로 끝낸 날이었다.

어제 오후에 최종 결정이 났습니다. 출근하셔도 좋습니다. 합격하셨으니까요. 출근하셨다 필드로 나가시겠어요? 아님 곧장 필드로 나가시겠어요?

묻고 있었음에도 그것은 묻는 말투가 아니라 자신 있는 단정 투였다. 두 가지 다를 명옥은 하고 싶지 않았다. 엄두가 나지 않는 일이었다.

전 못 하겠어요.

명옥은 스스로에게 다짐하듯 말했다.

못 하시다뇨? 왜요? 우리 회사 자료가 정 선생님 맘엔 들지 않으시던가요?

상대방이 반론을 펼 수 없도록 하는 완강한 힘이 그 음성에서 솟구쳤다. 아니 실제로 자료는 좋아 보였다. 장점이란 장점은 교육 중에 다 듣지 않았던가.

자료야 훌륭하죠. 하지만 제가…… 전 역부족일 것 같습니다. 그래서 그래요.

명옥의 음성이 움츠려들었다.

정 선생님. 지금 역부족일 것 같다고 말씀하셨나요? 그 말씀이 무책임하다고 느끼진 않으세요? 어떻게 맞닥뜨려 보지도 않은 상태에서 뭐 뭐 같다라는 표현이 있을 수 있습니까? 피차 배울 만큼 배운 사람들 사이에서 말입니다.

곽 실장이 세칭 일류여고에 일류대학 출신이라는 사실은 그 여자가 교육 강사로 들어오게 되었을 때 진행자가 소개를 해주어서 알게 된 것이었다. 명옥은 중퇴를 졸업이라고 썼던 자신의 이력서를 생각했다. 얼굴이 달아올랐다. 곽 실장의 음성이 부드럽고 낮은 것으로 바뀌었다.

정 선생님. 이번 기회에 살아가는 자세를 한번 바꿔 보세요. 정 선생님도 우리 회사에 며칠 출입하시면서 느낀 점이 없진 않을 걸요? 다들 얼마나 활기차게 살고 있어요. 나만 해도 그래요. 내 나이를 다 보는 사람이 없어요. 우리 딸이 중3이라면 모두 놀랜다구요. 왜 그런지 아세요. 일, 일을 하니까 그래요. 우리 회사엔 생활이 어려워서 에이전트가 된 사람보다는 일을 하기 위해 나오는 사람이 월등히 많아요. 일의 성취감보다 더한 기쁨이 어디 있겠어요. 당장 정 선생님은 김차희 선생님을 보세요. 김차희 선생님의 페이가 얼만지나 아세요? 어지간한 남자 수입의 곱절이지요. 정 선생님이라고 못 하실 게 뭐 있어요. 오히려 더 잘 하실 수 있을 거예요. 자, 지금이 바로 시작하실 때입니다. 시작이 반이에요. 또 말하지만 우리 회사의 자료는 아주 우수합니다. 몰라서 활용 못 하는 사람들이 많아요. 그들을 돕는 일이에요. 자, 집에 그렇게 계시지 말고 필드로 나가세요, 필드로. 필드는 넓어요. 정 선생님을 기다리고 있어요.

똑같은 전화를 사방에다 해야 되는 탓인지 또는 똑같은 말을 되풀이해 온 탓인지 곽 실장의 말은 빠르고도 막힘이 없었다. 교육장을 가득 메웠던 그 숱한 파마머리들이 지금쯤은 제각각 축하합니다, 합격되셨

22

습니다를 듣고 있을 것이다. 명옥이 보기엔 회사가 그 여자들을 불합격시켜야 될 이유는 하등 없었다. 그것을 깨달은 것은 교육 둘째 날 부터였다. 첫날은 회사의 소개와 교육정보 그리고 아동심리의 시간뿐이었다. 둘째 날엔 회사에서 발간하는 각종 아이템 소개와 수당관계와 승진제도, 셋째 날엔 고객을 접하는 실무사례와 고객관리, 계약서 작성법 등을 교육받았다. 명옥은 책을 파는 일이라면 교육에 끝까지 응할 필요가 어디 있겠는가 싶기도 했었다. 그랬음에도 명옥이 단 한 번의 지각이나 결석도 하지 않았던 것은 집안에만 갇혀 있었던 여자가 어느 날 문득 깨닫게 된 체험에의 허기와, 이제는 다한 것이라고 여기고 있었던 피교육자로서의 향수 때문이었다. 그리고 그들은 분명히 말하지 않았던가. 모든 것은 교육이 끝난 다음에 정하셔도 됩니다. 그 누구도 강요하진 않으니까요.

자아, 정 선생님. 지금 당장 필드로 나가시리라 믿고 전화 기다리겠습니다.

곽 실장이 일방적으로 전화를 걸었듯이 또 그렇게 전화를 끊었다. 세상엔 공짜가 없는 법이라는 말은 맞는 말이었다. 선생님이란 호칭과 걸맞는 깍듯한 예우. 정중하면서도 지루하지 않게 시간을 끌어 가던 교육 강사들. 점심시간이면 펼쳐 놓던 맛깔스런 도시락. 설탕 안 친 커피. 첫날 명옥은 도시락 값을 내려고 했었다. 천부당만부당이라고 했다. 곽 실장 개인의 부담이 아니라 회사에서 베푸는 것이라고 했다. 첫날은 불편하게, 둘째 날은 다소 미안하게, 셋째 날은 아주 당연하게 명옥은 그것들을 받았었다. 명옥은 전화기 앞에서 한참을 멀거니 앉아 있었다. 초인종 소리가 명옥을 흔들지 않았더라면 언제까지 그러고 있을 뻔했다.

오늘은 안 나가세요? 요즘 뭐 좋은 일 있으신가 봐.

이사 온 지가 오래지 않은 아래층 여자였다.

맨날 나가시는 거 같기에 오늘은 일찌거니 왔어요.

여자는 베란다 물청소를 하겠다며 빌려 갔었던 고무호스를 말아 쥐고 있었다. 명옥은 자신의 외출을 여자가 알고 있는 것을 의아하게 여겼다. 아침저녁 들고나는 사이는 물론 아니었고 외출복 차림으로 마주친 적도 없었던 것이었다.

뻰찌를 빌려 달라, 주택은행이 어디쯤 있느냐, 이 집에 바퀴벌레가 없느냐 등의 구실로 여자는 수시로 초인종을 눌러댔지만 명옥은 언제나 현관에서 돌려보내곤 했다. 잡다한 호기심으로 번뜩이는 두 눈과 수다스러움에 분명할 얍실한 입술을 보았기 때문이었다. 고무호스만 해도 그랬다. 아들아이가 있을 적에 갖다 놨으면 될 일이었다. 명옥이 평소처럼 현관에서 돌려보낼 양으로 고무호스를 받아들다 말고 차를 한 잔하고 가시겠냐고 물었다.

고객은 어디에고 있습니다. 우선 접근하세요. 접근. 문전에서 쭈뼛거리거나 용건을 꺼내지 마세요. 일단 안정된 자리를 차지하고 앉으세요. 그러기 위해서는 여러분의 용모가 단정하고 깨끗해야 합니다. 볼펜 또는 싸구려가 아닌 화사한 고급의 것을 들고 있는 것이 좋습니다. 그거 몇 푼 안 합니다. 오늘 돌아가시는 길에 당장 하나 마련해 두세요. 당당하세요. 당당하고 성실하지 않으면 아무것도 먹히지 않습니다. 여러분은 시중의 다른 세일즈맨들과 다릅니다. 왜냐하면 우리 회사 자료는 그만큼 우수하며 여러분은 대학 출신의 고급인력이기 때문입니다. 자, 일차는 접근입니다. 접근하세요.

명옥은 4인용 식탁에 여자를 앉게 했다. 여자가 늘 문전박대를 하더니 웬일이냐는 듯 커피를 아직 마시지 않길 참 잘 했다며 좋아했다. 남편은 커피를 마시지 않았다. 도대체 언제부터 커피를 마시고 살았기에 하루에도 몇 잔씩 건강에도 좋지 않은 비싼 것을 마셔대냐는 것이었다. 남편은 결명자차를 진하게 달여 그걸 마시라고 말하곤 했다. 그 말 끝에 아낄 줄을 알아야지가 달리지 않은 것만 해도 다행이었다.

나도 돈 벌 수 있어요.

명옥은 보이지 않는 남편에게 말했다.

저 땜에 못 나가시는 거 아니에요?

여자는 아무래도 연이었던 명옥의 외출 건이 궁금한 모양이었다.

아니에요. 끝난 걸요.

무슨 일이었는데요?

여자가 참지 못했다.

무얼 좀 배우러 다녔어요.

찻물이 끓었다. 접근하세요, 접근. 명옥은 마른침을 꼴깍 삼켰다.

애들이 예쁘던데요? 둘이시죠?

네에, 딸만 둘요.

어째서 딸 둘요 하지 않고 딸만 둘이라고 말하는 것일까.

비행기 두 번 타시겠어요.

해놓고 보니 꽤 진부한 것이었지만 여자가 기분 나쁜 기색이 아니어서 다행이었다.

비행기 안 타도 좋으니까 아들 하나 있어 봤음 좋겠어요. 애들 아빠가 외아들이지 뭐예요.

여자가 두 스푼의 설탕을 커피에 넣었다. 심성이 솔직한 모양이야. 음흉한 것보담 훨씬 낫지 뭐. 자, 어떻게 접근을 해야 하는가. 일단 비위를 맞춰야 일이 쉬워지리라.

아들이 무슨 소용이에요? 짝만 지워 놔 봐요. 아들하곤 끝이에요. 하지만 딸들이야 어디 그래요? 잘 키우세요. 열 아들 부럽지 않으실 테니까. 어떠세요, 그 집 공주님들은 책을 많이 읽는 편이에요?

여자가 찻잔을 소리 나게 내려놓았다.

책요? 아유, 말 마세요. 어찌된 셈인지 애들이 만화책만 보려고 들지 그 흔한 동화책 하날 손에 들지 않지 뭐예요. 싸우기는 또 얼마나 싸우는데요. 눈만 뜨면 닭싸움하듯이 투닥거린다구요.

명옥이 호호호 웃었다. 과장된 명옥의 웃음 끝이 공허하게 울렸다.

큰애는 작은애하고 이상이 안 맞고 작은애는 큰애하고 현실이 안 맞는 눈치지 뭐예요.

명옥이 더 크게 웃었다. 여자는 자신의 화술에 아주 만족한 모양이었다.

책을 좀 읽게 하세요. 어릴 때의 독서야말로 평생의 밑거름이 되지 않겠어요. 그러다 보면 이상과 현실이 조화를 이룰 날도 있겠구요.

책이야 읽어야지요. 저두 맨날 애들한테 그러는 걸요.

책을 많이 읽는 아이들이 글짓기를 잘 하게 돼요. 글짓기 그거 무시하지 못하게 되어 있더라구요. 대학입시를 좀 보세요. 논술고사의 비중이 좀 커요?

여자가 갑자기 생각난 듯이 경동시장에 마늘을 사러 나가지 않겠느냐고 했다. 이제까지 공들여 한 말이 졸지에 수포로 돌아가게 생겨 버렸다.

저어, 애들 책 말이에요. 집에 좋은 책들이 많으시겠지만 제가 신간을 하나 추천해 드릴까요? 내용이 아주 좋던데.

신간요? 전 그런 덴 관심 없어요. 첨에 나올 때 신간 아닌 게 있나요. 비싸기만 엄청나게 비싸지. 청계천에 가서 사주면 돼요. 집에 있는 책하고 교환도 할 수 있고요, 책값이 아주 싸요. 월부책들이 좀 비싸요? 그게 왜냐하면 다 월부책장사들의 중간 마진 때문이라구요. 우리가 왜 그 사람들 좋은 일을 시키겠어요. 안 그래요? 그나저나 이 집엔 몇 접이나 사시겠어요? 육쪽짜리 밭마늘이 많이 나와 있으려나 모르겠네.

전의를 상실하자 적의가 끓어올랐다.

계속적인 수다에 명옥이 심드렁한 반응을 보이자 여자는 일어섰다.

종종 놀러 올게요. 우리 집 애들 아빠는요, 여자들이 모이면 되지도 않는 음담패설이나 늘어놓고 낄낄대는 줄 알지만요, 그건 모르는 소리예요. 아줌마와 저만 봐도 그렇잖아요. 얼마나 건설적이었어요. 안 그래요?

건설적인 여자가 돌아가고 나자 명옥은 맥이 탁 풀리면서 집안 청소조차 하기가 싫어졌다.

그래. 그만두는 것이다. 하긴 뭐 언제 시작이나 했던가. 좋은 경험을 한 거야. 최소한 무수히 초인종을 눌러대는 외판원들을 어떻게 퇴치해야 되는가는 알 수 있게 되었잖아. 생각은 이러면서도 명옥은 영 뒷맛이 개운하질 않았다. 꼭 해야 할 일을 못 하고 있을 때처럼, 허기가 진 채로 눈앞의 먹이를 보고만 있을 때처럼 안정이 되질 않는 거였다. 충동형, 심사숙고형, 의심형…… 고객들이 상품을 앞에 놓고 보일 수 있는 태도는 다양하다고 했다.

앞집 여자는 무슨 형에 해당되는 것일까. 입막음형? 쳇, 그런 형이 있다는 것은 교육 중에 들어 보지 못했어. 사이드 피치가 잘못된 걸까. 상대방의 얘기를 잘 들어 주는 것은 이쪽에서 얘기를 하는 것보다 훨씬 효과가 큰 법이라고 했었지. 상대방이 부릴 까탈에 대해서는 예방, 즉 선제공격이 적절하게 가해져야 하나 일단 어쩌구저쩌구 흠을 잡는 사람에겐 완벽한 반대 봉쇄가 있어야 했다. 그랬었구나 싶게 문득 떠오르는 친구가 있었다. 시골 초등학교의 동창생이었다. 그 친구가 보험회사의 대리인으로 일하고 있다는 것은 명옥도 소문을 들어서 알고

있었다. 명옥과는 친하게 지냈달 것도 없어서 찾아오리라고는 생각을
안했다. 그랬는데 어느 날 사전 연락도 없이 그 친구가 찾아왔다. 명옥
은 올 것이 왔구나, 사돈의 팔촌까지 찾아다닌다더니 과연 그렇구나
싶으면서도 한편으론 고향을 생각하게 해주어서 반가웠다. 반가운 건
반가운 거고 보험엔 절대로, 친구가 무슨 말을 하든 듣지 않기로 작정
하고 있었다. 보험이라면 가끔 신문을 장식하는 나쁜 쪽으로만 인식이
되어 있던 탓도 있었지만 첫째는 경제적 여건이 되질 않았던 것이었
다. 그런데 그 친구는 보험에 관해서는 입도 뻥긋하지 않았다. 그러면
서도 부단히 찾아드는 것이었다. 올 때마다 무엇인가 들고 왔는데 그
중엔 집에서 담궜다는 마늘장아찌도 있었고 고향에서 갖고 왔다는 산
나물도 있었다. 마침내 명옥은 자기 쪽에서 먼저 어떤 종류의 보험들
이 있느냐고 묻고 말았다.

대단한 친구였어…….

명옥은 중얼거렸다. 차희의 전화가 걸려 온 것은 명옥이 아들아이의
체육복을 빨고 있을 때였다. 마음이 어지러울 땐 빨래가 최고였다. 북
북 문지르고 활활 헹구고.

애 좀 봐. 너 왜 집에 있니?

차희는 아주 의외라는 듯 거두절미하고 말했다. 교육기간 내내 명옥
은 차희를 찾았었다. 대답은 한결 같았다.

미팅 마치고 필드로 나가셨습니다.

집에 있지 않음?

명옥의 말에 심통이 묻어났다.

애 좀 봐. 교육받은 게 아깝지 않니. 활용을 해야지. 너 그러고 있을
라면 뭐 하러 교육은 다 받았니?

난 못 하겠다. 결국 월부로 책 팔라는 거 아냐.

곽 실장에게 하고 싶었던 말이었다.

그게 어째서? 누가 널 보고 도둑질을 해 오랬니? 정당하게 일해서 능력대로 보수를 받는 일이야. 그게 어때서. 너도 자료는 봤지? 설명도 들었겠지. 권할 만하지 않던? 난 맘에 쏙 들었었어. 우리 애들도 사줄 정도로.

난 네가 아니야. 못 하겠어.

…… 같다라고 말하면 또 걸고넘어질 게 뻔해서 명옥은 잘라 말했다.

그래. 그건 네 자유야. 맘대로 해. 난 강요할 생각은 요만큼도 없으니까.

차희가 쌀쌀해졌다. 자유라는 말이 이렇게 비정하게 들릴 수도 있는 모양이었다. 비정한 건 언제나 가슴을 섬뜩하게 했다.

애, 청계천에 나가면 책이 싸잖니. 그래서 말인데 비싸다면 어떻게 하니?

이런 바보. 너 교육받을 때 졸았었니? 우리 자료를 보고 누가 감히 비싸다고 하니. 그걸 만드느라고 얼마나 많은 투자를 하고 공을 들였는데. 청계천? 청계천 같은 소리하지 마. 우리 자료는 청계천 같은 데에 절대로 내지 않는다. 자신과 긍지를 가져. 난 지금 필드로 나갈 참이야. 너 그러고 있지 말고 어서 뛰어. 결과는 일한 만큼 꼭 그만큼이 나온단다. 애, 참고로 알려 주는데 첫 계약은 절대로 거절당하지 않을 곳으로 찾아가도록 해. 그러다 보면 차츰 요령이 생길 테니까. 그럼 좋은 소식 기대한다. 끊어.

명옥은 여태도 왼쪽 손에 끼워져 있던 고무장갑을 천천히 벗겨내었다. 전화번호가 빼곡하게 적힌 수첩을 보며 하나하나 얼굴을 짚어 보았다. 모두들 선선히 응할 듯도 싶고 모두들 손사래를 쳐 보이는 것도 같았다. 마침내 명옥은 제일 먼저 찾아 나설 이름 밑에 줄을 그었다. 참기름, 커피, 휴지, 건어물, 샴푸, 행주…… 꽂아 보니 종류도 많았다. 바로 이런 것들을 명옥에게 사게 한 친구였다. 친구는 말했었다. 쟁여 둘 게 아니고 당장당장 써서 없애는 것이니 들여 놓아라. 작은 이문이 있는 것은 분명하지만 그건 내가 먹는 것이 아니고 이웃 즉 불우이웃을 돕는 일이다. 명옥은 아들아이의 운동복을 비눗물에 담궈 둔 채 급하게 외출 준비를 했다. 걷기엔 멀고 타기엔 가까운 거리쯤에 친구가 살고 있었다.

어머나, 오래 살고 볼 일이네. 네가 마실을 다닐 때도 있었니?

친구는 김칫거리 다듬던 것을 한켠으로 밀쳤다.

너 참 잘 왔어. 안 그랬음 내가 무거운 걸 들고 나설 뻔했지 뭐니. 너 갈 때 꿀 갖고 가. 제주도산 꿀인데 아주 귀한 거야. 오만 원이면 가격도 괜찮은 거야. 아무나 주기는 아까운 건데 너 참 잘 왔어. 너도나도 다 들고 가버린 후면 주고 싶어도 못 줄 뻔했다야.

친구는 잊어먹고 가기가 쉽다면서 아예 꿀병 하나를 식탁 위에다 척 얹었다. 싱크대 아랫장을 열 때 흘깃 보니까 꿀병은 열 개 가까이나 숨듯이 들어 있었다. 명옥은 오만 원을 내고 꿀을 살 생각은 조금도 없었다. 꿀병은 원망스럽게도 바로 눈앞에 놓여 있었다. 친구가 토스트를 만들고 커피를 내놓았다.

네 용건을 얘기하지 그러니.

명옥은 커피를 마시던 중이었는데 뜨거운 것을 꿀꺽 삼켜야 했던 탓으로 눈물이 찔끔 솟았다.

용건?

그래. 넌 용건이 있을 거야, 분명히.

명옥은 친구의 눈길을 피했다. 가슴이 할랑할랑 뛰었다.

돈이 필요하니? 돌려 주랴?

아냐! 아냐!

명옥은 자신이 돈을 꾸러 오지 않았다는 사실에 깊이 안도하면서 황망히 말했다.

그럼 뭐야. 힘들어하지 말고 말을 해. 세상은 어차피 상부상조야. 너하고 나하고는 친구 사이고.

명옥은 이 눈치 빠른 친구 앞에서 오히려 편안함을 느꼈다. 들고 온 손가방을 열어 각종 카탈로그를 꺼내 보였다.

망할 것. 좀 일찍 오지.

친구가 카탈로그를 자세히 보지도 않고 한 말이었다.

바로 어제다. 나 세계문학전집 계약했어. 언니가 보냈더라. 과부가 된 자기 친구라면서 도와주라고. 마침 애들 책도 좀 사 줘야지 싶던 참이라 그 자리서 계약을 했지 뭐니. 설명도 야무지게 하더군. 그나저나 너같이 얌전한 아이가 이 일을 해내기나 하겠니. 그래 언제부터 했니? 실적은 많이 올렸니? 아빠도 아시니? 집안에 무슨 곤란한 일이라도 생겼니?

명옥은 아무것도 대답하고 싶지 않았다. 정말 믿었던 자리였는데.

애, 너 이 꿀 갖고 가지 마. 꼭 필요하면 사만 원만 내고 갖고 가든지. 그렇게 되면 본전에 주는 거야. 애, 너 말야 어떤 계기로 이런 일을 시작하게 됐는지는 모르겠다만 첫째는 돈이 목적 아니니? 내 경우는 그렇더라. 너 요즘 사람들이 상대방 어렵다고 돕는 뜻으로 무얼 들여 놓는 줄 아니. 천만에다. 그건 한 번이면 끝. 길게 하려면 아주 당당하게 이건 당신에게 꼭 필요한 것이다를 주입시켜야 해. 그래야 내 자존심도 손상을 안 입는 것이고. 넌 아직 멀었다. 나한테 좀 배워라, 배워.

명옥은 보았다. 친구가 말했던 불우이웃이 바로 거기에 있는 것을.

계약은 따내지 못했지만 꿀병을 들고 나오지 않게 된 것은 아주 다행스러웠다. 그냥 집으로 돌아갈 기분이 아니어서 명옥은 길거리에 한참을 서 있었다. 아들아이에겐 아침에 열쇠를 주어 보냈었다. 아니라고 아니라고 하면서도 명옥은 이 같은 일에 대비를 하고 있었던 것이었다. 명옥이 찾아간 것은 자신의 친언니 집이었다. 헬스클럽에서 막 돌아온 길이었다며 언니는 젖은 머리를 하고 있었다. 몇 달 전과는 또 다르게 체중이 불어 있었다.

운동하러 자꾸 댕길 게 아니라 먹는 걸 좀 줄이지 그러우.

애애, 누가 아니래니. 그치만 먹는 재미도 없이 세상을 무슨 재미로 사냐.

언니는 계속 먹을 걸 내놓았으며 또한 먹었다.

언니네, 세계백과사전 없지?

백과사전은 왜? 우리 집엔 없다.

그거 하나 들여 놓는 게 어때?

얜, 그거 없어도 우리 애들 공부만 잘 한다. 갑자기 웬 백과사전 타령이니?

내가 아르바이트해. 없으니까 들여 놔. 애들한테도 많이 도움이 된다고.

알았다, 알았어. 이젠 너까지 이러기냐. 살림이 간신히 좀 핀다 싶으니까 사방에서 뭘 사라고 야단들이다. 며칠 전엔 친구가 냄비세트를 갖고 왔더라. 그거 어쩌니. 들여 놔야지. 얘, 불란서제라는데 좀 비싸긴 해도 역시 좋긴 좋더라. 디자인도 아주 우아해. 구경할래?

명옥이 언니네에서 구경한 것은 불란서제 냄비세트 외에도 몇 가지가 더 있었다. 세팅을 다시 한 진주반지와 면세점에서 샀다는 니트 투피스, 세일하는 데서 샀다는 광주리 같은 살롱구두. 명옥은 머리가 아팠다.

　애, 너도 모양 좀 내고 댕겨라. 꼴이 그게 뭐니. 집하고 여자하고는 가꾸기 나름이래잖니.

　명옥은 언니의 수다를 들으며 전화기를 잡았다. 실적을 보고하고 그래서 칭찬을 받고 싶은, 어린애처럼 단순한 욕구가 끓어오른 탓이었다. 미스 주를 거치지 않고 곽 실장이 때깍 전화를 받았다. 그저 여보세요, 라고만 했을 뿐이었는데 곽 실장은 명옥의 목소리를 단박에 알아내는 것이었다.

　정 선생님. 계약되신 거죠? 축하합니다. 축하합니다.

　아니, 어떻게 아시는 거예요?

　실장님이란 소리는 아직 안 나왔다.

　정 선생님 댁에 또 전화 드렸었는데 안 받으시더라구요. 필드에 나가셨구나 하고 기다리던 중이었어요. 축하합니다. 정말 축하해요. 시작은 반이라고 하지 않았던가요. 정 선생님, 계약서 안 갖고 나가셨죠. 아침에 출근하신 분들은 다 갖고 나가셨는데. 암튼 좋습니다. 구두계약도 확실하기만 하면 되니까요. 그거 봐요, 정 선생님. 맘먹어서 안되는 일은 없는 거라니까요. 아 참, 정 선생님. 뭡니까. 계약 받으신게. 미스 주야. 칠판에 정명옥 선생님 이름 올려라.

　곽 실장은 명옥이 따낸 계약이 세계백과사전이란 것을 알자 더더욱 축하합니다를 연발하였다. 카탈로그 중 가장 계약고가 높은 것이기 때문이었다.

　이제 작은 것 하나만 더 하셔도 기본급이 가산됩니다. 아시죠? 세계문학 기준으로 두 개가 될 때 기본급이 추가된다는 거 말입니다. 자, 그럼 여섯 시까지 또 기다립니다아.

　기본급이란 것은 계약고가 오르면 오를수록 상대적으로 추가되는 것이었다. 하나를 하면 둘을 채워야 했고 넷을 하면 다섯을 채워야 그 빛을 발했다. 두 개와 네 개의 기본급은 같은 수준이었고 다섯 개 뒤엔 또 일곱이란 숫자가 유혹의 자세로 기다리는 것이었다. 기본급이란 것은 꼭 보너스 같은 인상을 풍기고 있었다. 명옥은 이미 공짜로 줍게 되는 듯한 사만오천 원의 기본급에 군침을 흘리고 있었으므로 다시금 전화통을 껴안았다.

올케? 나야. 망원동…….

어머, 형님. 웬일이세요?

동생댁의 목소리에선 반가움이 아니라 난처함이 감지되었다. 시끌짝한 소리가 방심한 채로 함께 들렸다. 올케가 입술에다 손가락을 세웠는지 전화기 저쪽이 삽시에 조용해졌다.

거길 좀 가려고 했지. 별일이 없다면 말이야…….

어머, 형님. 어쩌죠? 오늘이 마침 여고동기들의 모임인데요, 순서가 제게 돌아와서 다들 모여 있어요. 그래도 괜찮으시다면…….

아냐. 됐어.

아! 형님. 전화 끊지 마세요. 무슨 일이신데요. 전화로 말씀하심 안 되는 일이세요? 궁금해서 그래요.

명옥은 망설였다. 전화로는 절대로 용건을 말하지 말라고 교육받지 않았던가. 그것은 십중팔구 실패를 본다고 했다.

그저 놀러나 갈까 했었어. 좋은 책이 있길래 추천도 할겸.

편지 끝에 추신이라고 적고 가장 중요한 걸 밝히는 심정으로 명옥은 말했다.

무슨 책인데요?

시누이의 방문을 전화로 막을 속셈이 그대로 엿보이고 있었다. 명옥 또한 내친김이었다.

세계문학전집이야. 그 집 애들이 읽으면 딱 좋을…….

어쩌나. 우리 애들 집에 있는 책도 못다 읽고 있는데…… 근데 형님. 형님하고 책하고 무슨 상관이라도 있나요?

응, 그건 저…….

알았어요, 형님. 형님이 알아서 해주세요. 들여 놓을게요. 근데 형님. 마침 잘 됐어요. 그렇잖아도 전화를 드릴까 하던 참이었는데. 제 사정을 가장 잘 헤아려 주시는 분이 바로 형님이시라는 걸 알고 있어요. 이번 추석 말인데요. 제가 아무래도 내려가기 어려울 것 같지 뭐예요. 어머님이 노여워하실 텐데 형님이 중간에서 말씀 좀 잘해 주셨음 싶어요. 형님 아시다시피 우리 친정 식구들은 죄 이민을 가버리고 피붙이라곤 여동생 하나 달랑 남았지 뭐예요. 그 애가 지금 만삭인데 예정일이 공교롭게도 추석날이래지 뭐예요. 하긴 뭐 그 앤들 그걸 그렇게 하고 싶었겠어요, 어디. 초산이라 겁도 나고 시집 쪽에도 도와 줄 손이 없대요. 그래서 제가 그랬죠. 우리 집에 와 있도록 해라. 형님, 제 사정이 이러니 어떻게 집을 비울 수 있겠어요.

명옥의 얼굴이 싸늘해졌다. 명색이 외며느리란 것이 요리 빠지고 저리 핑계대고, 그러기를 어디 한두 번이었던가.

오 년 전엔 아버지가 돌아가시고 남자라곤 집안에 저 하나뿐인 남동생의 태도 또한 가관이었다. 어줍잖은 처가 덕 탓인지 제 마누라 역성 들기에 급급한 꼴이었다. 혹을 붙인 무거운 기분으로 명옥은 전화를 끊었다. 홀로 땅을 지키고 계신 어머니의 한숨소리가 지척에서 들려왔다. 못사는 시누이야. 월부 책을 사라고 해서 그러자고 했더니 내 얘기하기가 훨씬 수월하지 뭐니. 친정이 부유한 올케의 목소리가 아득하게 들리고 꺄르르륵 웃어대는 그만그만한 여자들의 모습도 보였다.

추석에 못 내려가신다는 거니?

언니가 크래커에 피넛버터를 두텁게 칠하며 비아냥댔다. 그러나 언니 또한 시가엔 인색하기 짝이 없게 군다는 것을 명옥은 알고 있었다. 맞장구쳐 봤자 속만 더 상할 게 뻔해서 명옥은 자리를 털고 일어섰다.

오, 정 선생님. 어서 오세요. 수소 많으셨습니다. 물론 기본은 채우셨겠죠?

곽 실장이 펄펄한 음성으로 맞아 주었다.

그 씩씩함이 명옥에겐 기묘한 위안으로 다가왔다. 곽 실장 또한 명옥이 하고 있는 이 대리인 일을 거쳐서 올라갔다고 하지 않았던가. 남녀의 구분이 없는 승진제도. 하지만 회사는 굳이 이것을 내걸지 않아도 좋았을 것이었다. 명옥의 눈에 뜨인 남자란 전무하였으므로. 한쪽 벽을 온통 다 차지하다시피 한 커다란 칠판에서 명옥은 자신의 이름을 찾아내었다. 〈백과 一〉바를 정(正)으로 표기를 해나가는 모양이었다. 미스 주가 그 바싹 곁으로 〈세계 一〉이라고 적어 넣었다. 열 명 정도의 이름이 올라 있었으나 바를 정이란 글씨를 다 완성시킨 사람은 아무도 없었다.

김차희는 왜 안 보이나요?

명옥은 칠판에서 눈을 떼지 않은 채 미스 주에게 물었다.

필드에 있더라도 실적을 못 올릴 때가 있는 거예요. 오늘은 전반적으로 성적이 부진하네요. 하지만 김차희 선생님은 증원수당을 받으시게 됐으니 오늘은 괜찮으시죠 뭐.

미스 주의 차분한 말 끝에 명옥은 증원수당은 또 뭐냐고 물어 보았다. 서류철을 뒤적이던 곽 실장이 대신 대답해 주었다.

말 그대로죠 뭐. 처음 나온 분이 기본급을 받을 수 있을 정도, 아, 이때의 기본급은 최저 기본급을 말합니다만 그러니까 두 개의 계약을 따냈을 때 모시고 나온 분에게 회사에서 내드리게 되는 수당이지요. 정 선생님도 증원에 신경 좀 써 주세요. 언제나 환영하고 있습니다. 증원 수당은 실적을 올렸을 때의 최저 기본급과 같은 액수를 지급합니다. 그것도 만만찮다고요.

명옥은 자신으로 인해 차희가 받게 되는 수당에 대해서는 다소 서운하고 괘씸한 느낌이 들었으나(미리 말해 주었어도 되지 않았겠는가) 또 다른 수입원을 알게 된 것은 은근히 기뻤다. 오늘 하루 동안 올린 수입만도 당장 얼만가. 계약액의 15% 플러스 기본급 사만오천 원이라……. 세상에! 십만 원에서도 꼬리가 달리는 것이 아닌가. 명옥은 구체적인 숫자 앞에서 흥분을 가눌 수가 없을 지경이었다. 물질적인 것에서 적은 걸 얻고 정신적인 것에서 크나큰 손실을 입은 것 같던 올케와의 통화내용도 이미 아무렇지 않았다. 책을 사라고 했거나 안 했거나 올케는 그렇게 했을 것이 뻔한 노릇이었다. 손아래라곤 해도 늘 버거운 것이 올케였다. 어머니에겐 월급날이 되거든 보약이라도 한 제 지어 드리리라.

명옥은 미스 주로부터 좀 많다 싶게 두둑이 계약서를 받아들었다. 집으로 들어가는 길에 명옥은 불고기감을 두 근 샀다. 스타킹도 열 켤레 샀고 마침 맘에 드는 스커트가 걸려 있기에 그것도 샀다. 생활이 넉넉하지 못하다는 티는 이제 어디에서도 내지 않을 참이었다. 적금도 곧 시작해야 했다. 스무 평의 연립주택은 여태도 융자에서 헤어나질 못하고 있었다. 지금은 거치기간을 거쳐 상환기간에 육박해 있었다. 적금을 타게 되는 날을 상상하는 것은 명옥의 입을 절로 벌어지게 했다. 마침내는 남편에게도 알리게 되리라고 명옥은 생각했다. 명옥은 남편을 사랑하고 있었다. 아낄 줄을 알아야지. 이 말을 자주하는 남편이 언제나 못마땅했던 것은 아니었다. 그는 쓸 줄도 아는 사람이었으므로. 모습이 남루한 할머니 한 분이 돼지고기 근반을 사들고 찾아왔던 날 명옥은 알게 되었다. 남편은 반 아이의 공납금을 이 년째 대고 있었다.

명옥은 계속 열심히 뛰었다. 달리는 말에 채찍을 가하듯 곽 실장은 아침저녁 전화를 했다. 곽 실장의 전화도 이제는 농담을 섞어 가며 받을 수가 있었다. 요령은 점차 터득되고 있었다. 사이드 피치. 명옥은 거기에 능한 사람으로 변했다. 상대방 얘기를 열심히 듣고 공감을 표하면서 교묘하게 상품과 연관하여 파고드는 것이었다. 조급하게 굴면 될 일도 되지 않았다. 집들이를 하게 된 동서의 집에 가선 갈비찜 양념을 다 해준 뒤에 세계백과사전을 따내었고 동서는 바쁜 중에서도 또 하나의 고객을 만들어 주었다. 동서가 뭐라고 자신을 소개했든 명옥은 상관없었다. 계약만 받아내면 그걸로 만족이었다. 이사를 하는 친구의 집에 가선 주방집기를 정돈해 주었다. 그런 다음 일주일 후에 찾아가 넌지시 사이드 피치에 들어갔다. 일주일은 길었지만 작전상 알맞았다. 명옥은 절대로 빈손으로 다가들지 않았다. 아몬드를 박은 초코렛을 갖고 다녔다. 초코렛은 싸구려란 인상을 풍기지 않을 뿐더러 들고 다니기 간편해서 좋았다. 빈손으로 온 듯이 한참을 앉았다가 아참, 이거 애들 먹으라고 사오고선 잊어버리고 있었네, 하며 손가방의 지퍼를 열면 대부분의 상대방은 금방 고맙고 미안하단 표정이 되어지던 것이었다.

물론 거절을 당하는 일도 많았다. 그럴 때면 명옥은 대놓고 하는 말이 있었다. 웃으면서 하는 소리였다.

우리 자료는 정말 좋습니다. 굳이 저한테 들여 놓지 않으셔도 상관없어요. 다만 이렇게 좋은 자료를 활용하지 않으시겠다니 그게 안타까워서 그러지요.

첫 달에 명옥은 육십오만 원의 수입을 올렸다. 아몬드 초코렛이나 교통비 따위를 제한 것이 순수익일 터였지만 명옥은 육십오만 원 모두를 수익금으로 여겼다. 그러나 둘째 달이 되자 명옥의 실적은 현저히 떨어지기 시작했다. 증원수당을 염두에 두고 여중 후배 하나를 교육장으로 끌어들였다. 상황만 조금 바꾸었을 뿐 차희가 한 방법을 그대로 쓴 결과였다. 고급인력이란 단어는 대개의 여자들이 안고 있는 지적인 허영심을 충족시켜 주기에 아주 적합한 것이었다. 그러나 여중 후배는 아직 필드에 나서지를 않고 있었다. 명옥은 전화번호가 적혀 있는 수첩을 수도 없이 들여다보았다. 하나같이 접촉을 시도해 본 이름들이었다. 자신의 행동반경이 얼마나 좁았었던가, 하고 명옥은 후회했다. 권유하는 이들이 날마다 찾아들 때 교회에도 나가볼 걸 그랬고, 연립주택 옆의 호텔신축 반대를 위한 주부 데모대에도 섞여 볼 걸 그랬고, 여고 동창회에도 결석 없이 나다닐 걸 그랬었다. 명옥은 거짓말같이 동이 난 수첩을 북북 찢고 싶은 충동을 느꼈다.

그렇게 집에만 계신데 어떻게 실적을 올릴 수 있단 말입니까. 정 선생님.

내일이 마감날입니다. 정 선생님 지금 딱 한 개 해놓으셨잖아요. 최소한도 두 개는 채우셔야 기본급이 나가지요. 자, 지금이라도 필드로 나가세요. 필드로.

곽 실장의 전화는 이미 부담스런 것으로 변해 있었다. 명옥은 고심하던 끝에 스스로 필드가 되기로 했다. 세계백과사전도 세계문학전집도 집에는 유사한 것들이 있었으므로 명옥이 선택할 것은 천상 동서요리백과밖엔 없었다. 명옥은 스스로 계약자가 된 요리책의 값을 절반으로 뚝 잘라 남편에게 말했다. 책이 배달된 하루 다음날의 일이었다.

책을 보고 요리를 해야 맛이 나나? 게다가 순 서양요리 판이니. 책값은 또 왜 그리 비싸누.

명옥은 새삼스레 집안을 돌아보았다. 식탁보는 얼룩투성이였고 냉장고엔 인스턴트식품만 잔뜩 들어 있었다. 시간을 번답시고 김치까지 슈퍼마켓에서 사들였던 거였다. 쌀통 뒤에 바퀴벌레가 득시글대는 것은 나돌아 다니는 통에 단체로 약 치는 걸 두 차례나 거른 탓이었다. 다림질이 안 된 채로 내어준 와이셔츠를 들고 묵묵히 명옥의 위아래를 훑어보던 남편의 눈길도 생각났다. 그것이 심상찮은 것이었음을 그때는 채 깨닫지도 못했었다. 아들아이를 전자오락실에서 보았다던 옆집 여자의 말도 이제야 마음에 걸렸다. 명옥은 마음이 심란해졌다. 이제는 혼자 있으면 불안해지기가 일쑤인 것이었다. 남편과 아들아이가 일터로 학교로 가고 난 후 아주 당연한 것으로 집안일을 하고 혼자 차를 마시고 신문을 뒤적이던 한줌의 여유가 어느 사이 아무것도 아닌 것으로 변해 있다는 자각은 명옥의 가슴 전체를 비누거품 같은 것으로 부걱거리게 했다. 명옥은 차희네로 전화를 걸었다. 집에 없기가 십상이다 싶었는데 차희는 금방 전화를 받았다.

통 안 보이더라, 너.

명옥이 말한 것은 칠판에 적혀 있어야 할 김차희란 이름이었고 차희도 대걱 알아듣는 눈치였다.

아주 안 보이게 될 거야.

차희는 한숨을 쉬는 것처럼 말했다.

무슨 소리야. 곽 실장이 전화 안 하고 가만 있겠니?

이미 안 해. 그 여잔 아주 눈치가 빨라. 내 건전지는 약이 다 닳아 버렸거든. 넌 어떠니. 많이 남았니?

무슨 말을 그렇게 하니?

사실이 그런데 뭘. 난 끝났다. 너나 잘 해봐. 내게 남은 건 지로용지뿐이야. 난 내 월부금을 부어 가야 해.

무슨 소리니?

넌 아직 그런 경험 없니? 난 내 걸 내가 세 개나 계약했었다. 어쩌냐. 곽 실장은 마감날이라고 아우성이고 난 기본급이 탐났던 게 사실이고.

빌어먹을, 난 내가 천년만년 이 일을 잘 할 수 있다고 믿었었다. 실장인지 뭔지 그것도 돼서 의자 돌리며 대리인들 관리하고 싶었었고.

나도 힘들어. 한계 같은 게 느껴진단 말이야.

얘, 미스 주 말야. 고거 아주 맹랑하더라. 내가 한창 일이 잘될 때 일인데 말야, 내가 미스 주한테 그랬었단다. 미스 주, 필드에서 뛰지 여기 왜 이러고 있지? 미스 주 월급이야 빤한 거 아니겠어. 필드에서 뛰어 봐. 훨씬 낫다고. 난 그때 정말 미스 주가 답답해 보였었거든. 얘, 대졸자 대졸자 하지만 사실 그건 구호에 지나지 않는 것이니까 미스 주가 여상 출신이라고 해도 지 맘먹기 달렸지 않니. 미스 주가 나한테 뭐라고 했는지 아니. 김 선생님. 전 많든 적든 고정월급을 받고 있어요. 그게 좋아요. 전 능력이 없어서 그런지 능력급은 불감당이에요. 아, 요러더라고. 얼마나 야무진 애냐?

그래, 그래.

명옥은 차희 말을 들으며 고개까지 주억거렸다.

잘 해봐. 네가 택한 길이다. 난 강요한 적 없으니까.

차희와의 전화는 그렇게 끝났다. 쓸쓸하고 삭막한 심사로 막 돌아서려는데 전화벨이 울렸다.

정 선생님? 엇다 그렇게 전화를 오래 하시는 거예요. 기쁜 소식이 있어서 아까부터 전화를 돌렸는데 영 통화중이더라고. 정 선생님. 정 선생님이 모시고 왔던 이영애 선생님 말예요. 지금 막 실적을 올렸다고 연락을 해오셨어요. 하나를 하셨으니 기본급 채우는 거야 따 놓은 당상이 아니겠어요. 자아, 정 선생님. 요즘 성적이 영 저조하신데 이 기회에 기운 한번 내보세요. 축하합니다. 증원수당도 올리시게 됐겠다 어서 또 뛰셔야지요. 두 개 해놓으셨죠? 다섯 개를 채웁시다. 그래야 우리 서로 좋지요. 자, 당장 움직이도록 합시다. 필드로 나가세요, 필드로.

필드

등장인물

명옥(35세, 가정주부)

차희(명옥의 대학동기)

명옥의 남편

석(명옥의 아들)

아랫집(명옥의 이웃)

미스 주(외판회사 사무원)

곽 실장(외판회사 간부)

신림동 친구

경아(신림동 친구의 딸)

명옥의 언니

명옥의 올케

명옥의 이사 간 친구

선주(이사 간 친구의 딸)

명옥의 동서

영애(명옥의 후배)

그 외 할머니, 엘리베이터 안내양, 회사 사무원들, 아줌마들 다수.

S# 1. 명옥 연립주택 앞

평범한 연립주택. 조용하다.

초라한 모습의 할머니, 성경책과 가방을 들고 안으로 들어간다.

우윳빛 승용차가 와서 멎고 세련된 차림으로 멋진 가방을 들고 차에서 내리는 차희, 이층을 올려다본다.

S# 2. 명옥의 거실 및 베란다

라디오에서 흘러나오는 조용한 음악.

주방 수도꼭지에 연결시킨 호스에서 나오는 물을 양동이에 받아 베란다를 청소하는 명옥, 홈웨어 차림에 허리엔 헌 넥타이를 손에는 시뻘건 고무장갑을 끼고 있다.

쌓여 있는 신문더미를 들어내고 항아리를 씻고 활기찬 모습이다.

가루비누를 풀어 바닥에 문지른다.

벨이 울린다.

명옥은 하던 일을 계속하며

명옥   누구세요?

벨소리

명옥   (장갑을 낀 채 현관으로 나가며) 누구세요?
할머니   (E)   이웃에 사는 교우예요.
명옥   누구요?

할머니　(E)　기쁨의 말씀을 전하러 나온 사람이에요.
명옥　　　　지금 바빠요, 할머니.

명옥이 다시 베란다로 가다가 호스가 새서 물이 고여 있는 것을 발견한다.
세숫대야를 가져다 받치고 걸레로 바닥을 훔치는데 또 대문 벨이 성급하게
몇 번 울린다.

명옥　　　　바쁘다고 했잖아요, 할머니!

그래도 벨 소리 계속 울린다.
명옥이 약간 신경질적으로 대문을 연다.
문 앞에 차희가 서 있다.

차희　　　　(미소) 그래, 제대로 찾긴 찾았어. 너 명옥이…….
명옥　　　　……누구신지…….
차희　　　　나야, 나 모르겠어? 차희야, 김차희.
명옥　　　　……차희? 어머나. 세상에 니가…… 웬일이니? 들어
　　　　　　와, 어서.
차희　　　　섭섭하다, 애. 난 널 첫눈에 알아봤는데.

명옥이 놀라움과 당황으로 어쩔 줄 모른다.
성급히 차희가 앉을 만한 곳을 치우고, 라디오를 끈다.

명옥　　　　앉어. 근데 오늘따라 집안이 이 모양이다. 내 꼴도 이
　　　　　　렇구…….

차희	(집안을 살피며) 살림하는 사람이 다 그렇지 뭐.
명옥	앉어. 그나저나 이게 도대체 몇 년 만이야.
차희	(앉으며) 16년이다, 만 16년. 명옥이 널 만나려구 얼마나 고생한지 아니? 전화를 열 군데두 더 걸었다.
명옥	(의아하다) …… 그랬니? 그럼 미리 전화라두 하지 않구선. (정돈되지 않은 집안과 자신의 모습이 새삼 맘에 걸린다) 차 마실래, 커피?
차희	(딱 부러지게) 아냐 됐어. 금방 마시고 왔어. (가방에서 앙증스런 줄부채를 꺼내 부친다) 여기 연탄 때니?
명옥	세대별 연탄보일러야.
차희	솔직히 말해서 실망이다.
명옥	……?
차희	네 눈이 예전 같지가 않거든.
명옥	응? 내 눈이 어땠는데? …… (생각난 듯 웃음을 터뜨린다) 그래 맞어. 1학년 봄에 우리 처음 만났을 때…….
차희	너두 기억하는구나?
명옥	그러엄. 니가 날보구 그랬지. 네 눈은 참 예쁘다. 그 독기만 덜 하다면 말야, 라구.
차희	애, 넌 왜 그렇게 안하무인이었니 그때. 지금두 그러니?
명옥	내가 언제 그랬니? 누명 씌우지 말어 애.
차희	그래, 다 지난 세월이구 돌이켜보면 청춘은 아름다워라다, 안 그러니?
명옥	그래그래.

두 사람 편안한 자세로 앉는다.

차희   (소리를 낮춰) 그나저나 우리나라두 보통 일이 아니
         다.

명옥   (따라서 소리 낮추며) …… 무슨 일인데?

차희   인력.

명옥   인력?

차희   너 같은 고급인력이 고스란히 집에서 썩고 있으니 말
         야.

명옥   (영문을 몰라 눈만 껌뻑인다) …….

차희   (도전적인 말투로) 애, 넌 하루를 어떻게 보내니?

명옥   (당황해서) 어떻게라니……. 그냥 저냥이지 뭐…….
         다른 주부들처럼…….

차희   (다부지게) 만족하니? 너 지금 네가 풍기는 분위기가
         어떤 것인지나 알고 있는 거니? 이건 마냥 풀어진 동
         네 아줌마 꼴이야. 네가 입고 있는 옷만 봐두 그래. 그
         게 뭐니. 허리도 없는 포대자루 같은 홈웨어가. 타이
         트한 옷을 입어 버릇해야 돼. 너 계속 그런 옷만 입어
         봐라. 허리가 무진장 늘어날 테니. 늘어난들 네가 알
         기나 한다던? 마냥 방치 상탠데.

명옥   (얼굴이 벌게지며 눈앞이 어찔어찔하다)

차희   너 더 늦기 전에 니 모습 찾도록 해. 넌 뭐든 맘만 먹
         으면 해낼 수 있는 잠재력을 갖고 있어. 난 이미 옛날
         에 그런 널 알고 있었어. 눈빛을 다시 찾어. 그건 네
         몫이야.

명옥	(칭찬인지 욕인지 분간을 못 하고 허둥댄다)
차희	(태도를 바꿔) 니네 남편 말야. 어떤 사람이니? 쬐그만 무역회사 나간다구 들었는데. 여자가 나서서 무슨 일 하는 걸 영 뛺어하는 그런 꽉꽉 막힌 사람은 설마 아닐 테지.
명옥	(다급하게) 아냐. 우리 그인 그런 사람 아냐.
차희	(여유 있게) 그럼 됐다. 내가 보니까 별 문제는 없겠어. 너 일자리 갖고 싶지 않니?
명옥	일자리?
차희	보람두 있구 사는 게 사는 거 같아진다, 너? 물론 보수두 생기지.
명옥	(풀이 죽어) 그게 어디 쉬운 일이라던. 갓 졸업한 씽씽한 애들두 취직을 못 해 야단인 마당에……. 우리 석이두 내가 돌봐야…….
차희	이런 못난 소리. 널 필요루 하는 곳을 찾아내면 될 거 아니니. 너 그 노력해 봤니? 안 해봤잖아. 그리구 아이 문제두 그렇다. 니 아들 중학생이지? 중학생을 왜 니가 끼구 도니. 희생적인 부모가 자식에게 줄 수 있는 건 부담감뿐이야. 놔줘, 제발. 남편이 갖다 주는 월급 봉투나 쪼개 쓰고 앉아 있지 마. 너두 벌어. 벌 수 있어. 아니 돈은 차선이야. 일을 가지란 말야, 일을. 난 내 일을 가지구 있어. 시작한 진 얼마 안 됐지만 말야.
명옥	일을 한다면서 어떻게 이런 시간에 놀러 다니니?
차희	(발음도 근사하게) 파트타임! 여성들 파트타임이 외국에만 있는 줄 알았지? 아냐. 내가 바로 파트타임으

	로 일을 하구 있다구.
명옥	어머, 그거 괜찮겠네. (노골적인 부러움이 드러난다)
차희	전화 좀 쓸게.
명옥	그래.

차희, 전화기 버튼을 누른다.
명옥, 걸레와 세숫대야를 치운다.

차희	곽 실장님? 김차희예요. 어디긴 어디예요. 필드에 있죠. 스카웃이요. 네, 대졸이에요. 저하구 같은 학교요. 동갑이에요. 그러니까 동기생이죠. 기대하셔도 좋을 거예요. 밝을 명, 구슬 옥, 명옥이에요. 정명옥.
명옥	(깜짝 놀라 차희를 본다)
차희	네, 네. 그럼 내일요. (전화 끊고 명옥에게) 얘, 이력서 하구 주민등록등본 한 통 준비하도록 해.
명옥	나 졸업 못 했어. 넌 일 학년 때 그만둬서 모를 거야. 나 3학년 마치구 결혼했잖아.
차희	졸업증명서 같은 거 떼 오란 소린 안 하는 데니까 공연히 고지식하게 굴지 말어. 나두 그렇게 돼 있으니까. (핸드백에서 메모지가 붙은 고급스런 수첩과 최고급 볼펜을 꺼낸다) 내일 열 시다? 약도 그려 주고 갈 테니까 시간 지키도록 해. 물론 원한다고 다 되는 일은 아냐. 하지만 이 김차희 추천이니 최소한 일은 할 수가 있을 거야. 믿어 봐.
명옥	난 아직 거기가 무슨 일을 하는 곳인지두 모르는데.

	넌 왜 전화부터 하고 그러니?
차희	(약도를 명옥에게 건넨다) 원서를 아예 대졸자만 받는 곳이야. 일단 나가서 오리엔테이션을 받아 봐. 받아보구 도저히 적성에 안 맞는다 싶으면 그때 그만둬도 돼. 어느 누구도 강요하진 않을 거니까. 내일 열 시다? (일어나 현관으로 간다) 너 언제까지 연탄내 맡으며 살 거니? 우리나라 주부들 중엔 만성 중독 환자가 많대드라. 아참, 이거 애들 먹으라고 사오구선 잊어버릴 뻔했네. (핸드백에서 아몬드 초코렛 한 상자를 꺼낸다) 애들 줘. 아니, 너한테 복수를 사용하면 안 되겠구나. 애가 하나지?
명옥	응. 뭘 이런 걸…….

S# 3. 동 연립 복도 및 계단

명옥, 초코렛 상자를 그대로 든 채 따라 나온다.

명옥	너흰 어디 사니?
차희	영동 쪽.
명옥	여기선 그쪽으로 가는 버스가 없는데……. 일단 시내까지 나가서 갈아타야 되겠다.

S# 4. 동 연립주택 앞

두 사람 나온다.

차희	더 놀다 가고 싶지만 파출부를 집에 보내야 할 시간이라…….
명옥	그래. 버스 타는 데까지 가면서 얘기하지 뭐.
차희	그만 들어가 봐. (핸드백에서 열쇠를 꺼내 승용차 문을 연다)
명옥	(멍하니 그 모습을 지켜본다)
차희	나 차 끌고 다닌 거 얼마 안 됐어. 내가 벌어서 샀다면 믿을 수 있겠니? 이제부턴 너 하기 달렸어. 갈게.

시동을 건 차희는 우아하게 손을 한 번 흔들어 보이고는 차를 몰고 사라진다. 햇볕을 받은 차창이 반짝인다.

명옥은 무엇에 홀린 듯 멍하니 서 있다.

S# 5. 동사무소

수입인지에 내리 찍히는 도장.

명옥이 흥분한 채 붐비는 사람들 속에서 주민등록등본을 떼고 있다.

S# 6. 사진관

명옥이 눈을 동그랗게 뜨고 잔뜩 긴장한 채 즉석(속성) 사진을 찍고 있다.

S# 7. 명옥의 집 주방(밤)

명옥이 딸기 접시를 식탁에 가져다 놓는다.

어딘지 들뜨고 흥분한 모습이다. 그릇들을 씻는 명옥.

석	한 달 만에 딸기 첨 먹는다. 그치 아빠?
명옥	알았어. 앞으론 자주 사줄게.
석	(명옥의 기색을 살핀다) 엄마, 저 신발 하나 사줘요.
명옥	뭘 사줘?
석	(눈치 보며) 신발요.
명옥	(선선히) 벌써 떨어졌니?
석	떨어진 건 아니지만 떨어질 찰나예요.
남편	절약할 줄 알아야지.
명옥	당신은 그 얘기밖엔 할 줄 몰라요? 정확하게 13년이 에요. 그 소리 듣고 산 지가. 우리 귀여운 아들이 떨어 진 신발을 신고 다녀서야 되나. 안 그래요, 여보? (즐 거운 듯 딸기를 입에 넣는다)
남편	당신 뭐 좋은 일 있어?
명옥	나라구 뭐 맨날 그날이 그날인 줄 알았어요?

남편과 석이 의아한 듯 명옥을 본다.

S# 8. 명옥의 안방(아침)

흩어진 스타킹들.
속옷 차림의 명옥이 시계를 보며 서둘러 화장을 끝낸다.
장롱에서 스커트를 꺼내 대 보고 입어 보고 한다.
모두들 허리가 어림도 없다. 억지로 하나를 입었으나 터질 듯 팽팽하다.

대문 벨소리.

명옥   누구세요? (허리가 우두둑 뜯어져 버린다) 아이! 이
           걸 어떡해······. (허리를 손으로 붙들고 나간다)

S# 9. 동 거실 및 현관

명옥   누구세요?
아랫집 (E) 저예요, 아랫집.
명옥   (문을 연다)
아랫집   어디 가실 건가 봐요?
명옥   (쌀쌀맞게) 무슨 일이세요?
아랫집   어제 베란다 물청소하셨죠?
명옥   호스 빌리러 오셨어요?
아랫집   죄송하지만 좀······.
명옥   (베란다로 간다)
아랫집   이사 올 때 없어졌나 봐요. 새로 하나 장만해얄 텐
           데······. 어디서 파는지 아직 이 동네 지리에 서툴러
           서······. 어쩜 이렇게 깨끗하게 해놓고 사세요? (호기
           심어린 눈으로 집안을 살핀다)
명옥   (호스를 내민다)
아랫집   고마워요. 그럼 바쁘신데······. 준비하세요. (나간다)
명옥   (문을 닫고 안방으로 가며) 뻰찌, 장도리, 압축기, 튀
           김냄비에다 가루비누까지······. 눈만 뜨면 뭘 빌려 달
           래. 입술두 얄팍하니 수다스럽구 얌통머리 없게 생겨

가지구는…….

명옥은 투덜대며 뜯어진 스커트를 벗고 니트 옷을 겨우 하나 골라 입는다.
진땀이 나서 화장이 엉망이다. 시계를 보며 급하게 얼굴을 두드린다.

S# 10. ○○빌딩 앞

높고 으리으리하다.
명옥이 온다. 미심쩍은 듯 약도를 확인하고 안으로 들어간다.

S# 11. 동 빌딩 복도 및 엘리베이터 앞

번쩍이는 대리석 바닥.
명옥은 자신의 투박하고 먼지가 뽀얗게 앉은 구두를 내려다보며 낭패를 당
한 기분으로 조심스럽게 걸어온다.
파마머리의 삼십대 후반, 사십대 아줌마들 짝을 지어 엘리베이터 앞에 모
여든다.
명옥, 약간 의아한 표정이다.
엘리베이터 문이 열리고 멋진 제복의 안내양이 인사를 한다.
아줌마들 우르르 몰려 탄다.

S# 12. 꼭대기 층 엘리베이터 앞

갓 고등학교를 졸업한 듯한 밝고 단정한 차림의 아가씨들 5명이 손에 메모
지를 들고 기다리고 있다.

엘리베이터 문이 열리며 아줌마들 쏟아져 나오자 OOO 선생님, XXX 선생님, 하며 이름을 불러댄다.

미스주   정명옥 선생님? 정명옥 선생님?

명옥   저어…… 제가…….

미스주   미스 주예요. 실장님이 기다리고 계십니다. 어서 가시죠.

주위에서 똑같은 모습이 속출한다.

명옥   차희요. 김차희는 어디 있나요?

미스주   누구요? 아, 김 선생님요? 지금 이 시간에 회사에 계실 리가 있습니까? 미팅 마치시고 필드에 나가셨죠.

명옥   필드라뇨? 그럼 차희가 골프를 치러 나갔다는 말인가요?

미스주   골프요? 아이 정 선생님두……. 현장에 나가셨다는 뜻이에요. (웃는다)

명옥   (살피며) 여기 무슨 보험회사가 세 들어 있나요?

미스주   보험회사라뇨? 이 꼭대기 층은 전부 우리 회사가 쓰고 있어요.

명옥   그럼 저 아줌마들은…….

미스주   정 선생님과 마찬가지로 스카웃돼 오신 선생님들이죠.

미스 주는 호텔처럼 양쪽으로 주욱 붙어 있는 방 하나로 명옥을 데리고 들어간다.

S# 13. 동 사무실

미스 주와 명옥이 들어온다.
세련된 옷차림에 나이를 가늠하기 어려운 곽 실장이 벌떡 일어나 남자처럼
악수를 청한다. 언발란스의 생머리에 군살 한 점 붙지 않은 미끈한 몸매다.

곽실장	어서 오세요. 환영합니다. 정명옥 선생님이시죠? 나 곽 실장입니다.
명옥	(어색하게 손을 잡으며) 네…….
곽실장	앉으시죠.

중앙에 있는 회의용 테이블에서 의자 하나를 **빼준다.**
명옥과 같은 처지인 듯한 아줌마들 3명이 어색하게 커피를 마시며 앉아
있다.

곽실장	미스 주, 아직 시간이 있네. 정 선생님께 차 한잔 대접하지.
미스주	네, 실장님.

미스 주가 이미 준비가 되어 있는 듯 커피를 탄다.
명옥은 어릿한 모습으로 사무실을 둘러본다.
우아한 실내 분위기. 세련된 디자인의 고급스런 집기들.
문 앞에 미스 주의 책상, 한쪽으로 커다란 곽 실장의 테이블.
그 위에 실장 곽영애라고 쓴 호화로운 자개 팻말이 놓여 있다.
한쪽 벽에는 커다란 흰색 칠판이 걸려 있다.

미스주	정 선생님?
명옥	저 말인가요?
미스주	설탕 몇 스푼 넣을까요?
명옥	그냥 주세여.
미스주	크림은요?
명옥	그냥…… 그냥요.
미스주	어머. 곧 실장님 한 분 나오시겠어요.

명옥은 의미를 몰라 어리둥절 곽 실장을 본다.
곽 실장이 싱긋이 웃는다.
미스 주, 호화로운 은쟁반에 담긴 커피를 가져다 놓으며

미스주	우리 회사 실장님들은요, 하나같이 블랙커피를 드시 걸랑요.
명옥	난 자꾸 살이 찌는 것 같아서…… 그래서…….
곽실장	날씬하신데요, 뭘…….

명옥은 놀림을 당하는 것처럼 얼굴이 붉어지며 커피 잔을 내려다본다.
본차이나의 최고급품이다.

명옥	(경직된 듯) 전 아직 이 회사가 무슨 일을 하는지도 알지 못합니다.
곽실장	어머 그러세요? 좌우지간 김차희 선생님은 알아 줘야 한다니까. 김차희 선생님이 그러셨다면 그건 그런 대 로 이유가 있었을 거예요. 암튼 일단 나오셨으니까 교

	육은 받아 보세요. 내용이 아주 알찹니다.
명옥	어떤 내용인데요?
곽실장	(거침없이) 간단한 회사 소개와 교육정보, 아동심리, 여성심리, 남성심리 등 심리학 강의와 휴먼 릴레이션 즉 인간관계에 관한 강의들이죠. 3일간 계속되는데 교수진 전부가 그 분야에선 알아 주는 박사학의 소지자들입니다.
미스주	이번 교수진 명단에 실장님도 올라 있던데요?
곽실장	저야 여러분과 같이 에이전트로 출발해 실장 자리에 오른 사람이니, 제가 한 시간 떠드는 거야 제 경험담에 불과하지만, 박사님들 강의는 대학 강의보다 수준이 한 단계 위예요. 저희들이 아예 대학 졸업자들만 선별해서 원서를 받는 이유도 다 그 때문이랍니다.
명옥	(고개를 끄덕인다)
곽실장	(약간 거드름을 피우며) 나머지 것들은 교육 끝나고 결정하셔도 좋습니다. 하긴 최종 결정은 내가 내리는 것이 아니고 회사에서 내리는 것이지요.

실내 스피커에서 아련히 들리는 아름다운 멜로디의 음악소리.

| 미스주 | 일어나시죠. 교육장 안내를 해드리겠습니다. |

S# 14. 명옥 주방 및 거실

명옥이 막 설거지를 끝내고 행주를 탈탈 터는데 전화벨이 울린다.

덤덤한 표정으로 전화를 받는 명옥.

명옥   여보세요?

곽실장   (F) 축하합니다.

명옥   네? 전화 잘못…….

S# 15. 곽 실장 사무실

곽실장   합격하셨습니다. 어제 오후에 최종 결정이 났습니다.
               (단정투로) 출근하셨다 필드로 나가시겠어요? 아님
               곧장 필드로 나가시겠어요?

S# 16. 명옥 거실

명옥   …….

곽실장   (F) 여보세요?

명옥   …… (스스로 다짐하듯) 전, 못 하겠어요.

S# 17. 곽 실장 사무실

곽실장   (완강하게) 못 하시다뇨? 왜요? 우리 회사 자료가 정
               선생님 맘에 들지 않던가요?

S# 18. 명옥 거실

명옥   자료야 훌륭하죠. 하지만 제가…… 전…… 역부족일
                 것 같아요. 그래서 그래요.

S# 19. 곽 실장 사무실

곽실장   정 선생님 지금 역부족일 것 같다고 말씀하셨나요?
                 그 말씀이 무책임하다고 느끼진 않으세요? 어떻게 맞
                 닥뜨려 보지두 않은 상태에서 뭐뭐 같다라는 표현이
                 있을 수 있습니까? 피차 배운 사람들 사이에서 말입
                 니다.

S# 20. 명옥 거실

명옥이 낭패스런 표정으로 얼굴을 문지른다.

곽실장   (F) 정 선생님, 이번 기회에 살아가는 자세를 한번 바꿔
                 보세요. 정 선생님두 우리 회사 며칠 출입하시면서 느
                 낀 점이 많으실 걸요? 다들 얼마나 활기차고 보람 있
                 게 살구 있던가요?

S# 21. 곽 실장 사무실

곽실장   나만 해도 그래요. 생활이 어려워서 일하는 거 아녜요.

일이 좋아서 하는 거죠. 우리 딸이 중3이라면 모두 놀
랜다구요. 왜 그런지 아세요? 일, 일을 하니까 그래요.
일의 성취감보다 더한 기쁨이 어디 있겠어요. 그리구
수입두 무시 못 하는 거예요. 김차희 선생님을 보세요.
김차희 선생님 지난 달 페이가 얼만지나 아세요?

S# 22. 명옥 거실

곽실장   (F) 팔십을 훨씬 넘게 갖고 갔어요. 어지간한 남자 수입의
곱절이죠.

S# 23. 곽 실장 사무실

곽실장   자 그렇게 집에만 계시지 말고 필드로 나가세요, 필드
로…… 필드는 무한정 넓어요. 정 선생님을 필요루
하구 또 기다리고 있어요. 지금 가까이 어딘가에 우리
회사 자료가 꼭 필요한데도 몰라서 활용을 못 하는 사
람들이 많아요.

S# 24. 명옥 거실

곽실장   (F) 정 선생님은 바로 그 사람들을 돕는 선생님입니다. 정
선생님, 지금 당장 필드로 나가시리라 믿고 전화 기다
리겠습니다. (막힘없이 떠들어대곤 일방적으로 전화
끊는다)

명옥, 맥없이 전화기를 놓고 그대로 멀거니 앉아 있다.

대문 벨이 울린다.

명옥		(화들짝 놀란다) 누구세요?
아랫집	(E)	아랫집이에요.
명옥		(대문을 연다)
아랫집		(고무호스를 말아 쥐고 들어온다) 오늘은 안 나가세요? 요즘 뭐 좋은 일 있으신가 봐. 맨날 나가시는 거 같기에 오늘은 일찌거니 올라왔어요. (호스를 건넨다) 잘 썼어요.
명옥		(멍하니 그대로 서 있다)
아랫집		혹시…… 어디 불편하세요?
명옥		아…… 아니에요. (베란다로 가 벽에 호스를 걸려고 한다)

S# 25. 교육장 일각

| 곽실장 | 고객은 어디에고 있습니다. 접근하세요, 접근. |

S# 26. 명옥 거실

명옥이 긴장한 채 천천히 현관 쪽으로 걸음을 옮긴다.

S# 27. 교육장 일각

곽실장   문전에서 쭈뼛거리거나 용건을 꺼내지 마세요. 일단
                     안정된 자리를 차지하고 앉으세요.

S# 28. 명옥 거실 및 현관

아랫집 여자가 걱정스런 표정으로 명옥을 살펴보고 있다.

아랫집   정말 괜찮으신 거예요?
명옥   그럼요. 차, 차 한잔 하실래요?
아랫집   (신나서) 주시겠어요? 아직 커피 마시지 않길 잘했네
                     요.

S# 29. 명옥 주방 및 식당

작은 주전자에 물이 끓고 있고 명옥이 잔뜩 긴장한 채 차를 준비하고 있다.

아랫집   저 땜에 못 나가시는 거 아녜요?
명옥   아…… 아니에요. 끝난 걸요.
아랫집   무슨 일이 있는데요?
명옥   무얼 좀 배우러 다녔어요.
곽실장   (E)   접근하세요. 일차는 접근입니다
명옥   (마른침을 꼴깍 삼킨다) 아이들이 예쁘던데요, 둘이
                     시죠?

아랫집	네에, 딸만 둘요.
명옥	비행기 두 번 타시겠어요.
아랫집	비행기 안 타두 좋으니까 아들 하나 있어 봤음 좋겠어요. 애들 아빠가 외아들이지 뭐예요. (커피에 설탕과 크림을 넣는다)
곽실장 (E)	중요한 것은 호감입니다. 상대방에게 호감을 갖고 있다는 걸 보여주세요.
명옥	아들이 무슨 소용이에요? 짝만 지워 놔 봐요, 아들하곤 끝이에요. 하지만 딸들이야 어디 그래요? 잘 키우세요. 열 아들 부럽지 않으실 테니까. 어떠세요, 그 집 공주님들은 책을 많이 읽는 편이에요?
아랫집	(찻잔을 소리나게 놓으며) 책요? 아유, 말 마세요. 어찌된 셈인지 애들이 텔레비만 보려고 들지 그 흔한 동화책 하날 손에 들지 않지 뭐예요. 싸우기는 또 얼마나 싸우는데요. 눈만 뜨면 닭싸움하듯 투닥거린다구요.
명옥	(큰소리로 과장되게 웃는다)
아랫집	(신나서) 큰애는 작은애랑 이상이 안 맞고, 작은애는 큰애랑 현실이 안 맞는 눈치지 뭐예요.
명옥	하하……. (더 크게 웃지만 웃음 끝이 공허하게 울린다)
아랫집	(자기 화술에 만족한 듯 기분이 좋다)
명옥	책을 좀 읽게 하세요. 어릴 때의 독서야말로 평생의 밑거름이 되지 않겠어요. 그러다 보면 이상과 현실이 조화를 이룰 날도 있겠구요.
아랫집	책이야 읽어야지요. 저두 맨날 애들한테 그러는 걸요.

명옥	책을 많이 읽는 아이들이 글짓기를 잘 하게 돼요. 그거 무시하지 못하게 되어 있더라구요. 대학입시를 좀 보세요. 논술 고사 비중이 좀 커요?
아랫집	우리 애들이야 이제 겨우 초등학곤데 골치 아프게 지금부터 대학 걱정하게 생겼어요. 아참, 경동시장에 마늘 사러 나가지 않으시겠어요?
명옥	저어, 애들 책 말인데요. 집에 좋은 책들이 많으시겠지만 제가 신간 하나 추천해 드릴까요? 내용이 아주 좋던데…….
아랫집	신간요? 전 그런 덴 관심 없어요. 첨에 나올 때 신간 아닌 게 있나요. 비싸기만 엄청나게 비싸지……. 청계천에 가서 사주면 돼요. 책값이 말두 못 하게 비싸요. 월부 책들이 좀 비싸요? 그게 다 월부 책장사들 중간 마진 때문이라구요. 우리가 왜 그 사람들 좋은 일을 시키겠어요, 안 그래요? 그나저나 이 집은 몇 접이나 사시겠어요? 육쪽짜리 밭마늘이 많이 나와 있으려나 모르겠네…….
명옥	(맥이 탁 풀린다)

S# 30. 명옥 욕실 및 현관

명옥이 담요를 밟아 빨고 있다. 화가 나는 듯 동작이 거칠다. 부글부글 끓어오르는 비누거품.

| 명옥 | 그래 그만두는 거야. 하긴 내가 언제 시작이나 했었 |

나. 좋은 경험한 거지.

대문 벨이 울린다.

명옥		누구야 귀찮게……. 누구세요?
차희	(E)	나야.
명옥		(오른쪽 고무장갑을 벗겨내며 문을 연다) 나가 누구 야?
차희		얘 좀 봐. 너 왜 집에 있니?
명옥		(심통 나서) 집에 있지 않음?
차희		(들어오며) 얘는, 넌 교육받은 게 아깝지두 않니? 활 용을 해야지, 활용을. 너 이러구 있을라면 뭐 하러 사 흘씩이나 아까운 시간 허비해 가며 교육을 다 받았니?
명옥		난 못 하겠다. 결국 월부루 책 팔라는 거 아냐.
차희		누가 널 보구 도둑질 해오랬니? 정당하게 일해서 능 력대루 보수 받는 일야. 그게 어때서?
명옥		난 네가 아냐, 못 하겠어.
차희		(쌀쌀하게) 그래, 그건 네 자유야. 맘대로 해. 난 강요 할 생각은 눈꼽만큼도 없으니까. (가려고 한다)
명옥		(당황해서) 청계천, 얘 청계천에 나가면 책이 싸잖니. 그래서 말인데 비싸다면 어떻게 하니?
차희		이런 바보. 너 교육받을 때 졸았니? 우리 자료를 보구 누가 감히 비싸다고 해? 그걸 만드느라 얼마나 많은 투자를 하고 공을 들였는데. 청계천? 청계천 같은 소 리 하지두 마. 우리 자료는 처음부터 청계천 같은 덴

	내지도 않어.
명옥	그러니?
차희	자신과 긍지를 가져. 결과는 언제나 정직해. 일한 만큼 꼭 그만큼이 나오는 거니까.
명옥	……
차희	얘, 참고루 하나 알려 주는데 첫 계약은 절대로 거절 당하지 않는 곳을 찾아가도록 해. 그러다 보면 차츰 요령이 생길 테니까. 난 지금 필드로 나가는 길이야. 너두 이러구 있지 말구 어서 뛰어. 열심히 해봐. 갈게. 나오지 마. (문 열고 나간다)

명옥은 잠시 서 있다가 왼손에 낀 고무장갑을 천천히 벗겨낸다.
전화기 옆에 있는 수첩을 펼쳐 빼곡하게 적힌 전화번호를 더듬어 간다.
명옥의 눈이 반짝 빛난다.

S# 31. 신림동 친구집 현관 및 거실

구질구질한 차림의 신림동 친구가 명옥을 맞아들인다.

신림동	참, 오래 살고 볼 일이네. 니가 마실을 댕길 때도 있니? (딸 경아를 명옥에게 인사시킨다)
경아	안녕하세요, 아줌마?
명옥	그래 잘 있었니, 학교에서 일찍 왔구나?
경아	네, 시험 봤어요.
신림동	넌 니 방에 가서 공부해.

| 경아 | 네. |
| 신림동 | 오늘 너 참 잘 왔다. 이리 와. (명옥을 데리고 부엌으로 간다) |

S# 32. 동 부엌

신림동 친구는 씽크대로 가 아랫장을 연다.
명옥이 흘깃 쳐다본다.
씽크대 안에는 꿀병이 열 개 가량 숨듯이 들어앉았다.
그 중 하나를 꺼내 식탁 위에 척 올려놓는 친구.

신림동	니가 안 왔음 내가 이 무거운 걸 들구 나설 뻔했다야. 제주도 꿀인데 엄청 귀한 거다. 3만 원이며 가격두 무지 싼 거야.
명옥	(꿀병을 원망스럽게 본다)
신림동	아무나 주기는 아까운 건데 너하구 나하구 텔레파시가 통하나 부다. 너두 나두 다 들고 가버린 후면 주고 싶어두 못 줄 뻔했다야. (냉장고에서 사이다를 꺼내 명옥에게 한 잔 따라주고 나머지는 다시 뚜껑을 닫아 냉장고에 다시 넣어 둔다)
명옥	(멍하니 앉아 있다)
신림동	사이다 마셔, 사이다. 아참, 내 정신 좀 봐. (다른 장에서 이홉들이 참기름 2병을 꺼내서 뚜껑 열며) 애, 이 참기름 냄새 좀 맡아 봐. 유다르게 꼬순 냄새가 난다.
명옥	(심드렁하게 냄새를 맡고는 뚜껑을 닫아 놓는다)

신림동	친정 엄마가 시골서 일삼아 짜오신 거야. 그러니까 순 진짜 참기름이지. 이런 걸 아무하고나 나눠 먹을 순 없지 않겠니? 친한 친구한테나 주지. 육천 원이면 값 도 괜찮구. 쟁여둘 게 아니구 당장당장 써서 없어지는 거니까 두 병 다 들여놔.
명옥	(곤혹스런 표정으로 앉아 있다)
신림동	(눈치를 보며) 작은 이문이 있는 건 분명하지만 그건 내가 먹는 게 아니구 이웃, 그러니까 불우이웃을 돕는 데 쓰인다야.
명옥	그래……. 알구 있어.
신림동	화장지는 남았니? 떨어졌음 얘기해. 그건 부피가 커 서 불편하지만 내가 죽 대왔으니 갖다 줘야지 뭐.
명옥	(멍하니 앉아 있다)
신림동	(명옥의 표정을 살핀다) 네 용건을 얘기하지 그러니?
명옥	(사이다를 마시다가 사래가 걸린다, 괴롭다) 용건?
신림동	(빤히 보며) 그래, 넌 용건이 있을 거야, 분명히…….
명옥	(눈길을 피한다)
신림동	돈이 필요하니? 돌려 주랴?
명옥	(황망히 손까지 내저으며) 아냐! 아냐!
신림동	그럼 뭐야아. 힘들어하지 말구 말해. 세상은 어차피 상부상조야. 너하구 나하구는 친구 사이구.
명옥	(결심한 듯 가방을 열어 각종 카달로그를 꺼내 놓는 다)
신림동	(그 중 하나를 가져가 건성으로 봐치운다) 망할 것, 하루만 일찍 오지. (카달로그를 명옥에게 밀어내며)

바루 어제야, 이 책을 계약한 게……. 청소년세계문
학전집.

명옥   (실망과 아쉬움이 역력하다)

신림동   언니가 보냈더라구. 과부가 된 친군데 도와줘야 한다
면서……. 설명두 야무지게 하데, 그 여자? 그나저나
너같이 얌전한 아이가 이 일을 해내기나 하겠니? 그
래 언제부터 했니? 실적은 많이 올렸구? 석이 아빠도
아시니? 집안에 무슨 곤란한 일이라도 생긴 거야?

명옥   (어깨가 축 처진 채 도리질친다)

신림동   그럼 석이 아빠 몰래 돈 빼 쓴 거니?

명옥   (계속 도리질이다)

신림동   아니라니 다행이다, 애……. 너 이 꿀 갖고 가지 마.
꼭 필요하면 2만 5천 원만 내고 갖고 가던지……. 그
렇게 되면 본전에 주는 거다? (꿀병을 식탁 아래로 내
려놓는다) 애, 너 말야. 어떤 계기로 이런 일 시작하
게 됐는지 모르겠다만, 첫째는 돈이 목적 아니니? 내
경우는 그렇더라. 요즘 사람들이 상대방 돕는 뜻으로
무얼 들여놓는 줄 아니? 천만에다…… 그건 한 번이
면 끝. 길게 하려면 아주 당당하게 이건 당신에게
꼭 필요합니다를 주입시켜야 하는 거야. 그래야 자존
심두 손상을 안 입지……. 넌 아직 멀었다. 나한테 좀
배워라, 배워…….

명옥   넌 수익금을 불우이웃 돕기에 쓴다고 했잖니.

신림동   이런 쑥맥하군…… 불우이웃이 따로 있니? 그래야
물건 사는 사람도 기분 좋지, 안 그래? (웃음을 터뜨

린다)

명옥   (완전히 어이가 없다)

S# 33. 언니네 아파트 거실

큰 평수의 부티 나는 아파트다.

명옥이 상심한 채 거실 소파에 길게 누워 있다.

헬스클럽에서 돌아온 듯 젖은 머리의 퉁퉁한 명옥의 언니가 쟁반에 생크림, 비스킷, 생과자, 주스 등 먹을 것을 잔뜩 담아 가지고 온다.

언니   애, 너두 모양 좀 내구 댕겨라. 꼴이 그게 뭐니? 집하
               구 여자는 가꾸기 나름이래잖니.

명옥   언닌 운동하러 헬스클럽에 다닐 게 아니라 먹는 걸 좀
               줄이지 그러우?

언니   애 애……. 누가 아니래니. 그치만 먹는 재미두 없이
               세상을 무슨 재미루 사냐. 안 먹니?

명옥   생각 없어.

언니   근데 너 왜 그렇게 기운이 없어 뵈니? 이제사 석이 아
               우 보는 건 설마 아닐 테구.

명옥   좀 고단해 그렇지 뭐.

언니   얼굴두 팍 늙은 거 같은데? (계속 먹어댄다)

명옥   정말 끝없이 먹는구랴. 언니, 지금 체중이 얼마야?

언니   몰라. 그걸 알아서 뭘 하니, 신경 쓰이게.

명옥   비만은 만병의 근원이래.

언니   아닌 게 아니라 다이어트를 하긴 해얄 텐데.

명옥	당장 시작하라구. (눈을 감고 누워 버린다)
언니	어떻게? 그것두 뭐 요일따라 식단 짜구 칼로리 계산 하구 무슨 요령이 있나 보던데.
명옥	(눈을 반짝 뜨고 벌떡 몸을 일으키며) 언니!
언니	(놀래서) 왜?
명옥	내가 그런 거 상세하게 나와 있는 책 소개해 줄게. (가방에서 카달로그를 꺼내 찾으며) 여기, 여기 있다. 성인병 예방 식사법, 비만아 식단, 비만 성인 식단, 저 칼로리 식품, 당뇨환자 식단. 계절별 일반 가정 요리, 동서양 요리, 중국 요리…… 없는 게 없어. 컬러판 세 계가정요리대백과야.
언니	애 좀 봐, 갑자기 뭔 요리책 선전이냐?
명옥	언니한테 필요한 걸 마침 내가 알고 있으니까 가르쳐 주는 거잖아.
언니	이젠 너까지 이러기냐? 살림이 간신히 좀 핀다 싶으 니까 사방에서 뭘 사라고 아우성들이다.
명옥	하나 들여놓는 거지?
언니	그래 어쩌니…… 들여 놔야지…….
명옥	(흥분했다. 수첩을 뒤져 전화번호를 찾아 전화 걸며) 부엌에 쫙 진열해 놔 봐. 첫째, 음식 만드는 데 도움되 지, 누가 와서 봐두 연구 노력하는 주부라는 인상을 받을 거 아냐. 칼라니까 색깔두 얼마나 멋지겠어.
언니	알았다, 알았어.
명옥	여보세요?

S# 34. 곽 실장 사무실

곽실장　　정 선생님, 축하합니다. 계약되신 거죠? 축하합니다.

S# 35. 언니 집 거실

명옥　　(놀래서) 아니, 어떻게 아시는 거예요?

S# 36. 사무실

곽실장　　방금 전에 정 선생님 댁에 전화 드렸는데 안 받으시더라구요. 필드에 나가셨구나 하구 기다리던 중이였어요. 축하해요. 정말 축하합니다. 정 선생님 계약서만 갖고 나가셨죠? 암튼 좋습니다. 구두계약두 확실하기만 하면 되니까요. 아참, 정 선생님 뭡니까, 계약 받으신 게…… 미스 주야, 칠판에 정명옥 선생님 이름 올려라.

미스주　　네에.

곽실장　　(미스 주에게) 칼라판 세계요리대백과라신다. (명옥에게) 축하합니다.

S# 37. 언니 집 거실

곽실장　(F)　어쩜 첫 계약에 계약고가 제일 높은 월척을 건지셨을까, 축하합니다. 정말 축하합니다.

전화 받는 명옥의 표정이 꼭 칭찬받는 어린애 같다.

S# 38. 사무실

곽실장   이제 작은 것 하나만 더 하셔도 기본급에 보너스가 가
         산됩니다. 아시죠? 세계문학 기준으루 두 개를 계약
         하시면 보너스가 사만 오천 원 추가된다는 거 말입니
         다. 자, 그럼 여섯 시까지 또 기다립니다아……

S# 39. 언니 집 거실

서서히 송수화기를 내려놓는 명옥의 눈이 잠시 반짝이더니 다시금 전화를
걸다가 멈춘다.

S# 40. 교육장

곽실장   전화로는 절대로 용건을 말하지 마세요. 십중팔구 반
         드시 실패합니다.

S# 41. 올케 아파트 현관 및 거실

여자들의 떠들썩한 웃음소리가 들리며 올케가 문을 연다.

올케   계집애, 이렇게 늦게 오면……
명옥   (들어서며) 나야, 올케……

올케	어머 형님, 형님이 웬일이세요?
명옥	손님이 계시네.

여자들 조용해졌다.

올케	어쩌죠 형님. 오늘이 마침 여고 동기들 모임인데 순서가 제게 돌아와서, 그래두 괜찮으시다면…….
명옥	아냐, 가지 뭐…….
올케	잠깐만 올라왔다 가세요. (안방 문을 닫는다. 여자들 5, 6명이 중국요리에 맥주, 콜라 등을 먹고 있다)
올케	전화두 없이 어쩐 일이세요?
명옥	그저 잘 있나 해서 온 거야. (거실 소파에 앉으며) 좋은 책이 있길래 추천두 할겸.
올케	무슨 책인데요?
명옥	세계걸작동화전집, 이 집 애들이 읽으면 딱 좋을…….
올케	근데 형님하구 책하구 무슨 상관이라두 있나요?
명옥	응, 그건……. 저…….
올케	알았어요, 형님. 형님이 알아서 해주세요. 들여 놓을게요.
명옥	(긴장했던 얼굴이 활짝 펴진다)
올케	근데 형님, 마침 그렇잖아두 전화를 드릴까 하던 참이었어요. 형님두 아시다시피 우리 친정 식구들은 죄 이민을 가 버리구 피붙이라곤 여동생 하나 달랑 남았잖아요. 그 애가 지금 만삭인데 예정일이 공교롭게두 어머님 생신날이지 뭐예요.

명옥	(완전히 혹을 붙이는 기분이다)
올케	하긴 머 그 앤들 그걸 그렇게 하고 싶었겠어요. 초산이라 겁두 나구 시집 쪽에두 도와줄 손이 없대요. 그래서 제가 그랬죠, 우리 집을 친정으로 여기구 이 동네 병원에서 몸을 풀라구요. 형님, 제 사정이 이러니 어떻게 어머님 생신에 내려갈 수가 있겠어요.
명옥	사정이야 딱하지만……. 올케가 외며느린데…….
올케	그러니까 형님께서 어머님께 잘 좀 말씀드려 주세요. 큰 형님께두요, 네?
명옥	말이야 하겠지만…….
올케	고마워요, 형님. 역시 제 사정을 가장 잘 헤아려 주시는 분이 형님이시라니까.

S# 42. 사무실 복도

명옥이 걸어온다.

명옥	내가 책을 사라고 했건 안 했건 그렇게 말했을 게 뻔해. (손가락으로 돈 계산하며) 34만 원에 기본급 15프로면, 5만 원, 20만 원의 15프로면 3만 원, 거기다가 보너스 4만 5천, 응……. 그러니까 합이 12만 6천. 세상에! 하루에 12만 6천원이나……. (신나는 듯 사무실로 들어간다)

S# 43. 곽 실장 사무실

명옥이 들어온다.
곽 실장은 펄펄한 음성으로 명옥의 손을 잡고 어깨를 두드려 준다.

곽실장   오, 정 선생님 어서 오세요. 정말 수고 많으셨습니다.
           물론 1차 보너스는 받으시겠죠?
명옥   그럼요. 세계걸작동화전집이요.
곽실장   역시 그러실 줄 알았다니까. 두 개를 하셨으니 이젠
           다섯을 채우셔서 2차 보너스를 받아야죠. 그리구 일
           곱을 하셔서 3차 받으시구……

미스 주는 칠판에 기록한다.
명옥이 다가가 살펴본다. 칠판엔 10여 명의 이름이 올라 있다.
 명옥의 이름 위에 '칼 세요 ─'라고 쓰여 있고 미스 주, 그 위로 '세 걸동
─'이라고 표기한다.

명옥   김차희는 왜 안 보이나요?
미스주   필드에 있더라두 실적을 못 올릴 때가 있는 거예요.
           하지만 김차희 선생님은 증원 수당을 확보하셨으니
           오늘은 괜찮으시죠, 뭐.
명옥   증원 수당은 또 뭐예요?
곽실장   (계산기를 놓고 두드리다가) 말 그대루죠 뭐. 처음 나
           오신 분이 두 개의 계약을 따냈을 때 모시고 나온 분
           에게 회사에서 드리는 수당이죠. 정 선생님도 증원에

신경 좀 써주세요. 언제나 환영합니다. 증원 수당은 1
차 보너스와 똑같은 액수인 4만 5천 원을 지급합니다.

명옥 어머, 4만 5천 원씩이나……. 그럼 차희가……. (눈
을 깜빡이며 뭔가를 생각한다)

S# 44. 쇼핑센터 구두 코너

명옥이 대담한 색깔의 구두를 신어 보고 있다.
차희의 것과 똑같은 모양이다.

S# 45. 양품 코너

비싸 보이는 스커트를 보다가 30프로 세일 쪽지가 붙은 옷들을 만져 본다.
한쪽에 걸려 있는 세련된 색깔의 스커트를 집어 몸에 대 본다.
어딘지 차희가 입었던 것과 비슷해 보인다. 이 위로

곽실장 (E) 세련된 것은 좋지만, 너무 비싸 보이는 건 금물입니
다. 여성은 다른 여성의 복장을 눈엣가시처럼 참아 주
지 못하는 속성이 있기 때문이죠. 그러나 바겐세일 물
건은 안 됩니다. 싸구려란 인상을 풍기니까요. 상대편
도 충분히 살 수 있는 수준에서 최신 유행을 선택하는
것이 중요합니다.

S# 46. 이사 간 친구 집 주방

열려진 찬장문들, 널려진 박스, 꾸려진 신문지들, 그릇들.
명옥이 친구의 그릇들을 정리하고 있다.
찬장에 그릇을 넣고 어질러진 신문지들을 박스에 담는 명옥.
몸차림이 어중 띄게 세련돼 있다.

친구	어휴, 이사 한 번 하기가 이렇게 힘들어서야……. 얘, 너 오늘 너무 애썼다.
명옥	(씽크대에서 손을 씻으며) 애쓰긴……. 친구 됐다 어 따 쓰니?
친구	미안해서 어쩌지?
명옥	미안하긴, 친구 좋다는 게 뭔데……. (갈 채비를 한다)
친구	일주일쯤 있다가 시내에서 한번 만나자. 점심 톡톡히 살 테니까.
명옥	얜, 그 돈 있으면 니 딸 책이나 좀 사줘라. 아까 정리 할 때 보니까 책이 너무 없더라……. 큰애가 중학생 이지?
친구	아닌 게 아니라 내가 정신을 딴 데다 쓰다 보니 까…….
명옥	그래두 너무했다 얘. 요즘 책들이 얼마나 기가 막히게 나오는지 아니? 청소년세계문학전집 같은 건 얼마나 교육적인데. 우리 자랄 때 하구는 달라. 굉장히 연구 하고 엄청나게 정성을 드렸드라. (갈 준비 끝마쳤다, 멋지게 생긴 백을 집어 든다)

친구	그러니?
명옥	그러엄, 너두 니 딸 정서교육에 신경 좀 써라. 곧 사춘기 아니니 사춘기. 요즘 외설 불량서적들이 좀 판을 치니?
친구	그건 그래.
명옥	(가려다 돌아서며 백을 연다) 아참 내 정신 좀 봐. 이거 애들 먹으라구 사오구선 잊어버릴 뻔했네. (아몬드 초콜렛 한 상자를 꺼내 친구에게 준다)
친구	가뜩이나 미안한데, 뭘 이런 걸 사오니. (어쩔 줄 몰라 한다)

S# 47. 큰동서 집 주방

명옥과 큰동서, 아줌마 하나가 음식 준비로 부산스럽다.
그릇들, 재료들……. 명옥이 양장피 잡채를 만들고 있다.
재료들을 채친다. 어설프게 세련돼 있다.

명옥	형님, 형님네가 큰집으로 늘리시구 집들이 하신다니까 우리 일보다 더 좋은 거 있죠.
큰동서	(마른안주를 접시에 나눠 담으며) 그래 고마워……. 이렇게 일찍 와서 도와줄 줄은 몰랐어.
명옥	형님두, 손아래 동서 됐다가 이럴 때 쓰지 언제 쓰세요, 안 그래요?
큰동서	앞으로는 일 있을 때마다 불러야겠네.
명옥	그럼요, 와야죠. 그런데 형님, 큰아주버님은 일본 사

	람들 하구 접촉이 많으시죠?
큰동서	그럼. 바이어들이 대부분 그쪽이니까.
명옥	그 사람들 집으루두 초대하나요?
큰동서	자주 오지. 밖에서 대접하는 것보다 집으루 초대하는 걸 훨씬 좋아한대.
명옥	그 사람들 오면 형님두 일본말로 얘기하세요?
큰동서	나야 그저 벙어리같이 웃기만 하지. 그래두 그냥 다 통하던데……. (웃는다)
명옥	아이구 딱두 하시네. 좀 배워 두세요. 더 늦기 전에.
큰동서	이 나이에 학원엘 가 어째…….
명옥	독 선생 있잖아요.
큰동서	개인교수? 아이 난 싫어.
명옥	이렇게 정보에 어두우실까, 회화 테이프 이용하시면 될 걸 가지구.
큰동서	그런 것도 있었나?
명옥	그럼요. 기가 막히게 나와요. 내 아는 사람 하난 3개월 공부했는데 일본 사람하구 농담까지 주고받으며 얘기하더라니까요.
큰동서	그래애?
명옥	시중에는 엉터리 테이프두 많으니까. 교재 선택에 젤루 신경을 써야 한대요. 그 테이프가 이름이 뭐랬드라, 미도구찌 뭐뭐 생활일어회화랬는데……. 하여튼 형님 일이니 제가 알아 보구 내일 당장 연락드릴게요.

S# 48. 곽 실장 사무실

곽 실장은 전화 받고, 미스 주는 칠판에 적는다.

곽실장　　　미스 주야, 정명옥 선생님 이름 크게 올려라. 아이구 축하합니다. 생활일어회화 카세트전집 하나, 청소년 세계문학전집 하나아. 대단하세요, 한꺼번에 두 개씩이나……. 곧 실장님 한 분 나오시겠어요. 네네……. 수고하세요오.

미스 주, 명옥 이름 위에 '생일카 ㅡ' '청세문 ㅡ'이라고 쓴다.

S# 49. 수퍼마켓 지하 식품부

어느 정도 세련된 차림의 명옥이 김치를 이것저것 사고 있다. 배추김치, 오이 소배기, 총각김치 등……. 약간 멋쩍고 누군가에게 미안한 표정이다.

S# 50. 연립주택 어린이 놀이터(밤)

명옥이 남편과 온다.

명옥　　　　(하품을 하며) 졸려 죽겠는데 밤중에 산책은 무슨 산책이에요?

남편　　　　석이가 안 자구 있으니까 그렇지.

명옥　　　　(앉으며) 왜 무슨 할 얘기라두 있어요?

남편	(기분 나쁜 듯 담배를 비벼 끈다) 내 이런 얘기는 안 할려고 했는데 말야.
명옥	무슨 얘긴데요?
남편	당신 요즘 수상해.
명옥	응? 그게 무슨 소리예요?
남편	몰라서 물어? 오늘 입구 나간 와이셔츠! 단추가 한 개두 아니구 두 개나 떨어져 있었어.
명옥	그래요? 몰랐는데…….
남편	몰랐겠지. 도대체 정신을 어따 쓰고 있는 거야? 집안 꼴 좀 보라구, 어디 한 군데 당신 손길 닿은 데가 있어?
명옥	……알았어요.
남편	알긴 뭘 알어? 요즘 음식 맛이 왜 그 모양이야. 어제 먹은 북어조림만 해두 그래. 왜 그렇게 달어 달긴. 김치 맛도 희한해졌더라구. 그리구 당신 몸에서 왜 그렇게 야한 냄새가 나지?
명옥	뭐라구요?
남편	화장품 냄새 말야. 낮에 무슨 일을 하구 다니길래 밤에 코까지 골면서 자냐구? 수상하잖아! 당신 나 몰래 숨겨둔 남자 생긴 거 아냐?
명옥	아니 이이가 정말?
남편	그리구 못 보던 옷이며, 백, 구두, 솔직하게 고백해.
명옥	이인, 그게 아니구……. 내가 뭘 좀…….
남편	뭐야? 얘기해.
명옥	실은 요즘 내가 파트타임으로 일을 하구 있다구요.

남편	뭐? 파트타임? 일을 해, 당신이?
명옥	세일즈 일이에요, 서적 세일즈요.
남편	뭐야? 당신이 월부 책장사를 한단 말야? 그만둬 당장! 언제 우리가 밥 굶고 살았어?
명옥	그동안 해논 게 얼만데……. 한달은 계속해야…….
남편	당장 그만두라니까?
명옥	나두 좀 벌면 안 돼나 뭐?
남편	말 같잖은 소리 하지두 말어.
명옥	알았어요. 내가 알아서 그만둘게요.
남편	당장 때려치우라구.

S# 51. 부잣집 거실

풍채 좋은 아주머니가 앉아 있다.
세련된 차림의 명옥이 여유 있게 웃으며 카달로그를 걷어 들인다.

명옥	우리 자료는 정말 좋습니다. 굳이 저한테 들여 놓지 않으셔도 상관없어요. 다만 이렇게 좋은 자료를 활용하지 않으시겠다니 그게 안타까워서 그러지요.

S# 52. 사무실

명옥이 만 원짜리 새 지폐를 부채꼴로 펴서 세고 있다.
65만 원 정도 된다. 흐뭇한 표정의 명옥.
힐끗 미스 주를 넘겨다본다. 미스 주도 월급을 세고 있다.

명옥	실장님은 어디 가셨어?
미스주	사장님 미팅이에요.
명옥	미스 주는 월급이 얼마야?
미스주	뭘 그런 걸 물으세요. 적어요.
명옥	월급이래야 20만 원이 채 안 될걸. 미스 주두 필드에서 뛰지 왜 여기 이러구 있어?
미스주	저야 자격이 없잖아요.
명옥	학력이 무슨 문제야, 미스 주가 여상 출신이래두 미스 주 마음먹기 달린 거 아냐?
미스주	전요, 많든 적든 고정 월급이 좋아요. 전 능력이 없어서 능력급은 불감당이에요.
명옥	에이, 딱하다아……. 미스 주는 생긴 것보다 답답한 데가 있네.
미스주	(생긋 웃으며) 여러 선생님들이 절 보구 그러세요. 답답하다구요.

S# 53. 명옥 주방 및 거실(저녁)

피어오르는 연기.

식구들이 불고기에 상추 쌈에 푸짐하게 먹고 있다.

식탁에 놓여 있는 맥주 2병.

석	와, 배불러. 오늘 누구 생일 같애. 그치, 아빠?
명옥	얜 기껏 불고기 한 번 먹구 그딴 소릴 하니, 쩨쩨하게. 여보, 당신 언제까지 만원버스에 시달리며 살 거유?

남편	시달리다니? 우리가 버스 종점에 산다는 거 몰라?
명옥	아니이, 운전면허 안 딸 거냐구요?
남편	운전면허?
명옥	요즘은 그게 상식이 돼 버렸더라니까요.
남편	차가 없더라두 따 놓으면 해로울 거야 없겠지. (맥주를 마신다)
명옥	내일부터 당장 시작하세요.
석	와, 근사하다. 엄마, 우리두 자가용 사는 거야?
명옥	여보, 이번 여름엔 우리두 자가용 하나 사서 남들처럼 놀러두 좀 다니자구요.
남편	놀러갔다 와선? 1년 내내 집 앞에 차 세워 놓구?
명옥	세워 놓긴요, 나두 면허 따서 운전하구 다님 안 돼요?
남편	당신이? 하하하…….
명옥	나라구 맨날 이렇게 살라는 법이래두 있어요?
남편	여하튼 꿈이라두 야무져서 좋오타! (맥주잔을 소리나게 내려놓으며 호탕하게 웃음을 터뜨린다)

S# 54. 명옥 거실(아침)

명옥이 즐거운 듯 전화하고 있다.

명옥	그래, 책 배달됐지? 어떻든? 너무 잘 만들었지? 뭐라구? 돌려보냈다구? 그럼 해약이네. 응, 애들 아빠가 반댈 한다구……. 미안하긴……. 나중에두 기회가 있겠지 뭐. 괜찮아. 그래, 그럼…….

전화를 끊고 펼쳐 놓은 수첩에 X표를 한다. 이름과 전화번호 옆엔 O표, △표, X표, 빨간색, 파란색, 검정색 등 가지각색으로 표시된 기호들로 꽉 차 있다.

명옥, 한숨을 쉰다. 수첩을 덮어 버린다.

명옥   아이, 신경질 나. 이럴 줄 알았으면 교회에두 좀 나가구 진작부터 동창회, 계모임 같은 델 나가두는 건데……. 어쩜 이렇게 아는 사람이 없지. (전화를 들었다 놨다 한다)

이때 울리는 전화벨.

명옥   여보세요?

S# 55. 곽 실장 사무실

곽실장   아니, 여태 집에 계시는 거예요? 그렇게 집에만 계신데 어떻게 실적을 올릴 수 있겠어요? 누구에게나 슬럼프란 있는 거예요. 극복하세요. '하면 된다'라는 말 있잖아요. 마감일이 며칠 안 남았는데 정 선생님은 이 달 들어 두 개 아니 어제 해약 들어왔으니까, 딱 한 개 해놓으셨잖아요. 최소한 두 개는 채우셔야 보너스가 나가지요. 안타깝네요. 자, 지금이라도 필드로 나가세요, 필드로. 오늘두 여섯 시까지 계속 기다립니다. (막힘없이 지껄이고는 전화 끊는다)

S# 56. 명옥 거실

명옥이 수화기를 내려놓고 다시 수첩을 들여다본다.
그러다가 옆에 있는 카달로그를 뒤져 보고 뭔가를 생각한다.

명옥   20만 원짜리 기본금 15프로면 3만 원. 하난 해놨으니
            까 이걸 하면 보너스 4만 5천 합이 7만 5천······. 그
            러니까 20만 원짜릴 12만 5천 원에 구입하는 셈인
            데······.

S# 57. 아랫집 거실

명옥이 아랫집 여자와 얘기하고 있다.
못생긴 딸 하나가 옆에 앉아 있다.

아랫집   (손을 내저으며) 아휴 골치 아파. 무슨 얘기가 그렇게
            복잡해요. 그러니까 쉽게 말해서 20만 원짜릴 12만 5
            천 원에 월부로 살 수 있단 얘기 아네요?
명옥   그렇죠.
아랫집   그럼 그렇게 사시면 되지 왜 제 이름으루 계약을 해야
            돼요?
명옥   내 친한 친구가 부탁을 하는 일인데 내 이름으루 계약
            하면서 소개비 4만 5천 원을 달라고 할 순 없잖아요.
            15프로 디스카운트 해주는 것만두 어딘데요.
아랫집   그럼 애 아빠 이름으루 하면 되겠네.

명옥	우리 애 아빠 월부로 뭘 구입하는 걸 영 싫어해서요.
아랫집	책이 배달되면 결국 알게 되실 거잖아요.
명옥	그거야 나중에 어떻게 되겠죠.
아랫집	…… 그러니까 주소하구 이름만 빌려 달라 이거죠?
명옥	그렇다니까요. 책 배달 올 때 월부 지로용지 가지구 올 거예요. 그것두 절 주시구.
아랫집	안 드림 제가 돈 내야 되게요. 그것 보세요. 월부 책이 좀 비싸요. 20만 원짜릴 12만 5천 원에 팔구두 거기서 친구 분 마진 먹을 거 아녜요. 청계천 나가면 반값이면 살 수 있는데.
명옥	청계천엔 나오지두 않는 거예요.
아랫집	말이 그렇죠. 청계천에 없는 게 어딨어요.

S# 58. 부잣집 거실

금테 안경의 지적으로 생긴 젊은 부인이 카달로그를 보고 있고 차희가 쓰던 것과 똑같은 볼펜을 든 명옥이 설명을 하려고 하나 자꾸만 차단된다.

명옥	이 책은 문학박사이신 대학 교수님들께서 번역 감수하신…….
부인	(나직이) 저두 이분들을 알고 있어요. 이해가 안 되는군요. 그 바쁘신 분들이 꼬마들 동화책이나 번역하고 있다니…….
명옥	아이들 교육이 얼마나 중요…….
부인	(나직이) 알고 있어요.

명옥	음, 그럼 이건 어떠세요?
부인	우리 집에 소용될 만한 것은 아니군요.
명옥	(당황한다)
부인	내 댁을 여기까지 오시게 한 건 김 부장님 사모님이 부탁을 했기 때문이에요. 난 누구의 권유에 의해 무얼 살 만큼 자기관리가 허술한 사람은 아니에요. 필요하지도 않은 것을 체면 때문에 사는 일은 하고 싶지 않군요.
명옥	(야무진 표정으로 여유를 부리며) 네, 잘 알겠습니다. 하지만 우리 자료는 정말 좋습니다. 굳이 저한테 들여놓지 않으셔도 상관없어요. 전 다만 이렇게 좋은 자료를 활용하지 않으시겠다니 그 점이 안타까워서 그러지요.
부인	그러시겠죠.

S# 59. 옥순 집 마루

지저분하다.
쟁반에 오렌지주스 두 잔.
명옥이 목이 타는 듯 단숨에 들이킨다. 그리고 백에서 부채를 꺼내 부친다.

옥순	한 잔 더 줄까, 언니?
명옥	솔직히 말해서 실망이다.
옥순	(주스 마시다가) ……?
명옥	네 눈이 예전 같지가 않거든.

옥순	내 눈이 어땠는데?
명옥	너 나 규율부장 할 때 생각나니?
옥순	그래, 생각나. 언니가 나 지각했다구 기합 주려구 그 랬지? 내가 짝 째려보니까 슬그머니 고개를 돌리구 들어가라 그랬잖아. (웃는다)
명옥	(웃는다) 난 네가 좋았단 말야. 특히 뭔가 도전적인 니 눈빛이⋯⋯. 얘, 너 그때 왜 그렇게 안하무인이었 니? 지금두 그러니?
옥순	언니 내가 언제 그랬수? (웃으며) 하긴 그땐 힘 좀 주 고 다녔지만.
명옥	(웃는다) 그래 다 지난 세월이구 돌이켜보면 청춘은 아름다워라다 안 그러니?
옥순	하긴 그래⋯⋯. 그때가 좋았지⋯⋯.

두 사람 편안한 자세로 앉는다.

명옥	(소리 낮춰) 그나저나 우리 나라두 보통 일이 아니다.
옥순	(따라서 소리 낮추며) 왜? 무슨 일인데?
명옥	인력!
옥순	인력?
명옥	그래, 너 같은 고급인력이 고스란히 집에서 썩고 있으 니 말야.
옥순	(영문을 몰라 눈만 껌뻑인다)
명옥	(도전적으로) 얘, 넌 하루를 어떻게 보내니?
옥순	(당황해서) 어떻게라니? ⋯⋯ 그냥⋯⋯. 뭐⋯⋯. 밥

	하구 빨래하구……. 청소…….
명옥	너 지금 니가 풍기는 분위기가 어떤 건지 알고나 있는 거니?
옥순	……?
명옥	이건 마냥 풀어진 동네 아줌마 꼴이야. 네가 입고 있는 옷만 봐두 그래. 그게 뭐니, 허리도 없는 포대 자루 같은 홈웨어가……. 타이트한 옷을 입어 버릇해야 돼. 너 계속 그런 옷만 입어 봐라. 허리가 무진장 늘어날 테니……. 늘어난들 네가 알기나 한다던? 마냥 방치 상탠데. 너 더 늦기 전에 니 모습을 찾도록 해. 넌 뭐든 맘만 먹으면 해낼 수 있는 잠재력을 갖고 있어. 난 이미 옛날에 그런 널 알고 있었어. 눈빛을 다시 찾어. 그건 네 몫이야.
옥순	(눈앞이 어질어질하며 얼굴이 벌게진다)
명옥	(계속 몰아치며) 니네 남편 말야. 어떤 사람이니? 건설회사 나간다고 들었는데, 설마 여자가 나서서 무슨 일 하는 걸 영 뜰어하는 그런 꽉꽉 막힌 사람은 아니겠지?
옥순	(다급하게) 아냐! 우리 그인 그런 사람 절대 아냐.
명옥	요즘두 그따위 19세기 사고방식 가지구 사는 사람이 있긴 있는 모양이더라. 내가 보니까 넌 별 문제는 없겠어. 너 일자리 갖고 싶지 않니?
옥순	일자리?
명옥	그래, 보람두 있구 사는 게 사는 거 같아진다. 물론 보수두 생기지.

옥순	(풀이 죽어) 그게 어디 쉬운 일이유. 갓 졸업한 싱싱한 애들두 취직을 못 해 야단들인 모양인데. 더구나 우리 애두 내가 돌봐야…….
명옥	이런 못난 소리. 널 필요루 하는 곳을 찾아내면 될 거 아니니. 너 그 노력해 봤니? 안 해봤잖아. 그리구 니 아들 초등학교 6학년이지? 다 큰 애를 왜 니가 끼구 도니? 희생적인 부모가 자식에게 줄 수 있는 건 부담감뿐야. 놔 줘. 난 우리 애를 싸안아 키우지 않아. 왜? 그게 옳다구 보니까. 너두 벌어. 벌 수 있어. 아니 돈은 차선이야. 일을 가지란 말야, 일을. 난 내 일을 가지구 있어. 시작한 진 얼마 안 됐지만 말야.
옥순	일을 한다면서 어떻게 이런 시간에 한가하게 놀러다니유?
명옥	파트타임! 여성들 파트타임 일이 외국 얘긴 줄만 알았지? 아냐, 내가 바루 파트타임으로 일을 하구 있다니까.
옥순	어쩜, 그거 괜찮겠네……. 어쩐지 언니가 세련됐드라니.
명옥	전화 좀 쓸게.
옥순	응, 저기…….
명옥	(전화를 걸고)
옥순	(주스 잔을 들고 부엌으로 간다)
명옥	곽 실장님? 저예요. 증원됐어요. 그럼요. 공을 얼마나 들인 일이라구요. 네 대졸이에요. 저보다 하나 아래요. 제 고등학교 직계 후배죠. 틀림없어요. 기대하셔

옥순	도 좋을 거예요.
	(부엌에서 나온다)
명옥	네. 구슬 옥, 순종할 순, 옥순이에요. 이옥순.
옥순	(깜짝 놀란 눈으로 명옥을 본다)
명옥	(여유 있게 옥순을 보며) 네. 네. 그럼 내일요. (전화 끊는다)

S# 60. 명옥 거실

명옥은 수첩을 들여다보고 있고 남편은 신문 보며 명옥의 눈치를 본다.

남편	당신, 오늘 김 부장 부인하구 무슨 일 있었어?
명옥	왜요?
남편	퇴근하는데 김 부장이 당신한테 미안하다구 전해 달래든데.
명옥	으응. 오늘 김 부장님 부인이 누굴 소개해 줬어요.
남편	계약 안 됐어?
명옥	계약은……. 천하에 깍쟁이같이 생긴 여자든데 뭘…….
남편	왜 하필 그런 여잘 소개해 주지, 누군데?
명옥	모르죠, 뭐. 얘기하는 투로 봐선 친구 같기두 하구 나이루 봐선 아닌 것 같기두 하구. 그래요, 그냥…….
남편	그래. 당신 앞으루 회사 동료 부인들한텐 그런 얘기하지 말어.
명옥	내가 부탁한 게 아니구 자기가 먼저 소갤해 주겠다구

했다구요.

남편   어쨌든 내 아는 사람한텐 당신이 세일즈한다는 거 얘기 안 했으면 좋겠어. 회사에서 내 체면두 있잖아.

명옥   …….

남편   내가 운전 배우러 다닌다구 은근히 말들이 많드라니까. 당신이 일하는 건 괜찮지만 소문 안 날 데루 뚫어보라구.

명옥   (남편을 물끄러미 바라본다)

S# 61. 명옥 부엌 및 거실(아침)

라디오에서 흘러나오는 아주 조용한 음악.
김칫거리를 앞에 팽개쳐 둔 채 명옥이 커피를 마시고 있다.
다시 일을 시작하려다 안정이 안 되는 듯 라디오를 끈다.

명옥   무슨 음악이 이렇게 시끄럽지. (거실로 가 전화를 건다)

S# 62. 이사 간 친구 집 거실

초등학생 정도의 딸이 전화를 받는다.

딸   여보세요?

명옥   (F)   엄마 계시니?

딸   네.

명옥	(F)	엄마 좀 바꿔 줄래?
딸		네. (크게) 엄마 전화?
친구		누구니?
딸		책장사 아줌만가 봐.

S# 63. 명옥 거실

멍한 명옥.

친구	(F)	누구? 책장사 아줌마?
명옥		(손바닥으로 송화기를 가린다)
친구	(F)	여보세요? 여보세요? 여보세요?
명옥		(대답도 못 하고 가만히 있다)

S# 64. 이사 간 친구 집 거실

친구		전화가 끊어졌나……. 얘, 선주야. 책장사 아줌마 틀림없니?
딸	(F)	잘 몰라요. 그냥 그런 거 같아요.
친구		왜 맨날 귀찮게 전화 걸지? 신경 쓰이네, 정말. (전화기 놓는다)

S# 65. 언니 집 거실

언니가 전화를 받고 있다.

언니	솔직히 나두 신경 쓰인다, 애…… . 네가 또 누굴 소개
	해 달랄까 봐 겁나서 그러지. 내가 책 사는 거야 괜찮
	지만, 다른 사람한테 사래는 거야 부탁 아니니. 솔직
	히 말해서 나 그런 일 하기 싫다, 애. 너 그거 하나 팔
	아서 얼마 남니? 차라리 내가 그 돈 너한테 줄 테니까
	누구 소개해 달란 소리 안 들었음 좋겠다.

S# 66. 신림동 친구 거실

전화 받고 있는 친구.

신림동	말이래두 너무했다, 애. 그래두 친구 사인데 그럴 수
	가 있니? 그건 선주 엄마라는 네 친구가 잘못한 거야.
	속상하지? 기분두 그런데 우리 집에나 놀러와. 실컷
	수다 좀 떨자. 그래, 기다리구 있을게.

S# 67. 신림동 친구 현관 및 거실

문이 열리며 명옥이 들어온다.

경아	안녕하세요, 아줌마.
명옥	잘 있었니, 엄만?
경아	잠깐 나갔다 오신다구 기다리시래요. 금방 들어오신
	데요.
명옥	어디 가셨는데?

경아	꿀 값 받으러 가셨어요, 조 아랫집에.
명옥	그래. 좀 기다리지 뭐.

경아는 자기 방으로 들어가고, 명옥은 우두커니 혼자 앉아 있다가

명옥	애, 경아야?
경아	네?
명옥	지난번 엄마가 사주신 책 어떻든? 재밌지?
경아	책이요? 무슨 책이요? 전과지도서요?
명옥	애는, 청소년세계문학전집.
경아	청소년세계문학전집이요? 울 엄마가 언제 그런 책 사주셨어요?
명옥	지난번에 나 왔을 때. 한 달 넘었잖아! 50권짜리 문학전집!
경아	50권짜리이요? (웃으며) 아줌만 엉뚱한 소릴 하세요. 우리 엄만요, 지금까지 전과지도서 말구 책 사주신 거 한 개두 없어요. 이리 와서 보세요. 한 권도 없잖아요.
명옥	(완전히 쇼크 받은 얼굴이다)

S# 68. 차희 아파트 앞

심란한 표정으로 걷고 있던 명옥이 우윳빛 승용차 앞에 발걸음을 멈춘다. 차희의 아파트를 올려다본다.

S# 69. 차희 아파트 거실

홈웨어에 풀어진 모습의 차희가 당황한 듯 명옥을 맞아들인다.

차희   니가…… 어쩐 일이니?

명옥   그냥, 지나가다 들렀어.

차희   앉아.

명옥   (앉으며) 요즘 칠판에 네 이름이 통 안 보이더라.

차희   (한숨 쉬며) 아주 안 보이게 될 거야.

명옥   무슨 소리야. 곽 실장이 전화 안 하구 가만 있겠니?

차희   벌써 안 해. 그 여잔 아주 눈치가 빨라. 내 건전지는
                약이 다 닳아 버렸거든. 넌 어떠니, 많이 남았니?

명옥   무슨 말을 그렇게 하니?

차희   사실이 그런데 뭘. 난 끝났다. 너나 잘 해봐. 나한테
                남은 건 지로용지뿐이야. 난 내 월부금을 부어 가야
                되거든.

명옥   무슨 소리니?

차희   넌 아직 그런 경험 없니? 난 내 걸 내가 세 개나 계약
                했었다. 어쩌니, 곽 실장은 마감날이라구 아우성이구
                난 보너스가 탐났던 게 사실이구. 빌어먹을 난 내가
                천년만년 이 일을 잘 할 수 있다구 믿었었지. 실장인
                지 뭔지 그것두 돼서 의자 돌리며 대리인들 관리하구
                싶었다구. 멋지게 자가용 타구 다니면서 말야. 얘, 너
                내 자가용 인수할래? 내가 손해 좀 보더라두 너한테
                넘겨 줄게.

명옥	(손까지 내저으며) 아냐, 아냐. 저……. 실은 나두 힘
	들어. 한계 같은 게 느껴진단 말야.
차희	그래! 잘 해봐. 네가 택한 길이다. 난 눈꼽만큼도 강
	요한 적은 없으니까.
명옥	그래…….

S# 70. 연립주택 상가 근처

명옥이 허탈한 심정으로 걷고 있다.
멀리서 가방을 멘 석이 온다.
명옥이 다가가는데, 석이 건물로 쏙 들어가 버린다.
명옥, 의아한 듯 다가가 간판을 본다. 전자오락실이다.
잠시 생각하다가 쫓아 들어가는 명옥.

S# 71. 전자오락실

요란한 소음.
석이 백 원짜리 동전을 쌓아놓고 기계 작동 중이다.
악당에게 쫓기는 공주가 화면 속에서 "헬프 미 헬프 미"를 외쳐댄다.
명옥, 석의 팔목을 덥석 잡는다.
의아한 듯 명옥을 올려다보는 석.

명옥	나와!

명옥은 석이를 끌고 나간다.

오락실의 아이들이 명옥과 석을 쳐다본다.

S# 72. 오락실 앞

두 사람 나온다.

명옥	너 이게 무슨 짓이니!
석	(잡힌 팔목을 풀며) 놔요, 이거! 엄마가 무슨 참견이세요?
명옥	뭐라구, 참견? 이놈 자식이! (때린다) 하라는 공부는 안 하구.
석	창피하게 왜 길거리에서 이래요.
명옥	(어이가 없어 말을 못 한다)
석	집에 가봤자 엄마두 없구. 어떻게 맨날 공부만 해요?
명옥	(진정하려고 애쓰며) 돈, 이 돈 어디서 났어?
석	스케치북…… 산다니까…… 주셨잖아요……. 아침에…….
명옥	그럼 스케치북은?
석	살려구 보니까 반두 넘게 남았더라구요, 그래서…….
명옥	뭐라구, 요놈 자식이! (때린다)
석	(피하며) 창피하게 왜 이러세요.

S# 73. 명옥 현관 및 거실

명옥이 문 열고, 석의 등짝을 밀어 넣는다.

명옥	반성해!
석	알았어요.
명옥	아빠 들어오시면 혼날 줄 알아!
석	알았어요.
명옥	아직두 말대꾸야? 니 방에 들어가서 무릎 꿇고 반성하지 못해!
석	알았다니까요. (문 닫고 방으로 들어간다)
명옥	어휴. (안절부절 못한다)

울리는 전화벨.

| 명옥 | (받는다) 여보세요. |

S# 74. 곽 실장 사무실

촌스럽게 차려 입은 옥순이 흥분한 표정을 감추지 못하고 미스 주에게 계약서 용지를 받아들고 있고, 곽 실장은 전화를 걸고 있다.

| 곽실장 | 정 선생님? 정 선생님께 기쁜 소식이 있어서 전화하는 거예요. 정 선생님이 모시고 오신 이옥순 선생님이 지금 막 실적을 올렸다구 계약서 가지러 오셨지 뭐예요. 하나를 하셨으니 보너스 타시는 거야 따 놓은 당상 아니겠어요? 축하합니다. |

S# 75. 명옥 거실

곽실장   (F)   증원 수당두 올리시게 됐겠다 어서 또 뛰셔야죠. 전
                선생님 요새 성적이 영 저조하신데 이 기회에 기운 한
                번 내보세요.
명옥   (가만 듣고 있다)

S# 76. 곽 실장 사무실

곽실장   두 개 해놓으셨죠? 다섯 개 채웁시다. 그래야 우리 서
                로 좋지요. 자 당장 움직이도록 합시다. 필드로 나가
                세요, 필드로.

S# 77. 명옥 식당 및 거실

  명옥이 침울하게 식탁 의자에 앉아 있고, 남편은 거실에서 운전면허 시험
용 교본을 보다 식탁으로 간다.

남편   당신 오늘 피곤해 보이는데. (명옥의 어깨를 주물러
                준다) 시원하지?
명옥   괜찮아요, 그만 하세요.
남편   우리 맥주 한 잔씩 할까? 피곤할 땐 맥주가 그만이라
                구. (냉장고에서 맥주 꺼내 명옥에게 따라 주고 자신
                도 마신다) 아, 시원하다. 당신도 쭉 마셔. 속이 시원
                해질 테니까.

명옥	(마신다)
남편	마감날이 며칠 안 남았지? 이번 달엔 실적이 얼마야?
명옥	(멍하니 남편을 본다)
남편	내일이 운전면허 시험이잖아. 잘 될까 모르겠어.
명옥	(가슴이 콱 막히는 듯 자리에서 일어난다)
남편	왜 그래?
명옥	속이 이상해요.
남편	찬 걸 너무 급하게 마셨나?
명옥	(화장실로 간다)

S# 78. 화장실 안

명옥이 가볍게 헛구역질을 한다.

남편	(E) 괜찮아?
명옥	(천천히) 네.

명옥은 양치질을 하며 벽에 있는 거울을 들여다본다.
너무나 변해 버린 자신의 모습이 생경한 듯 오래도록 그대로 보고 있는 데서……

〈끝〉

하루나기

원작 김석희

극본 박진숙

연출 표민수

방송 1998년 8월 16일 KBS 일요베스트

등장인물

김종인(40대 중반/컴퓨터 회사의 부장/대머리, 가발 사용)

아내(40대 초반/평범한 그러나 좀 강파르게 생긴 주부)

아들(중학생)

딸(초등학교 4학년)

염승섭(40대 중반/삼진기획부장)

직장의 부하직원 1, 2

결혼식에서 만나는 대학 친구들 다수

현진걸(40대 중반/도서출판 천야 주간)

여직원

사장(40대 후반/장삿속이 밝은 기운찬 인물)

채만석(40대 중반/번역가)

아내(30대 후반/약국 경영)

장인(60대/은퇴한 교육자)

이상하(채만석의 동네 친구/시인을 꿈꾸는 낮술 친구)

S# 1. 서민 아파트 전경(이른 아침)

매미가 울고 있고 태극기가 내걸린 집이 삼 분의 일 정도.
경비가 박스에서 나와 하늘을 올려다본다.

경비   오늘도 찌게 생겼구만. (하다가) 어떻게 이 좋은 날
                태극기를 내다 건 집이 반도 안 되나 그래……. (크게
                기지개를 펴는 동작으로 심호흡)

S# 2. 종인의 집 거실 및 주방

종인이 소파에서 파자마 차림으로 자고 있다. 불편해 보인다.
텔레비전이 저 혼자 켜져 있다.
막 일어난 차림으로 나오는 아내가 이 모양을 본다.
신경질적으로 텔레비전을 탁 꺼버리고 종인을 흘겨보곤 주방 쪽으로 간다.
전화벨이 울린다.

종인   (전화 받는다) 네. 〈컴퓨터 세상〉입니다.
아내   (싱크대에서 손을 씻다 말고 픽 웃는다, 비웃음이다)
종인   (E) 아, 그게 아니구요……. 누구요? 전화 잘못 걸렸습니
                다. (끊고 텔레비전이 꺼져 있는 걸 보고 다시 켠다)

광복절과 관련된 프로그램이 방송 중이다.
종인은 잠시 보다가 거실 장식장 서랍에서 태극기 상자를 꺼낸다.
부엌에 있는 아내는 쌀을 씻으며 흘깃 돌아본다.

종인이 태극기에 깃대를 꽂아 베란다로 들고 나간다.

아내   (쌀을 북북 문지르며) 죽도 아깝다, 아까워.

S# 3. 아파트 밖

종인이 태극기를 내다는 게 보인다.

S# 4. 거실

종인이 텔레비전 앞에 앉아 있으면 아내가 와서 꺼버린다.

아내   정신 시끄러워 죽겠어, 아침부터.
종인   (어이가 없다는 듯 보면)
딸   (자기 방에서 나와 화장실로 들어가며) 엄마 아빠 안
             녕히 주무셨어요.
아내   당신 방에 들어가 옷부터 좀 갈아 입어요. 수진이도
             인제 어린애가 아니잖아요.
종인   좋다고 사다 입힐 땐 언제고 이젠 또 벗으라네.
아내   콧구멍만한 집에서 거실에 나와 잘 건 뭐야.
종인   더워서 그랬다, 왜!
아내   (말도 안 된다는 듯 흘깃 보고는 주방 쪽으로 가버린
             다)

S# 5. 화장실

종인이 신문을 펼쳐든 채 변기에 앉아 있다.
뱃속이 거북한 표정으로 정력에 좋다는 약 광고에 눈이 한참 머문다.

딸	(E) 아빠, 국 다 식어요.
종인	먼저들 먹어.
아내	(E) 니 아빠 또 시작인 모양이다.
딸	(E) 뭐가 시작인데?
아내	(E) 뭐긴 뭐야. 15분 넘게 저러고 있는 거 보면 모르겠니? (목소리 가까워져서) 여보, 빨리 나와요. 밥상 따로 차리게 하지 말구. 식구 몇 된다고 밥상을 두 번씩 차려. 남들 다 가는 휴가를 떠나길 하나……. 으이 정말 지겨워 죽겠어.
종인	(닫혀진 문을 향해 신문을 확 던져 버린다)

S# 6. 주방

식탁에 둘러앉은 종인과 아내와 딸, 다들 묵묵하다.

종인	(어느 순간 돌을 씹고는 인상을 푹 쓰고 버럭한다) 쌀도 안 일었어?!
아내	요즘 쌀에 무슨 돌이 섞인다고 일어요? 물만 부으면 되는 쌀도 나오는 세상인데.
종인	어쨌든 돌을 씹었으니까 하는 소리잖아.

아내	어쩌다 그럴 수도 있는 거겠죠, 재수 없으면.
종인	재수 없으면?
아내	돌 씹은 게 재수 좋은 일은 아니니까.
종인	아니 그럼, 내가 돌을 씹은 게 재수가 없어서 그랬다는 거야? 엉?

종인이 격해져서 숟가락을 던져 버린다.
그 서슬에 간장종지가 엎질러지며 딸의 얼굴에 간장이 튄다.
그대로 수저를 놓고 자기 방으로 들어가 버리는 딸.

종인	도대체 여자 목소리가 왜 그렇게 커, 아침부터.
아내	내가 뭘 어쨌다고 그래요. 시비를 먼저 건 건 당신이잖아.
종인	(거칠게 일어나 방으로 들어간다)
아내	(벌떡 일어나 밥상을 치우기 시작한다) 채려 논 밥도 못 찾아먹는 위인이 성질은 살아서.

S# 7. 안방

종인이 와이셔츠를 입고 넥타이를 맨다. 동작이 거칠다.
아내가 들어와 거울 속에서 버티고 선다.

아내	그 회산 휴일도 없나 부지?
종인	…….
아내	사람 말이 말 같지도 않은 거예요?

| 종인 | 에이에스 나갈 일도 있고. |
| 아내 | 미쳤네. 이런 날 에이에스를 하겠다는 사람이나 받겠다는 사람이나. 그 돈 다 벌어 어따 쓴대? (비아냥이다) |

S# 8. 아파트 마당

젊은 내외가 아들, 딸을 데리고 나들이를 가는 모습이 보인다.
단정한 양복 차림의 종인이 서류봉투를 들고 아파트 입구에서 나온다.
아내의 등쌀에 나오긴 했으나 갈 곳이 없다.

S# 9. 아파트 한쪽

종인이 휴대폰으로 통화 중이다.

| 종인 | 아 예, 저 〈컴퓨터 세상〉 김 부장입니다……. 언제 한번 컴퓨터 봐드리기로 한 거 같은데요……. 오늘 어떠세요? 아, 예. 그러세요……? 그럼 잘 다녀오시구요, 원하는 날이 언젠지 다시 전화를 주시죠……. 예. 그럼 휴일 잘 보내십쇼. |

전화를 끊는 종인, 문득 머리로 손이 가는데 허전하다.
가발을 하고 나오지 않았다. 집 쪽으로 걸음을 옮기는 종인.

S# 10. 거실

아내가 청소기를 밀고 있다.

딸	(화장실에서 종인의 가발을 들고 나오며) 엄마, 아빠 아까 나가시지 않았어요? 이게 화장실에 그냥 있어요.
아내	…….
딸	엄마, 아빠 어디 가신 거예요?
아내	내가 아니, 니가 아니.
딸	엄마!
아내	귀 안 먹었어. (청소기 끈다)
딸	엄마, 아빠한테 좀 잘 해드리면 안 돼요?
아내	이뿐 구석이 한 군데라도 있어야 잘 하고 말고지.
딸	아빠가 뭘 어쨌다고 그래요?
아내	니가 뭘 안다고 그래. 모르거든 국으로 입 다물고 있어.
딸	아빤 이것도(가발) 안 하고 어딜 가신 거지?
아내	야, 그거 꼴도 보기 싫어. 있던 자리 고대로 갖다 놔. (청소기 켠다)

어느새 들어온 종인이 신발장 앞에 서 있다가 슬그머니 문을 열고 다시 나가 버린다.

S# 11. 아파트 놀이터

종인이 담배를 피우며 우두커니 앉아 있다.

아내   (E) 이뿐 구석이 한 군데라도 있어야 잘 하고 말고지.

S# 12. 안방(종인의 회상, 어젯밤)

종인은 침대에 팔베개를 하고 누워 있다.
아내가 샤워를 하고 젖은 머리로 들어온다. 스킨로션 뚜껑을 열어 얼굴과
손에 바르더니 종아리와 팔에도 탁탁 두들겨 가며 바른다.

아내   아, 시원해. 당신은 샤워 안 해요? (상냥하다)
종인   아까 씻었잖아.
아내   에게, 기껏 세수하고 발만 씻구선. (옆에 있던 쇼핑봉
            투에서 남자용 새 파자마를 꺼낸다) 나 오늘 돈 좀 썼
            지요. 시원하게 생겼지? 당신 거야. 얼른 샤워하고 이
            거 한번 입어 봐요.
종인   쓸데없는 데 돈은 쓰고 그래.
아내   칠십 프로 세일하는 데서 샀어. 나만큼 알뜰하게 살라
            고 해요. 여보, 큰맘 먹고 내 것도 샀는데……. 볼래
            요? (자기 것을 몸에 대보며 기분이 들떠 있다)

S# 13. 안방(시간 경과)

아내가 누워 있는 종인의 안경을 벗긴다.

두 사람 다 새로 산 잠옷 차림이다.

아내가 종인에게 바싹 다가가 콧등을 쓸어내리기도 하고 입 안에 손가락을 넣기도 하며 먼저 시도한다.

눈만 꿈벅꿈벅 하고 있는 종인, 어느 순간 아내가 가볍게 한숨을 쉬며 반듯하게 누워 버린다. 그제서야 종인이 돌아누워 아내를 안는다.

아내의 얼굴이 기대로 빛난다.

S# 14. 안방(시간 경과)

아내가 쌩하니 화가 나서 돌아눕는다.

종인이 일어나 한심한 듯 허탈한 듯 고개를 떨군다.

S# 15. 아파트 놀이터(현재)

종인이 한숨을 내쉰다.

작은 수첩을 꺼내 전화번호들을 훑어 내려간다.

휴대폰을 꺼내 번호를 찍는다.

종인   아 예……. 전 〈컴퓨터 세상〉의 김 부장입니다. 컴퓨
              터 잘 사용하시고 있나 해서요.

S# 16. 거리

작은 태극기를 달고 있는 택시가 지나간다.
종인은 우두커니 서 있다. 택시가 멈칫댄다.
종인이 가라고 손짓한다. 택시가 휙 지나간다.
지하철 입구가 보인다.

S# 17. 지하철 안

노숙을 한 사람들이 옹기종기 모여 앉아 있다.
종인이 발걸음을 멈추고 바라본다.
어느 순간 신문지를 깔고 덮고 거기 누워 있는 자신의 모습이 보인다.
컵라면을 먹고 있던 노숙자가 종인을 빤히 본다.
종인이 발걸음을 옮긴다.

S# 18. 지하철 안의 벤치

종인이 앉아 있다.
전동차가 들어와 사람들이 타고 내리지만 종인은 그저 우두커니 앉아 있다.
문득 일어나 신문 한 장을 산다.
비아그라의 부작용으로 몇 사람이 사망했다는 기사가 보인다.
쓰게 웃는 종인.

S# 19. 지하철 안

염승섭이 들어온다. 뛰어가 전철을 타려고 하나 아슬아슬하게 떠나 버린다.
승섭이 돌아서다 벤치에 앉아 있는 종인을 본다.
어느 순간 종인이 아는 척을 하려고 엉덩이를 들썩인다.
그러나 승섭의 얼굴은 무심하다.
종인이 무안해서 다시 신문으로 눈을 준다.
이번에는 승섭이 종인을 본다.
종인은 신문에만 코를 박고 있다.
맞은편의 전동차가 와서 멈춘다. 무심하게 오가는 사람들.
이번에는 종인이 승섭을 본다.
승섭은 지나가는 여자들의 시원한 다리를 훔쳐보느라 여념이 없다.
종인은 이제 승섭을 아는 척하는 일을 포기해 버린다.
전철이 들어온다는 안내방송이 들리고 승섭은 줄을 선다.
종인도 천천히 일어서 줄 끝에 선다.
전철이 도착해서 승섭이 탄다.
그러나 종인은 탈 생각이 없는 것처럼 멍하게 서 있다.
지하철에 자리가 없어 승섭은 손잡이를 잡고 선다.
밖에 서 있는 종인을 본다. 그 순간 승섭에겐 종인이 아는 사람이란 느낌이
온다.

승섭   어, 저기……. (손을 흔들어 보이는데)

종인 역시 아는 척을 하며 어정쩡하게 손을 흔드는데, 승섭은 전철과 함께
사라져 가고, 종인은 멍하니 섰다가 다시 벤치로 가 주저앉아 버린다.

종인　(Na)　나는 갈 곳이 없습니다. 오늘 하루 내게 작은 꿈이 있
　　　　　　　었다면, 그건 아무런 약속이나 일 없이 그저 집에서
　　　　　　　편안하게 빈둥거려 보는 거였습니다. 사표를 내고 아
　　　　　　　주 쉬고 싶단 생각이야 이 어려운 시절에 감히 어떻게
　　　　　　　감히 제가 할 수 있겠습니까. 그저 오늘 하루였습니
　　　　　　　다. 마누라가 곁에서 참외라도 깎아 준다면 더 바랄
　　　　　　　나위도 없었겠지요. 근데, 안 됩니까? 제가 뭘 많이
　　　　　　　잘못한 겁니까? 제가 너무 많은 걸 바란 겁니까?

S# 20. 지하철 안

승섭이 양손에 다 손잡이를 잡고 생각에 골똘한 얼굴이다.

승섭　(E)　누구지……? 누구야! 하, 이거 미치겠네. 분명히 저
　　　　　　　쪽에서도 아는 척을 했잖아. 그렇다면 아는 사람이 분
　　　　　　　명한데……. 그러고 보니 그 친구 나하고 처음 눈이
　　　　　　　마주쳤을 때부터 나를 알고 있는 거 같았단 말씀이
　　　　　　　야……. 하, 답답한 친구를 보겠나. 나를 안다면 악수
　　　　　　　나 땡기면서 아는 척을 했으면 좋았잖아.

잠바 주머니에서 수첩을 꺼내 사람들의 이름을 살펴본다.
자리가 나도 앉을 생각조차 하지 않는 승섭.

S# 21. 지하철

사람들에 섞여 승섭이 내리고 있다. 을지로 4가다.
승섭, 아직도 골똘한 얼굴인 채

승섭   (E) 학교 동창? 군대에서 한솥밥 먹었나……? 거래처 직
                원인가……?

S# 22. 지하철 밖

승섭이 건축 자재상들이 즐비한 을지로 4가 쪽으로 가고 있다.
모든 가게들이 셔터를 내린 채다. 빈 포장마차가 세워져 있는 걸 보는 승섭.

승섭   (E) 동네 포장마차에서 옆자리에 앉아 있던 친군가
                아……? 누구야. 도대체 언제 어디서 만난 사람이지?
                (입술까지 깨물어 가며 생각이 나질 않아 안타까운데)

S# 23. 승섭의 가게 앞

타일이며 바닥재들을 팔고 있는 가게다.
주변 가게들은 다 문이 닫혀 있는데 승섭의 가게만 문이 열려 있다.
승섭이 깜짝 놀라며 다가간다.
도둑이라도 든 줄 알고 적당한 긴 막대기 하나를 찾아들고 가게 안으로 들
어가는데

김군	(E)	사장님.
승섭		(돌아보면)
김군		(우유와 빵이 든 비닐봉투를 들고 있다) 아침을 못 먹고 나와서요.
승섭		아침이나마나……. 김군, 이 시간에 여긴 웬일이야?
김군		네에?!
승섭		광복절 아니냐. 달력에 빨간 글자.
김군		그럼 사장님이 하신 말씀은요……?
승섭		내가 뭐랬는데?

S# 24. 가게 안(칸막이가 쳐진 승섭의 자리)

승섭이 앉아 담배를 피우고 있다.

| 김군 | (E) | 앞으론 휴일에도 가게 문을 열겠다고 하셨잖아요. 직원들 중에 돌아가면서 한 사람씩 출근을 하면 그날 매상에 따라 수당을 주겠다고 하시구선 그러세요. 생각안 나세요, 사장님? |

피우던 담배를 재떨이에 걸쳐놓고 잠시 장부를 뒤적이는 승섭, 새 담배에 불을 붙인다.
한 모금 빨려는데 재떨이에 걸쳐진 피우다만 담배를 본다.
두 대의 담배를 한심한 듯이 보다가 재떨이에 있는 담배를 비벼 끈다.

| 승섭 | | 도대체 왜 자꾸 이런 일이 일어나는 거야. 전엔 안 그 |

랬는데. 이 건망증을 어째야 하는 거야. 자꾸 심해지고 있잖아.

S# 25. 가게 매장

손님 하나가 타일을 구경하고 있다. 김군이 열심히 상대한다.

S# 26. 승섭의 방

김군이 만 원짜리 몇 장을 들고 들어오지만 승섭은 생각에 잠긴 얼굴.

승섭   도대체 누구야. 어떤 새끼냔 말이야?
김군   왜 그러세요, 사장님?
승섭   지하철에서 누굴 만났는데 도무지 생각이 안 나.
김군   중요한 사람이 아닌 모양이죠 뭐.
승섭   뭘 좀 팔았냐?
김군   조금요.
승섭   것 봐라. 휴일에도 손님이 있는 거야. 아니 휴일이 아니면 시간을 낼 수 없는 사람들이 있는 법이지. 우리가 좋은 일하는 거야.
김군   (전표와 돈을 금고에 넣고 나가려는데)
승섭   누구야, 도대체. 어떤 새끼길래 날 이렇게 괴롭히는 거야?
김군   사장님, 요새 툭 하면 왜 그러세요. 잊어버리면 간단할 걸 가지구요.

승섭	나도 잊어버리고 싶지. 그런데 이게 도무지 찜찜해서 다른 일이 손이 안 잡히는데 어쩌란 말야.
김군	내가 바로 지금 사장님처럼 굴었단 된통 야단이나 듣겠죠, 사장님?
승섭	시끄러. 애하고 어른하고 같으냐. 하, 누구야. 내 기어이 생각을 해내고 만다. 두고 봐라.
김군	(서랍을 열고 질이 나 반들반들한 호두 두 알을 꺼내놓는다) 사장님한테 필요한 거 같은데요? 혹시 이것도 찾다가 못 찾으신 거 아니에요?
승섭	너 지금 나 놀리는 거냐?
김군	놀리기는요. 사장님 아니면 제가 어떻게 적금을 붓겠어요. 장가도 들어야 하는데.
승섭	누구야……?!
김군	사장님. 이 호두알로 이렇게 이렇게 (손바닥에서 소리 나게 굴리며) 하세요. 치매 예방엔 이게 그렇게 좋다잖아요. 사장님이 그러셨잖아요. 오징어 사다 드려요? 뭘 계속 씹는 것도 좋다고 하셨잖아요.
승섭	내 나이가 몇인데 벌써 치매타령이야. 내 사전엔 그런 거 없다.
김군	사장님이 다 얘기해 놓구서 그러세요. 그렇잖음 제가 치매가 뭔지 알기나 하겠어요?
승섭	나가 일 봐. 넌 뭐 나이 안 먹을 줄 아냐?
김군	전 후딱후딱 나일 좀 먹었으면 좋겠는데요, 사장님. 그래야 장가도 들고…….
승섭	안 나가?! (재떨이를 집으려고 한다)

김군	(후다닥 나가고)
승섭	오냐오냐 해줬더니 영 글러먹었어. 아예 갖고 놀아라, 놀아.

S# 27. 가게 앞 거리 전경

한산하다.

S# 28. 가게 안

김군이 물건 정리를 하면서 흘깃흘깃 텔레비전을 보고 있다.
재미없는 모양이다. 채널을 바꿔 보지만 역시 재미 없다. 꺼버린다.
11시 정도의 프로그램.

S# 29. 승섭의 가게 방

승섭이 계산을 하고 있다.
옆에 계산기도 있건만 복잡한 숫자를 빼곡하니 적어 일일이 계산을 한다.
드디어 끝났다.

승섭	김군, 들어와 봐라. (자신이 한 계산을 흐뭇해서 본다)
김군	(들어오며) 예, 사장님.
승섭	(자신이 수기한 것과 계산기를 준다)
김군	사장님. 왜 이렇게 번거롭게 헛수고를 하세요. 첨부터 계산기를 쓰시면 두 번 일은 안 해도 되잖아요.

승섭	말이 많다. 계산기도 사람이 만든 거야. 계산기보단 내 머리가 더 낫지. 얼른 맞춰 봐.
김군	사실은 숫자가 자꾸 헷갈려 그러는 거죠? 앞에 걸 찍었던가? 뒤에 걸 찍었던가?
승섭	너 정말 까불래? 내 맘이다, 왜.
김군	죄송합니다, 사장님 (들고 나간다)
승섭	(다시 종인을 생각한다) 하 누구야? (신경질적으로 호두알을 굴린다)

S# 30. 가게 매장

김군이 계산기와 장부를 한쪽에 둔다. 처음부터 할 생각이 없다.
하는 척 책상 앞엔 앉았으나 무협지를 꺼내 읽던 곳을 펼친다.

김군	언제 틀린 적이 있었어야 말이지. 정말 웃기는 양반이야. 난 사장님처럼 시간 낭비나 하는 그런 사람 아닙니다요.
승섭 (E)	생각났다! 생각났어! 야, 김군아. 나 생각났다. 생각났어.
김군	웃기는 것도 시리즈로 웃긴다니까……. (일어나 승섭이 있는 곳으로 간다)

S# 31. 승섭의 방

승섭이 빙글빙글 웃고 있다.

김군	(들어와) 축하드립니다, 사장님. 얼마나 시원하시겠습니까요.
승섭	까불고 있어. 야, 지금 몇 시냐. 김군, 지금 몇 시냐? (손목시계를 본다) 큰일날 뻔하지 않았나. 지금이라도 생각이 났으니 망정이지.
김군	누구였어요, 사장님?
승섭	흰 봉투 하나 가져 와. 아예 축 결혼이라고 겉에 써진 봉투 있지? 그걸로 가져와라.
김군	그럼 전철에서 만난 그 사람이 신랑이에요?
승섭	헛소리하고 있네. 전에 있던 회사 최 부장 딸이 오늘 결혼을 한단 말야. 여기 이렇게 적혀 있잖아. (수첩을 보여준다) 야, 이거 3만 원을 해야 하나, 5만 원을 해야 하나?
김군	(책상 서랍에서 흰 봉투를 하나 꺼내다 준다)
승섭	5만 원이다. 짜잔하게 굴다 미운털이 박혀서야 좋을 게 없지. 아냐 3만 원이다. 어차피 코끼리 비스켓일 텐데 나라도 살자. 어디 한두 군데라야 말이지.
김군	지하철에서 만난 사람은 아직 생각이 안 나신 거네요?
승섭	야, 너 자꾸 지하철 지하철 할래?
김군	사장님한테 옮아서 그렇잖아요. (사이) 근데 결혼식은 몇 신데요?
승섭	한 시. 근데 이 차림으로 어떻게 가나. 집에까지 다녀오긴 시간이 그렇고. 아침에 생각이 났음 아예 옷을 입고 나왔을 텐데.
김군	사장님, 양복 한 벌 여기 갖다 놓으셨잖아요. 갑자기

이런 일 생기면 입으시겠다면서요. 넥타이도 두 개 있
어요. 화려한 거 하나, 검정색 하나.

승섭	(말 자르며) 나도 안다, 알아. (실은 몰랐으면서)
김군	(픽 웃으며 자리를 피해 버린다)

S# 32. 거리

승섭이 화려한 넥타이에 양복 차림으로 택시를 잡고 있다.

S# 33. 예식장 앞

승섭이 택시에서 내려 예식장 안으로 들어가려다 말고 뒤돌아서서 다시 택
시 운전수에게 거스름돈을 받는다. 안으로 들어간다.

S# 34. 예식장 입구

승섭이 신부 쪽으로 가서 혼주와 인사한 후 부조계로 가 봉투를 전달한다.
돌아서 식장 안으로 들어가려는데

옛동료	어이, 염 사장. 신수가 훤해졌어……?
승섭	김 과장. 아니 참, 부장이지? (악수한다)
옛동료	사업이 잘 되는 모양인데?
승섭	간신히 밥이나 먹어. 근데 박 차장은 왜 안 보여? 같 이 안 왔어?
옛동료	소식 모르는구만? 당분간 박 차장 볼 생각은 말아야

할 거야.

승섭   무슨 소리야?

옛동료   정리해고. 낚시 가방 메고 나가면서 당분간 찾지 말아
             달라고 했다던데. 마누라가 징징 울더라.

승섭   그런 일이 있었구나.

옛동료   들어가지. 온 김에 머리부조까지 하자구.

승섭   근데 내가 점심을 먹은 거야, 안 먹은 거야? 배고프
             네. 어이, 우리 혼주한테 눈도장도 찍었는데 밥이나
             먹으러 가지.

S# 35. 뷔페식당

음식을 쟁반에 담아온 승섭과 옛동료가 자리를 잡고 앉는다.
승섭의 옆 테이블에 앉은 남자가 포크를 바닥에 떨어뜨리고 그걸 집으려고
몸을 구부리는 순간 정수리께가 훤한 대머리가 보인다.

승섭   생각났다, 생각났어! (안도의 숨을 내쉬며 가슴을 쓸
             어내린다)

옛동료   이 친구 왜 이래? 무슨 생각이 났다고 이래? (의아해
             서 보고 있으며)

승섭   난 말야. 절대로 치매에 걸릴 일은 없을 거야. 이렇게
             훈련을 하는데 치매는 무슨. (계속 싱글벙글이다)

S# 36. 아파트의 엘리베이터(승섭의 회상)

종인이 가발을 쓴 단정한 모습으로 엘리베이터에 타고 있다.
승섭도 타고 있다.
종인이 가방에서 컴퓨터 카달로그를 꺼낸다.

종인   9층에 사시죠? 전 6층에 삽니다만.

승섭   아, 예.

종인   한번 보십쇼. 신제품인데 값도 저렴합니다. 쓰시던 컴 퓨터가 있으면 처분도 해드리구요. 언제라도 전화, 아 니 인터폰이면 되겠네요. 불러만 주시면 밤이고 낮이 고 상관없습니다. 모르고 계시겠지만 그 댁 따님하고 우리 집 딸내미가 한반이랍니다.

승섭   (E)   그 친구 되게 웃기네. 한번 가발을 썼으면 평생 가발 인 거지 왜 이랬다 저랬다야, 사람 헷갈리게. 일관성 이 없어, 일관성이. 우우……. 삼 년 묵은 체증이 내 려간다. 으이, 그 눔의 가발.

S# 37. 피로연장 앞

승섭이 옛동료와 함께 뷔페식당에서 나오는데 들어오던 현진걸이 손을 덥 석 잡는다.

진걸   야, 염승섭. 이거 얼마 만이냐? 이러다가 얼굴 잊어버 리게 생겼어.

승섭	이게 누구야? 현진걸…… 맞지? 정말 오랜만이다야. 결혼식에 온 거야?
진걸	응. 난 신랑 쪽이야. 넌 신부 쪽인 모양인데?
승섭	결혼식이 끝난 모양이다?
진걸	식은 안 보고 밥부터 먹었구나.
승섭	먹는 거밖에 남는 게 더 있겠냐. 그래 어떻게 살고 있냐? 야, 난 니가 유명한 소설가가 될 줄 알았더니 신문에선 니 이름 안 보이더라. 내가 못 본 거냐?
진걸	소설가는 뭐 아무나 하냐. 출판사에 나가면서 밥이나 먹고 산다.
승섭	소설은 포기한 거야? 애들은?
진걸	큰애가 벌써 고2다.
승섭	짜식, 장가 빨리 가더니 농사도 빠르구나. 마누라는 그때 그 기집애냐?
진걸	형수님 보고 기집애라니. 너 말버릇 고약한 건 아직 못 고쳤구나.
승섭	이러지 말고 정식으로 만나 소주라도 한잔 하자.
진걸	좋지, 연락하자. (승섭과 명함을 주고받고 손을 흔들며 들어가 버린다)
승섭	(명함을 주머니에 넣으며 걸어 나간다)
(Na)	나는 압니다. 우리는 연락하지 않을 겁니다. 우리가 얼마나 바쁘게 사는지 아는 사람은 다 알고 있으니까요. 나는 아마 내일도 점점 심해지는 내 건망증과 싸우게 되겠지요. 전엔 이러지 않았습니다. (예식장에 참석했던 정장 차림의 노인이 가족들의 부축을 받으

며 오고 있다) 요즘은 노인 문제에 자꾸 관심이 갑니다. 나는 성실히 일하여 작은 여유라도 생기면 불우한 노인들을 도울 생각입니다. 노인……. 노인이라고 어디 처음부터 저랬을까요. 시퍼런 젊음이 그에게도 있었습니다. 내게 있었듯이 그렇게 말입니다. 아, 시퍼랬던 젊음…….

S# 38. 작은 건물

〈도서출판 천야〉라는 간판을 보며 현진걸이 건물 안으로 들어간다.

S# 39. 출판사

진걸이 구두를 슬리퍼로 바꿔 신는다.
넥타이도 풀어 주머니에 집어 넣고 윗옷을 벗어 옷걸이에 걸다가 문득 생각난 듯 승섭의 명함을 꺼낸다.

진걸   (E) 대리점 대표이사라……. 그래 넌 장사꾼으로 풀릴 줄 알았었다. (다시 한 번 들여다보곤 명함꽂이에 아무렇게나 끼워 넣는다) 뭐? 신문에 이름이 안 보여? 소설? 하, 소설. 그래 한때는 밤을 새워 소설을 썼었다. 어쩔래? 신춘문예에 당선이 되기만 하면 당선소감에다 질필 선언을 하려고 했었다 어쩔래?

책상 위에 놓여 있는 쪽지 한 장이 눈에 띈다.

이효식 씨 사망. 동반병원, 유진호 씨 전화라고 적혀 있다.

S# 40. 화장실

진걸이 찬물을 얼굴에 끼얹고는 거울 속의 자기 모습을 보고 있다.

진걸　　(E)　효식이가 죽어? 보름 전에 만났던 효식이가? 이차를 기어이 지가 사면서 유행가 다 놔두고 선구자를 부르던 그 효식이가 죽어?

S# 41. 출판사

통화 중인 진걸.

진걸　　　　병원에다도 확인을 해봤다구? 그래도 설마 했는데…….

친구　　(F)　야, 이거 우리 동기들은 어떻게 된 거냐. 모여서 살풀이라도 한번 해야 되는 거 아닌가 싶다.

진걸　　　　신문에도 맨 우리 또래들 갑자기 죽는다는 소리들이니 정말 살맛 안 난다.

친구　　(F)　캐나다 파견근무 갔던 형철이 과로사로 죽어, 철호 교통사고로 죽어, 주상이 목욕탕에서 쓰러져 그대로 죽어, 영규 간경화로 죽어. 햐, 나라고 죽지 말란 법 있냐? 왜들 그렇게 서둘러서들 죽는 거야. 마흔다섯……. 서둘러 갈 나이는 아니잖아, 이거. 야, 너 들

　　　　　고 있냐?

진걸　　　(한 손으로 이마를 짚고 묵묵히 듣고 있다) 으…….

친구　　　야, 너 지금 바쁘냐?

진걸　　　여기 집 아니고 사무실이야. 사장 호출.

친구　　　무슨 일인데 휴일에도 불러재끼냐. 오래 걸릴 거 같으
　　　　　냐?

진걸　　　내가 사장이냐. 오래면 오고 가래면 가야지. 병원에서
　　　　　밤샐 거지? 이따 보자. (전화 끊고 잠시 있다 다시 다
　　　　　이얼을 돌린다) 당신이야? 나 오늘 집에 못 들어가.
　　　　　효식이가 죽었대. 당신도 알지, 효식이?

아내　　(F)　또 술판 한번 걸판지게 벌어지겠구랴.

진걸　　　아니 효식이가 죽었다는데 기껏 한다는 소리가…….

아내　　(F)　평소에 어떻게 하면 내 입에서 이런 소리가 나올까.
　　　　　거짓말도 어지간 해야 말이지. 왜 당신 친구들은 그렇
　　　　　게 툭 하면 죽어? 차라리 모친상이나 부친상을 당했
　　　　　다고 하시지 그래. 남들 다 노는 휴일날 사장이 보잔
　　　　　다며 나가더니 이젠 외박 핑계까지? (따발총인데)

진걸　　　(전화를 꽈당 끊어 버린다)

사장　　　(누런 봉투를 들고 문을 벌컥 열고 들어오며) 어, 현
　　　　　주간 나왔구만……. 좀 봅시다.

사장이 사장실로 들어가고 진걸도 따라 들어간다.

S# 42. 사장실

진걸이 들어와 사장이 앉은 소파의 맞은편에 앉는다.

사장		(들고 있던 서류봉투를 던지듯 주며) 이거 당장 시작하세요. 총력전으로, 총력전. 현 주간 군대는 갔다 온 걸로 아는데?
진걸	(E)	누가 알오티시 출신 아니랄까 봐.
사장		얼른 꺼내 보지 않고 뭐 해요? 급해. 벌써 언제 부탁을 한 건데 책이 지금에야 손에 들어오지 않았겠어요.
진걸		(봉투 속에서 책 한 권을 꺼낸다. 일본책이다. 『34세의 릴리안』)
사장		스웨덴 소설인데 끝내 주나 봅디다. 자, 여길 좀 봐요. (책에 둘러져 있는 띠에 일본말로 광고 문안이 적혀 있다) 성 해방의 문제작! 페미니즘에 대한 옹호인가, 도전인가? 한마디로 포르노라는 얘기지 뭐. 안 그래요, 현 주간?
진걸		포…… 르노요?
사장		그래 포르노. 포르노, 좋잖아?
진걸		내용을 검토해 보고 난 뒤에…… 포르노라면 더더욱…….
사장		검토는 무슨. 다 끝난 거니까 그냥 착수만 하세요. 어때요? 지금 시작하면 언제쯤 나올 수 있겠소? 화끈한 게 여름 상품으론 그만일 거 같은데.
진걸		그래도 우리 출판사 이미지 문제도 있고…….

사장	이미지는 무슨 말라죽을 이미지. 이미지만 좋으면 누가 밥 멕여 줘? 월급 줘?
진걸	…….
사장	내가 할까요? (그만두겠냐는 뜻으로)
진걸	사장님 말씀대로 총력전을 편다면 한 달 반쯤…….
사장	진작 그렇게 나와야죠. 근데 한 달 반 너무 늦어요. 좀 더 당겨 봐요. 한 달 안으로……. 일본에서 나오자마자 베스트셀러에 오른 모양인데. 우리 동네서 가만히 들 있겠소. 아마 다른 집에서도 벌써 눈독을 들였을지 몰라요. 번역을 찢어서 맡기든지…….
진걸	번역을 어떻게 찢어서 맡깁니까. 사람마다 문체가 다른데.
사장	(못마땅해서 보는데)
진걸	(책을 사장 앞에 패대기치고 일어나 걸어 나가는 상상을 한다)
사장	왜 암말 안 해요?
진걸	저작권…… 문제는 어쩌구요?
사장	현 주간. 당신 이제 보니 참 한가한 사람이네요. 웬 걱정이 그렇게 많아요. 시키는 대로만 해요, 시키는 대로만.
진걸	…….
사장	책임은 내가 집니다, 현 주간. 이걸로 일어나지 못하면 당신이나 나나 길바닥에 나앉게 생긴 줄만 알고.
진걸	…….

S# 43. 출판사 밖 거리

출판사에서 막 나온 사장이 또 급하게 어디로 걸어가고 있다.
작은 태극기를 단 택시가 사장을 태우고 떠난다.

S# 44. 출판사 창가

진걸이 거리를 내려다보고 있다.
영구차가 지나가고 있는 게 보인다.
눈을 비비고 보면 영구차는 없다. 다시 보면 영구차가 두 대 지나간다.
눈을 비비고 다시 보면 그저 한산하기만 한 거리.

S# 45. 출판사

진걸이 자리에 앉아 컴퓨터를 켠다.
빈 화면에 커서가 껌벅인다.
포르노, 포르노······. 빠르게 쳤다가 멍하니 보더니 이내 주르르 지워 버린다.
죽는다, 친구가 죽는다, 나도 죽는다······. 이렇게 썼다가 또 주르르 지운다.
책상 위엔 아까 사장이 주고 간 번역할 일본책이 놓여 있다.
벽시계가 3시 반을 가리키고 있다.
진걸이 일어나 물을 한 잔 마시고 슬리퍼를 구두로 바꿔 신는다.

S# 46. 한강

진걸이 적당한 곳에 앉아 소주를 마시고 있다.

진걸 (Na) 전쟁의 폐허 속에서 태어나 굶주린 유년을 간신히 살아
남고, 조회 때마다 국민교육헌장을 암송하며 중학교
를 마치고, 멋모른 채 유신을 찬양하며 고등학교를 다
니고, 대학생활은 긴급조치의 최루탄 연기 속에서 질
식당하고, 군에서 제대하자 어느 부대에 있었느냐는
의혹과 힐난의 눈총을 받고, 취직하고 결혼하고……
그렇게 살아온 우리 세대입니다. 오늘 나는 서둘러 가
버린 친구의 영혼을 만나러 가야 합니다. (일어나며)
그러나 내겐 그전에 해야 할 일이 있습니다. (공중전
화 부스를 찾아간다) 내키지 않는 일이지만 호구지책
을 위해선 어쩔 수가 없습니다. (수첩을 펴들고 부스
안으로 들어간다)

S# 47. 아파트 전경

전화벨이 계속 울리고 있다.

S# 48. 아파트 안방

채만석이 자고 있다가 손만 뻗어 전화기를 잡는다.

만석   여보세요.
진걸 (F) 채형? 나 현진걸이오.
만석   아니 이 시간에 웬일이슈?
진걸 (F) 이 시간이라니! 아아, 그쪽은 지금 아침인 모양이구

		만. 팔자 한번 부럽소. 요즘 어때요?
만석		백수생활 뻔하잖소.
진걸	(F)	바쁘진 않죠? 번역 좀 부탁할 게 있는데…….
만석		보나마나 인기 번역가들이 퇴짜를 놓은 거겠죠?
진걸	(F)	어허 이거 왜 이러시나. 암튼 좀 만납시다. 만나서 얘기합시다.
만석		오늘은 이미 늦은 거 같고……. 내일은 별 일이 없습니다만…….
진걸	(F)	이것 봐, 채형. 컴퓨터 작업되지요? 그거 아니면 곤란한데…….
만석		컴퓨터요? 물론이죠. 그거야 상식아닙니까. (좋아한다)

S# 49. 경애 약국

장인, 새로 들인 약을 선반에 정리하고 있다.

아내	아버지 그냥 두세요. 천천히 제가 하면 돼요.
장인	죽으면 썩어질 몸, 애껴서 뭐 하냐.
아내	갑갑하기도 하시죠, 아버지?
장인	그냥 두면 십 년은 더 근무를 할 거 같은데 그새 정년이라니……. (사이) 채 서방은 요새도 그렇게 밤낮을 바꿔 사는 게냐?
아내	그 사람은 일을 밤에 하는 습관이 있어서요. 그래야 집중이 더 잘 된대나 봐요.

장인	일거리는 있는 거야?
아내	…….
장인	그 좋은 학벌 가지고 왜 취직을 안 하고 빈둥대는지 원…….
아내	…….
장인	그저 남자란 아침 먹고 나가 저녁에 돌아오는 일자리가 있어야 하지. 없는 시간을 쪼개는 거 그게 진짜 시간이야. 내가 만나면 한마디 해야겠어.
아내	그 사람은 누가 간섭하는 걸 젤 싫어하잖아요, 아버지.
장인	간섭받는 거 좋아하는 사람이 누가 있어. 그럴 만하니까 그러지. 지 마누라 혼자 아등바등 애쓰는 게 딱하지도 않아? 여기라도 나와서 좀 돕든지 안 하고.
만석 (E)	(가벼운 헛기침)
장인	아니 자네 언제부터 거기 있었던 거야?
아내	(당황스러운데)

S# 50. 동네 뒷산

운동기구들이 보이고 노인네 몇이 그늘에 앉아 한담 중이다.
만석이 노인들을 지나 산길로 접어든다.

S# 51. 경애 약국

장인	없는 소릴 한 것도 아니구. 사람 무안하게 그냥 나가 버리냐. 못난 사람 같으니라구. (계속 투덜대던 중이다)

아내	그만 해두세요, 아버지.
장인	저러고 나가면 또 술 마시고 들어오지? (걱정도 되고)
아내	걱정하지 마세요. 아버지 말씀처럼 없는 소릴 한 것도 아니잖아요.
장인	공연한 소릴 한 거 같다. 채 서방이라고 맘이 어디 다 편하겠냐.
아내	그래요, 아버지. 본인이 뻔히 생각하고 있는 일을 누가 뭐라면 속은 더 상하는 법이잖아요.
장인	넌 아직도 믿는 구석이 있는 눈치다……?
아내	…….

S# 52. 제법 높은 등성이의 벤치

만석이 누워 하늘을 보고 있다. 전형적인 여름 하늘.

상하	(E) 채형, 채형 맞지? (상하가 누워 있는 만석 앞에 얼굴을 내민다)
만석	(일어나 앉는다)
상하	그렇잖아도 채형 생각이 나서 집으로 약국으로 다 찾아다녔는데 여기서 만나지네.
만석	…… 언제까지 이러고 살아야 하는지 모르겠어.
상하	채형이야 어때서. 꼴이야 내가 우습지.
만석	이형이야 옷가게를 집사람이랑 같이 꾸려 가고 있으면서 뭘 그래.
상하	나야 가방 끈이 짧으니 그거라도 해야…….

만석	······.
상하	채형이야 나하곤 다르지. 큰일을 할 사람이잖아. 그 어려운 꼬부랑 말을 우리 말보다 더 잘 하면서. 지금이라도 맘만 먹으면 무슨 일을 못 할라구.
만석	······.
상하	난 채형이 날 이렇게 가끔 상대해 주는 것만도 영광인 사람이야. 한동네 사는 죄루다 어쩔 거야. 나 계속 상대해 줄 거지, 채형?
만석	쓸데없는 소리. (다시 벌렁 누워 버린다)
상하	일어나, 채형. 낮술 한잔 어때?
만석	(그대로 하늘만 보고 있다)

S# 53. 산길

만석과 상하가 산길을 내려오고 있다.

상하	안 웃을 거라고 말해, 채형.
만석	웃을 일이나 좀 있어 봤으면 좋겠네.
상하	난 시인이 될 거야.
만석	······시인? 시인이라······.
상하	안 웃어서 고마워, 채형. 나 사실 오늘도 시상을 떠올리느라 산엘 갔던 거야.
만석	정식으로 데뷔도 할 생각이구?
상하	아니. 그럴 욕심으로 채형한테 이런 얘길 하면 내가 불순한 놈이지. 죽을 때 유품으로 남길 거니까 나 죽

은 뒤에야 마누라나 아들놈이 시집으로 묶든 말든, 건
모르겠고.

만석   ……좋은 일이지. 이형이 새삼 여유 있어 보이는군.

S# 54. 경애 약국

아내   (전화 중이다) 번역 때문이라고 하셨나요? (좋아한
            다. 손님이 들어오지만 중요한 전화니 잠시 앉아 기다
            리라고 손짓한다) 본인도 알고 있다구요? ……제가
            전해드리겠어요. 전화를 안 할지도 모르지만 전화가
            오면 그럴게요. 네……. 알았습니다. 고맙습니
            다……. (좋아하며 손님을 맞는다)

S# 55. 소주 집

일하는 아줌마가 높이 매달린 텔레비전을 보느라 정신없다.
오후 6시 정도의 프로그램. 만석과 상하가 들어 온다.

상하   아줌마. 거 사람 좀 아는 척하슈. (자리잡고 앉는다)
아줌마   (화면 쪽으로 연신 시선을 주며 소주 한 병과 김치,
            잔 두 개를 가져다 준다)
상하   오늘은 안주 뭐가 좋은데, 아줌마?
아줌마   안주도 시키게? 웬일이래……. 안 하던 짓하면 죽는
            다던데…….
만석   (픽 웃는다)

상하	아줌마, 정말 사람 스타일 이렇게 구겨 놀 거야?
아줌마	비싼 거 시켜. 그럼 좋은 안주야.
만석	나 돈 있어, 이형.
상하	돈? 돈이야 나도 있지. 나도……. 있는 게 돈밖에 없는 사람이다, 내가.
아줌마	(텔레비전 채널을 바꾸며) 노는 날 텔레비가 더 재미없다니까. 방송국에 댕기는 사람들도 놀아서 그러나, 원……. (연신 바꾼다)
상하	아줌마, 정말 이럴 거야? 오늘 모시고 온 선생님이 누군지 알기나 하고 그래?
만석	(민망해서 상하를 말린다)

S# 56. 꼬까집 앞

만석의 아내가 나온다.

상하아내 (E)	뻔해요, 뻔해. 같이들 어울렸을 거예요. 한동안 뜸하더니 오늘은 또 술친구가 생각나는지 그 집 아저씰 찾아 쌓더라구요……. 뭐 급한 일이신가 부다……. 직접 찾아 나서신 거 보니. 자요, 전화번호. 두 군데 중에 한 군데는 틀림없어요. 자기가 뛰어 봤자 벼룩이지.

S# 57. 소주 집

적당한 안주가 와 있고 빈 소주병도 놓여 있고 선풍기가 돌아가고 있다.

만석	이형, 나하고 동갑이랬지?
상하	그래 우린 갑장이야, 갑장. 갈데없는 중년이네. 마누
	란 똥배구박이 자심하고.
만석	우린 지금 뭘 할 수 있을까?

전화벨이 울린다.

아줌마	(E)	예, 동일 식당입니다……. 누구요?
상하		하, 난 웃기는 놈이야. 아무 데서나 전화벨이 울리면
		날 찾는 전환 것만 같거든. 쥐뿔도 받아서 반가운 전
		화도 하나 없는 주제에…….
아줌마	(E)	전화 받아요.
상하		(일어나며) 마누라 사우나 갈 모양이다, 호출하는 거
		보니…….
아줌마		이씨 말고 저쪽 손님.
만석		나요? 그럴 리가 없지. 어서 가서 받아 봐.
아줌마		꼬까집 이 사장하고 같이 있는 남자 손님 바꾸랬다구
		요. 맨날 낮술이나 마시면서 사장은 무슨……!
상하		어허, 아줌마. 단골집을 바꿔 버리는 수가 있어.
만석		(의아해 하며 전화 받으러 간다)

S# 58. 경애 약국

아내		당신이에요?
만석	(F)	나 여기 있는 건 어떻게 알구?

142

아내		당신 일 맡게 됐다면서요. 왜 나한테 얘기 안 했어요?
만석	(F)	왜 전화했는지나 말해. 무슨 일인데 예까지 전활 하구 그래.
아내		출판사 현 주간이란 사람이 집으로 전화해서 당신 없으니까 약국으로 전화를 했어요. 급한 눈치길래…….
만석	(F)	일거리가 다른 사람한테 갔대? 일 없다고 해.
아내		그게 아니구요. 그 출판사 사장님이 이따 밤에라도 당신한테 전화를 걸는지 모르겠대요.
만석	(F)	사장? 사장이 왜?
아내		자길 만났다고 말해 달랬어요. 번역할 책도 받았다구요. 물론 사장님이 전화를 안 하면 그만이구요. 전활해서 물어 보면 그렇게 말해 달라고 했어요. 현 주간이란 사람은 사장님한테 벌써 그렇게 말을 했대요. 당신 만나 책까지 줬다구요.
만석	(F)	웃기고들 있네…….
아내		난 전했어요. 그만 끊어요.

S# 59. 소주 집

상하가 보고 있으면 전화를 마친 만석이 자리로 돌아온다.

상하	무슨 전화야, 채형?
만석	나만 눈칫밥 먹고 사는 게 아닌가 부네.
상하	무슨 얘기냐니까.
만석	하던 얘기나 하자구. 별일도 아니니까.

상하	채형 꿈 얘기를 하던 중이었어. 채형한테도 꿈이 있다고 했잖아.
만석	꿈…… 꿈이라……. 창 밖으로 바다가 보이는 곳이라야 해. 테이블은 다섯 개만 있으면 되구.

S# 60. 바닷가의 작은 식당

만석이 밝은 표정으로 요리를 하고 있다.
해물로 완성된 요리를 쟁반에 담아 신이 나서 손님 자리로 간다.

만석	(E) 손님이 먹어 보고 맛이 없다고 하면 돈을 안 받겠어. 이 식당은 값은 좀 비싼 편이지만 주방장 채 아무개가 개발한 일품 요리밖엔 맛볼 수 없어. 내가 만든 요리는 예술이나 마찬가지니까 말야.

S# 61. 소주 집

상하	아니 그 들어가기 어려운 일류대학 출신인 채형 꿈이 요리사라구?
만석	일류대학? 그게 무슨 상관인데. 나보고 꿈을 얘기하랬잖아.
상하	그야…….
만석	지금 생각해 보면 재수까지 해가면서 아등바등 대학에 들어간 것부터가 잘못이었어. 차라리 고향에 남아 식당을 차렸더라면……. 그랬으면 나는 지금 어떻게

	살고 있을까. 내가 정말 좋아하고 즐거움을 느끼는 건 요리를 하는 일인데 말야.
아줌마	(일손을 놓고 멍하니 두 사람의 애기를 듣고 있다)
상하	아아, 잠깐. 시상이 떠올랐어. 시인과 주방장. (헛기침 하고) 시가 있는 곳에 맛이 있고, 맛이 있는 곳에 시가 있네. 시인은 맛을 노래하고, 주방장은 시를 끓이네. 두 예술가의 만남 속에 인생은 더욱 빛나리. 어때?
만석	하, 괜찮은걸. 그거 나한테 줄 수 없어? 액자로 만들 어 두었다가 식당을 차리면 벽에 걸어 두고 싶어서 그래.
아줌마	(오이와 당근을 수북이 썰어서 두 사람 앞에 갖다 놓는다)
상하	아줌만 그저 매상이나 올릴려구.
아줌마	서비스야. 돈 안 내도 돼.

S# 62. 거리(밤)

만석과 상하가 비틀대며 어깨동무를 하고 간다.

만석	내가 식당을 차리겠다고 하면 우리 마누라는 뭐라고 할까?
상하	내가 밤마다 시를 쓰는 줄 알면 우리 마누라는 뭐라고 할까?
만석	야, 그냥 들어갈 수 없잖아.
상하	그래, 좋다. 한잔 더 하자. 아직 초저녁이야.

만석	술은 이미 취한 거고 우리 어디 가 소리나 좀 지르다 가자구. 나도 낼부턴 그 알량한 번역 일에 매달려야 하니까 두문불출이다.
상하	그래, 좋아. 노래방이야 한집 건너 노래방이지.
만석	난 말야. 이번 일만 끝내면 정말로 주방장이 될 거야. 요리를 할 거란 말야. 마누라한테도 당당히 내 생각을 말할 거야. 우, 신난다.
상하	그래, 좋아. 개업 선물은 내 시가 든 액자다.

S# 63. 노래방(밤)

만석과 상하가 노래방에 앉아 있다. 상하가 노래 책을 뒤적인다.

만석	이형은 그게 보이나 부네?
상하	잔뜩 찡그리지 않으면 안 보여. 야, 이게 6자냐, 8자냐?
만석	난 돋보기 없인 완전 장님이다, 장님. 아무거나 눌러 봐. 못 할 노래가 뭐 있냐.
상하	(노래책을 들고 노래방 기기 앞에 바싹 다가간다, 간신히 읽고 번호 누른다) 학교 때 부르던 거 한번 해보자. (송창식의 고래사냥이다, 두 사람 취해서 따라 부른다)

S# 64. 만석의 거실(밤)

취한 만석이 누워 있다가 벌떡 일어난다.
물을 한 잔 마시고 시계를 본다. 밤 10시 30분 정도.
텔레비전이 켜져 있다.

S# 65. 만석의 서재

만석이 들어와 컴퓨터를 켜본다.
(커서가 작동을 하지 않는다든가 뭐 적당한 컴퓨터 고장)

S# 66. 만석의 서재(회상)

가발을 쓰고 있는 종인이 컴퓨터 고장을 막 고치고 난 뒤다.

종인   밤이든 낮이든 상관없습니다. 언제라도 연락만 주십
          시오. 제깍 달려오겠습니다. 저희 집에 여기선 얼마
          되지도 않구요. 전 이 일이 즐겁습니다. 전화만 오면
          신이 나지요. 간단한 고장은 전화로도 해결할 수 있을
          겁니다.

S# 67. 거실

만석이 돋보기를 끼고 명함을 봐 가며 다이얼을 누른다.

만석   여보세요? 거기 〈컴퓨터 세상〉 김 부장 댁이죠?

S# 68. 마당(밤)

마당에 나와 우두커니 서 있는 만석.

할머니   (E)   몇 번을 말해야 알아들어? 그 사람 죽었대요. 나요?
               옆집 사람인데 집을 봐달라고 해서 와 있는 거지. 몰
               라……. 나도 자세한 얘긴 듣지 못해서……. 좌우간
               오늘 저녁잠에 죽긴 죽었대.

S# 69. 경애 약국(밤)

아내가 퇴근 준비를 하고 나와 셔터를 내리려다 말고 내걸린 태극기를 본
다. 내리려고 한다.

만석   (E)   내리지 않아도 돼. 신문 보니까 이젠 해가 졌다고 태
               극기를 내리거나 그러지 않아도 된다고 했더라구.
아내   당신 거기 있었어요? (반갑다)
만석   그냥 펄럭이게 두자구. (하면서 다가가 셔터를 내려
               준다)
아내   (흐뭇해서 보고) 웬일이야 당신, 아직 술집에 있을 줄
               알았더니.
만석   (Na) 그 선량해 보이던 남자, 〈컴퓨터 세상〉의 김 부장이
               죽었다고 합니다. 그에게도 아내가 있을 것이고 그도

오늘 아침엔 태극기를 내걸었겠지요. 우리네 중년의 힘든 하루나기……. 나는 이제 더 이상 핑계거릴 찾거나 투정부리지 않을 겁니다. 시간이 많이 남아 있질 않아요. 서로 사랑하며 살 시간이……. 왜 그걸 잊고 살까요…….

만석이 아내의 어깨를 감싸 안고 걸어간다.

〈끝〉

커피와 할머니

원작 안정효

극본 박진숙

연출 장수봉

방송 1988년 6월 MBC 베스트셀러극장

등장인물

할머니(70대)

민 교수(40대)

조교(20대)

어머니(60대)

큰딸(30대)

혜숙(20대)

가정부(30대)

가게집(30대)

미용사 A, B

답사지의 할머니

사학과 학생 A, B, C, D

S# 1. 답사지

민 교수와 학생들이 너와집이 보이는 곳으로 걸어간다.
너와집 앞.
민 교수는 설명하고 듣고 노트에 받아 적는 학생, 너와 지붕을 만져 보는 학
생들.
집 안쪽을 들여다보는 일행.
너와집이 보이는 밭에서는 할머니가 일을 하고 있다.
학생들에게 설명하다가 할머니를 바라보는 민 교수.

S# 2. 뜰

넓다싶은 마당에 잔디가 푸르다.
녹슬어 있는 어린이 놀이기구가 보이고 건조대엔 빨래가 널려 있지 않아
앙상해 보인다.
펌프가 딸린 수돗가. 그 옆으로 묵은 개집이 보인다.
늙어서 초라해진 덩치 큰 개가 개집 옆에 무기력하게 엎드려 있다.

S# 3. 거실

고가구로 장식된 차분한 실내.
함지박 등잔, 숯불다리미, 베틀의 부속품 등이 보인다.
방에서 흘러나오는 라디오의 노랫소리.

S# 4. 가정부의 방

가정부가 오징어를 씹으며 노래를 웅얼거린다.

가정부   우린 너무 쉽게 헤어졌어요~.

S# 5. 안방

어머니가 누워서 다리가 저린 듯 주무르고 있다.
물소리가 들린다.

어머니   (돌아누우며) 아니 이게 무슨 소리야? (일어선다)

S# 6. 욕실

문 열어 보고 놀라는 어머니.
욕실 한쪽에 잔뜩 쌓인 빨랫감.
어머니는 욕조에다 한껏 틀어놓은 수도꼭지를 잠근다.
그리고 다시 허리를 구부려 한 방울씩 똑똑 흐르게 조정해 둔다.
가정부가 태연히 들어서며

가정부   에구 워치게 물은 다 받겼시유?
어머니   (못마땅하게 본다)
가정부   (아부하듯) 아이구 저…… 다린 좀 어떠세요?
어머니   삶을 빨래부터 안쳐요. (나간다)

가정부   에휴, 창살 없는 감옥이지…….

S# 7. 욕실(시간 경과)

물을 틀어 놓고 빨래를 담는 가정부.
거실에서 전화벨이 울리다 곧 멎는다.
귀가 쫑긋해진 가정부는 일어서다 말고 무슨 생각에선지 다시 주저앉는다.

어머니   (E)   아줌마아~. 전화요!
가정부   예, 가요. (일어선다)

S# 8. 거실

수화기를 냉큼 집어 드는 가정부.

가정부   여보세요? 응, 알아 봤어? 뭐? 워디? 오류동? 에구,
                거긴 너무 변두리잖아.

S# 9. 안방

문갑 위의 도자기를 닦는 어머니, 바깥에서 들리는 통화 내용에 신경이 쓰
인다.

가정부   (E)   멕여 주고 재워 주구 그거야? 출퇴근을 하며 그거야?

어깨에 힘이 빠지는 어머니.

S# 10. 대문 앞(저녁)

안에서 버튼 누르는 소리. 철커덕 대문이 열린다.
민 교수가 집으로 들어가 대문을 닫는다.
며칠 만에 돌아온 듯 마당을 둘러보며 현관 쪽으로 걸어간다.
현관문이 열리며 나오는 어머니.

어머니   어서 오너라.
민교수   별일 없으셨죠, 어머니?
어머니   (쓸쓸해 보이는 웃음) 그래 그래.
민교수   (어머니 팔 잡으며) 들어가세요.

S# 11. 주방(저녁)

어머니가 식탁에 저녁상을 차린다.
대충 씻은 듯 수건을 목에 걸고 들어서는 민 교수가 의자에 앉는다.

민교수   음, 맛있는 냄새. 시금치국 끓이셨어요?
어머니   (그릇 갖다 놓으며) 아욱국이야.
민교수   아, 근데 아줌마는 어디 가셨어요?
어머니   마음이 허공에 떠 있었으니까.
민교수   네?
어머니   벌써 나흘이나 지난걸.

민교수	그럼 그동안 혼자 지내셨어요?
어머니	국이 식겠다.
민교수	(떠 먹는다)

S# 12. 마당

민 교수가 사람의 진화 과정이 그려진 책을 보고 있다.
조교는 답사지에서 찍은 사진들을 보다가.

조교	교수님, 이 사진 좀 보세요.
민교수	(할머니 사진 보고) 이 할머니한테 돈 몇 푼 드리려다 무안해서 혼났지.
조교	사진을 한참 들여다보느라니 기분이 묘해졌어요. 할머니 얼굴이 꼭 화석처럼 여겨지는 거예요.
민교수	(생각에 잠긴 채) 그래, 우리 모두의 얼굴인지도 모르지. 아니야, 그게 바로 이 분의 얼굴이야.
조교	예?
민교수	(보던 책의 그림을 조교에게 보여준다)

S# 13. 거실(낮)

어머니가 민 교수의 와이셔츠를 다림질하고 있다.
인터폰이 울린다.
어머니, 다리미의 플러그를 뽑고 일어나 급하게 울리는 인터폰을 받는다.

어머니		누구세요?
큰딸	(E)	(활달한 음성) 나예요, 어머니.
어머니		(대문을 열어 주는 버튼을 누르며) 급하긴……. (나 간다)

S# 14. 현관/대문

어머니가 현관문을 열고 나와 대문 쪽으로 간다.
큰딸, 대문 앞에서

큰딸	들어가시자니까요. 할머니 들어가요. (대문 안으로 혼 자 들어서며) 인터폰 때문에 놀라서 저러지 뭐겠수.
어머니	……? (대문 밖으로 나가 본다)

S# 15. 대문 앞

보퉁이를 안고 묵묵히 서 있는 할머니의 얼굴을 보고 실망하는 어머니, 한숨 쉰다.

큰딸	아 오세요, 할머니.
할머니	(주춤거린다)
어머니	(잠시 어깨가 탁 풀리지만 할머니에게 다가가) 예까 지 오셨는데 어서 들어가셔야죠, 어서요.

할머니는 움츠렸던 어깨를 바로 하고 뭔가 각오를 하는 듯한 얼굴로 앞장

서서 대문 안으로 들어간다.

S# 16. 거실

여전히 보퉁이를 꼭 껴안고 서 있는 할머니.
어머니와 큰딸은 앉아 있다.

큰딸	앉으세요, 할머니.
할머니	(긴장을 느끼는 듯 앉는다)
큰딸	(할머니의 보퉁이를 빼내며) 이건 여기다 이렇게 좀 놓으세요, 할머니.
어머니	점심은……?
큰딸	오다가 우동 한 그릇씩 하고 왔어.
어머니	아이구, 인심도 야박하다.
큰딸	할머니 편안하게 앉으세요, 마음 탁 놓으시고.
할머니	(어머니 쪽을 한 번 보고 다리 한쪽을 의자에 올리고 두 팔로 싸안는다)
어머니	(할머니를 바라본다)
큰딸	중국집에서도 이러시더니.

할머니는 못 들은 척하고 이젠 제법 여유를 찾아 둘레둘레 거실을 살피다 물레를 발견한다.

S# 17. 시골 방(할머니 회상)

물레가 돌아가며 베를 짜낸다.

S# 18. 거실

베틀을 보며 회상에 잠긴 할머니의 얼굴.

큰딸	할머니?
어머니	(물레를 가리키며) 할머니 저게 뭔지 아시겠네요?
할머니	(돌아보며 어벙벙해서) 예?
큰딸	저게 뭔지 아시겠냐구요?
할머니	(퉁명스럽게) 아, 그럼. 내가 베틀을 모를까봉?

어머니와 큰딸이 마주보며 웃는다.

S# 19. 집 앞의 거리

어머니와 할머니가 나란히 걷고 있다.
그러나 곧 뒤쳐지는 할머니, 얼른 어머니 뒤를 따라가고 싶은 눈치다.
목욕대야를 든 어머니가 멈춰 선다. 할머니와 다시 나란해진다.
어머니, 이리저리 손짓하며 간판들을 가리키며

어머니   그러니까 일루 돌아서 이쪽이 첫째 골목이에요. 갑시
                 다.

할머니   (서둘러 고개부터 끄덕인다)

마침 과일 배달을 가는 가겟집 여자가 옆 골목에서 나오다가 이 모습을 본다.

가게   보는 사람마다 그렇게 부탁을 해쌓더니……. 그나저
            나 에이그 초상칠까 겁나네.

잠시 어머니와 나란히 걷던 할머니는 또 슬그머니 뒤로 쳐진다.

S# 20. 목욕탕 앞

어머니가 안으로 들어간다.
그러나 할머니는 가만 서 있다. 들어갈 생각이 없는 모양이다.
다시 돌아와 할머니에게 사정하는 어머니.

어머니   아유 참, 들어가세요.

S# 21. 목욕탕 여탈의실

할머니가 번호표를 받아든 채 꼼짝 않고 서서 걸어가는 여자들을 바라본다.

어머니   (겉옷 벗다가) 뭐 하세요, 할머니. 벗으세요, 옷.
할머니   (주춤거리다 탕 안을 들여다본다)

목욕하는 사람들.
할머니, 두 눈을 질끈 감고 돌아선다.

어머니 할머니, 목욕탕 처음 오신 거예요?
할머니 (입구 쪽으로 간다)
어머니 아니 왜 이러세요, 할머니? 앞으론 할머니 혼자 다니
     셔야 할 텐데. (할머니 옷자락을 잡는다)
할머니 (완강한 손길로 확 뿌리친다)

손님들 수군거리다 웃는다.
앞장 서서 활개치며 바쁘게 걷는 할머니.
어머니는 할머니를 따라 잡으려고 종종 걸음을 친다.

S# 22. 거실

큰딸이 팔짱을 끼면 난처한 기색으로 묻는다.

큰딸   그래서요, 어머니?
어머니 그래서가 뭐가 그래서야. 그게 다시 그냥 오는 수밖에.
큰딸   세상에 아니 사사건건 그렇게 벽창호라면. (벌떡 일
     어서서 둘러보며) 지금 이 할머니, 어디 계시지?

S# 23. 거실

어머니가 피곤한 기색으로 안방으로 들어간다.

S# 24. 마당

큰딸이 이리저리 둘러보며 할머니를 찾는다.
할머니가 보이지 않자 장독대가 있는 뒤뜰로 돌아가 본다.

S# 25. 장독대

허리를 잔뜩 구부리고 있는 할머니 모습이 먼발치로 보인다.
큰딸, 할머니를 발견하고

큰딸   할머니!
할머니   (전혀 못 들은 눈치다, 하던 일 계속한다)

바라보는 큰딸.
할머니는 어느 틈에 물을 들고 올라가 항아리를 씻어내기에 여념이 없다.
큰항아리를 번쩍 들어 항아리가 놓여 있는 바닥의 자국까지 말끔히 닦아
낸다.

큰딸   아, 할······.
할머니   (항아리를 들어올리는)
큰딸   (다시 부르길 포기하고 멈춰선 채 올려다보며 혼잣소
              리) 세상에 저 기운 쓰는 것 좀 봐.

일에 열중인 할머니의 아름다운 모습. 그 위로 하늘이며 신록이 눈부시다.

S# 26. 부엌

마늘을 다져 국에 넣는 할머니.
어머니는 막 데쳐낸 쑥갓을 찬물에 헹궈 꼭 짠다.

어머니   (나물을 무치며) 할머니 그 찌개 이젠 불 꺼도 될 거
           예요.
할머니   그…… 그러시오. 후후.

불을 끄기 위해 할머니가 허리를 구부린다.
시퍼렇게 살아 있는 불꽃.
할머니, 후욱! 하고 센 입김을 만들어 불꽃에 분다.
어머니가 돌아보고 놀라며 나물 무치던 손으로 가스 불을 끈다.

어머니   하이구, 할머니. 이건 불어서 끄는 게 아니에요. 얼마
           나 위험한 건지 할머니가 모르셔서 그래요. 정말 조심
           해야 한다구요.
할머니   (크게 주억대는 고갯짓)
어머니   이젠 어서 상을 보세요.

주방 여기저기를 기웃대는 할머니, 싱크대 위쪽도 기웃대고 냉장고 뒤도
살핀다.

어머니   (돌아보며) 뭐 찾으세요?
할머니   상. 밥상.

어머니   아유. 저기 식탁에 보면 되잖아요.

할머니는 아랑곳하지 않고 계속 상을 찾는다.
냉장고 위에 얹혔던 개다리소반을 발견한 할머니, 반가와하며 상을 내린다.

어머니   (약간 역정기가 묻어나는 소리) 식탁에 보면 된다니
               까 그러시네.
할머니   아, 밥을 밥상에서 먹잖구 무슨 걸상에 앉아서 먹겠다
               구. (개다리소반을 냉장고 위에 다시 얹는다)

S# 27. 안방

어머니는 책을 보고 큰딸은 누워 있다.

큰딸   걱정이네. 음식이나 제대로 해내실런지.
어머니   차차 되겠지. 그나저나 고집은 황소고집이 돼 가지구.
큰딸   (돌아 엎드리며) 어머니, 저 할머니 교육 좀 단단히
               시켜야겠어요. 요즘은 파출부들도 다 교육시켜 내보
               낸다는데.
어머니   아이고. 지금 봐선 내가 교육을 받지나 않으면 다행이
               겠다.
큰딸   (걱정스런 눈빛으로 부엌 쪽을 바라본다)

S# 28. 부엌

할머니가 개다리소반에 밥상을 봐서 바닥에 앉아 식사 중이다.
손으로 콩나물을 집어 숟가락에 얹어 먹다 말고 문득 일어나 싱크대 위에서 커다란 플라스틱 그릇 하나를 집더니 다시 털썩 앉는다.
큰 그릇에 나물이며 밥이며 쏟아 붓고 썩썩 비비는 할머니.

S# 29. 거실

텅 빈 거실, 조용하다.

S# 30. 할머니 방

할머니가 벽에 등을 대고 앉았다가 창문 쪽으로 기어가 조그만 창문을 연다.
어두운 바깥.
물끄러미 내다보는 할머니.

S# 31. 안방

어머니가 큰딸의 이불을 덮어 주고 사진을 본다.
웃음을 머금은 얼굴.
바깥에서 개 짖는 소리가 들린다.

어머니   이게 무슨 소리야? (귀 기울인다)

계속 개 짖는 소리.
양은그릇 부딪치는 소리도 함께 들린다.
불안한 어머니, 일어나 문 열고 거실을 본다.

S# 32. 집(인서트)

S# 33. 거실

어머니가 할머니 방 쪽에서 나오는데 인터폰이 울린다.
놀라는 어머니.

어머니   누구세요?

S# 34. 현관

민 교수가 대문 쪽에서 들어서며

민교수   늦었습니다, 어머니.
어머니   잘 왔어. 나하고 집안 한 바퀴 돌아봐야겠어.
민교수   ……? (가방 내려 놓는다)

S# 35. 마당

민 교수가 후레쉬를 비추며 어머니와 집안을 돌아보고 있다.

어머니   이상한 소리가 났어.

또 양은그릇 부딪치는 소리가 들린다.

민교수   저 소리요?
어머니   아냐. 개도 짖고 다른 소리도 났어.
민교수   (소리 나는 쪽으로 후레쉬를 비추며 걸어간다) 누구
               냐?!

잠시 불안스런 침묵.
아무도 없다.
어머니의 얼굴에 불안함이 가득하다.
획! 희끗한 물체가 움직이자

민교수   거기 누가 있소? (후레쉬를 여기저기 비춰 본다)

아무도 없는데 무언가 지나간다.

민교수   (겁난다) 어…… 어머니!
어머니   (주저앉을 듯) 도, 도둑…….
할머니   (E) 누구예요, 어머니?
어머니   (할머니 목소리를 알아듣고 역정 나서) 아니 할머니,
               이 밤중에 거기서 뭘 하시는 거예요?
할머니   아, 목간 좀 했소. 아, 목간이야 밤중에 하는 것인데
               무얼 그래…….

168

휴! 한숨 쉬는 어머니.
민 교수도 어이없이 할머니를 바라본다.

S# 36. 집 전경

새소리가 들리는 청아한 아침 한때.

S# 37. 주방

깔끔하게 차려진 아침 식탁이 보이고 어머니는 깎은 사과를 잘라 믹서에 넣으며 할머니에게 주스 만드는 법을 설명한다.
할머니는 서둘러서 다 안다는 듯 고개를 끄덕이나 어머니가 버튼을 누르자 믹서 돌아가는 소리에 놀라 질겁하고는 한 발짝 물러선다.
하지만 이내 곧 놀라지 않았다는 듯이 슬그머니 행주를 들고 싱크대를 훔친다.
큰딸과 민 교수가 들어선다.

큰딸   (의자 빼서 앉으며) 그래, 할머니 잠은 잘 주무셨어요?

민 교수가 큰딸 옆에 앉으며 할머니 모습을 비로소 천천히 본다.
할머니는 수줍음을 타는 사람처럼 민 교수의 시선을 피하다가 가스레인지 위의 국 냄비를 번쩍 들어 식탁으로 옮긴다.

어머니   (깜짝 놀라) 아니, 할머니. 뜨겁지 않으세요? (할머니
                 를 따라온다)

할머니	아니, 뜨겁긴 무어.
어머니	아휴……. 방금 불을 끈 냄비인데…….
할머니	(국그릇에 국을 가득 퍼 담아 식탁으로 낸다)
큰딸	할머니, 국은 조금씩만 푸세요. 이런 그릇에는 반 조금 넘게 말이에요.
민교수	그냥 먹자구나.

민 교수가 동생에게 한마디 하고 수저를 들다가 물기가 있는지 뭐가 묻었는지 잠시 수저를 들여다보는데

할머니	이리 줘. 줘. (잽싸게 다가가 숟가락을 나꿔채더니 치맛자락에 쓱쓱 문질러 다시 민 교수에게 준다)
큰딸	(앙칼지게) 할머니!
할머니	응?

영문을 몰라 눈을 끔벅이며 쳐다보는 할머니.
민 교수가 동생을 나무라듯 바라본다.
큰딸은 민 교수를 보다가 엄마를 바라본다.
어머니, 아무 말 없이 민 교수의 숟가락을 갈아 준다.
민 교수는 조용히 밥을 먹고, 할머니는 주방으로 가 가스불 켜는 연습을 한다.
큰딸이 국을 푸며

큰딸	어머니, 나 오늘 돌아가야겠어요.
어머니	어서 밥이나 먹어. (수저 드는) 한 며칠 쉬었다가 가

기로 하지 않았니?

민교수   그래라, 명숙아. 박 서방도 출장 중이라면서.

큰딸   딱한 노인 같으니라구. (할머니를 바라본다)

S# 38. 개집 앞

할머니가 개밥을 비워 주고 금방 일어서려다 말고 다시 쭈그리고 앉는다.

할머니   너도 어지간히 늙었구나. 그래, 네 이름이 뭐여? 도꾸
         겠지? 도꾸야, 많이 먹어라 이?

머리를 처 박고 밥그릇을 훑고 있던 개가 흘깃 할머니를 본다.

할머니   갈 테면 가라지. 주인 아줌마도 가만 있는데 출가한
         딸년이 괜히 성질을 부리고 그런다. 도꾸야, 더 갖다
         줄까, 응?

S# 39. 거실

식구끼리 커피를 마시고 있다.

민교수   제가 용돈을 드릴 테니 명숙이랑 수안보나 다녀오세
         요.

큰딸   수안보는 무슨?

민교수   집이 비어서 어머니 혼자 몇 날 며칠씩 꼼짝없이 갇혀

	지내셨다. 좀 모시구 다녀와.
어머니	(딸에게) 그러련?
큰딸	(어머니를 보며) 어머니, 신경통은 좀 어떠세요?
민교수	(명숙에게) 집 걱정은 안 해도 된다. 오늘은 내가 집에 있을 거니까.
큰딸	……?
어머니	(딸에게) 시험 때라 그렇단다.
민교수	그럼, 그렇게 압니다. (일어선다)
어머니	(딸에게) 서두르는 게 좋겠다. 당일로 다녀오려면……. 응? (일어난다)

S# 40. 주방

할머니가 설거지 중이다.
나들이 차림으로 어머니가 들어와

어머니	할머니, 콩국수 만들 줄 아시죠? 콩 삶아 불려 놓은 거 냉장고 안에 들었으니까. 할머니, 믹서 쓰는 법, 아시죠? 새로 한 시에 먹도록 해주시고. 여기 좀 깨끗이 청소 좀 해주시고 수고 좀 하세요. 갔다올게요. (나간다)

설거지를 계속하며 연신 알겠다고 고개를 끄덕이는 할머니.
사과 주스를 만드느라 지저분해진 믹서에 눈이 가고 이내 통째로 물에 넣고 씻는다.

S# 41. 달리는 시외버스 안

큰딸과 어머니는 묵묵히 차창 밖을 보고 있다.

S# 42. 수돗가

할머니가 시원스레 방망이질을 하며 빨래하는 중이다.
그리고 빨래를 비비다가 누워 있는 개를 돌아본다.

할머니   아이구, 이놈아. 너도 참 일이 없어서 걱정이구나. 일
              을 혀야 혀. 일을 안 해봐라. 사람이나 짐승이나 쓸데
              없는 생각이나 자꾸 하게 되는 거지, 안 그러냐? (뒤
              돌아 다시 빨래한다)

S# 43. 서재

답안지 채점이 한창인 민 교수.

S# 44. 마당

할머니, 빨래를 너는데 건조대가 넘어진다.

할머니   하이구, 이거 원. 이것도 빨랫줄이라구. 이거야 애들
              소꿉놀이만도 못하지. (빨래를 줍다가 무슨 생각이
              났는지 집안으로 들어간다)

S# 45. 지하실 창고

계단을 내려오는 할머니.
여기저기 뒤적이다가 마침내 과일박스 안에서 새끼줄을 찾아낸다.
지하실을 새삼스레 돌아보며

할머니   아이구, 먼지. (새끼줄을 가지고 나간다)

S# 46. 마당

새끼줄을 이어 만든 빨랫줄이 나무와 나무를 고리로 근사하게 매어져 있
다. 시원스레 펄럭이는 빨래들.
허리를 펴고 만족스럽게 빨랫줄을 보는 할머니.

S# 47. 서재

채점을 하던 손을 놓고 기지개를 켜는 민 교수.
담배 한 가치에 불을 당겨 창가로 간다.
창밖으로 잔디를 깎고 있는 할머니의 모습이 보인다.
고요하기 짝이 없다.

S# 48. 답사지(회상)

나물을 다듬는 산 할머니, 허리를 만지며 일어난다.

S# 49. 마당

할머니가 잔디를 깎다 말고 내 정신 좀 봐라 하는 표정으로 벌떡 일어나 집 안으로 들어간다.

S# 50. 주방

할머니는 냉장고에서 콩을 꺼내 들고 싱크대 위에 씻어 엎어 놓은 믹서를 보고 난감한 얼굴로 잠시 서 있다.

S# 51. 거실

장식용으로 놓여 있던 맷돌을 번쩍 들고 부엌으로 가는 할머니.

S# 52. 옛날 집(회상)

절구에 찧고, 체를 치고, 맷돌을 가는 모습.

S# 53. 주방

할머니가 바닥에 주저앉아 맷돌에 콩을 갈고 있다.

S# 54. 서재

다시 채점을 하던 민 교수.

벌컥 방문이 열리는 통에 깜짝 놀란다.
할머니가 개다리소반에 콩국수를 얹어 들고 들어온다.

민교수   아니 할머니, 뭡니까?
할머니   아주머니가 콩국수를 해드리라고.
민교수   네. 알았는데요, 할머니. 지금이 아침 먹은 지가 두 시
             간밖에 안 됐잖아요.

할머니가 무안해서 상을 들고 그대로 돌아선다.

민교수   (E)   이따가 새로 한 시나 돼서 갖다 주세요.

민 교수가 보거나 말거나 고개를 주억거리며 나가 방문을 닫는 할머니.

민교수   (E)   할머니, 다음부턴 노크를 꼭 하세요.
할머니   무신 쿠? 무신 소리랴······. 노꾸?

S# 55. 거실

10시 5분을 가리키는 벽시계.
상을 들고 나오던 할머니는 시계를 멀뚱히 쳐다본다.

S# 56. 버스 안

어머니   그러니까 혈혈단신은 아닌 게로구나.

큰딸	그래. 그렇지만 뭐에 써. 다들 저 살기도 바쁜 떠돌이
	라는데. 할머닌 자식 얘기 일체 안 한대. 동네 사람들
	도 그저 혼자 사는 늙은이려니 한다구.
어머니	(옷매무새를 고치며) 다 왔나 보다.

S# 57. 서재 앞

상을 든 할머니가 계단을 올라와 문 앞에 서서

할머니	노쿠!

S# 58. 서재

침대에 엎드려 책을 뒤적이고 있던 민 교수.
문 밖에서 무슨 소리가 들린 듯하여 잠시 주의를 기울이다 다시 책을 본다.

S# 59. 서재 앞

할머니가 용기를 내어 음성을 높인다.

할머니	노쿠!
민교수	(방문을 열고 내다보며) 아니 할머니, 여기서 뭘 하세
	요?
할머니	아까 하라구 해서, 노쿠.
민교수	(상황을 짐작하고) 아이구 할머니. 지금 노크를 하신

거예요?

할머니	(강하게 고개를 끄덕인다)
민교수	할머니, 그 상 좀 내려 놓으세요.
할머니	(시키는 대로 하고 서 있으면)
민교수	(방문을 두들겨 보이며 노크에 대해 설명한다) 이게 노크예요. 말로 노크!가 아니라. (할머니 손을 잡으며) 해보세요.
할머니	(따라한다) 예.
민교수	이게 노크예요, 이게.
할머니	(끄덕인다)

S# 60. 마당

할머니가 나무에 물을 뿌리고 있다.

S# 61. 장독대

항아리 뚜껑들을 열어 장에 볕을 쪼이는 할머니.
간장도 찍어 먹어 보고, 고추장도 찍어 먹어 보다 잠시 멍하게 생각에 잠긴다.
그러다 어느 순간 아차 내 정신 좀 봐 하는 얼굴로 허겁지겁 집안으로 들어간다.

S# 62. 서재 앞

상을 놓고 문 두드리는 할머니.

S# 63. 서재

민 교수가 방문을 바라본다.
쾅쾅 문 두드리는 소리.
민 교수가 문을 연다.

할머니   (놀라며) 아이, 깜짝이야.
민교수   (역정이 나서) 아니 할머니, 지금 몇 시예요?
할머니   (무안해져 아무 말 없이 돌아선다)
민교수   ……. (역시 보기만)

S# 64. 가게 앞

할머니가 기운 없이 쪼그리고 앉아있다.
개 한 마리가 자고 있다.
갑자기 기운을 차린 할머니, 개집을 두들긴다. 노크 연습이다.
세게도 해보고 약하게도 두들겨 보는 할머니.

할머니   노쿠! 노쿠! 노쿠!!!

S# 65. 거실

시계가 11시 29분…… 30분이 되자 땡! 하고 울린다.
놀라는 할머니.

S# 66. 서재

개다리소반을 가운데 두고 할머니와 민 교수가 서 있다.

민교수	할머니, 시계 볼 줄 모르시죠?
할머니	모…… 모르긴. 알…… 알지.
민교수	(어이없어 하다가) 할머니, 이 상 도로 갖구 나가세요. 이미 너무 불어서 먹을 수 없게 됐어요.

S# 67. 주방

할머니가 식탁 위에 상을 내려 놓았다가 다시 부엌 바닥에 놓는다.
그리고 상 앞에 앉아 국수를 먹기 시작한다.

할머니	음식을…… 먹는 음식을 먹을 수가 없다니……?

S# 68. 온천장 식당

곰탕을 먹는 어머니와 딸.

어머니	이렇게 비싼 줄 알았으면 도시락을 싸갖고 올걸.
큰딸	앉아서 받아먹는 거 그러려니 해야지 뭘?
어머니	그나저나 니 오래빈 점심을 먹었나 어쨌나?
큰딸	콩국수해 주라고 일렀죠? 오빤 그렇게 국수를 좋아하면서 왜 남들한테 국수 한 그릇 못 멕이나 그래?

어머니　　　　(맥 빠지게 웃으며) 그렇게 말이다.

S# 69. 주방

싱크대 채반에 아직도 많이 남은 삶은 국수가 보인다.
할머니가 쌀통에서 쌀 꺼내 씻는다.

민교수　　(E)　할머니, 저 나갔다 옵니다.
할머니　　　응? (당황스레 현관 쪽으로 나간다)

S# 70. 현관

민.교수가 신발 신고 있다.
할머니, 주춤 다가가

할머니　　　쌀 씻는데……. 밥이 금방…….
민교수　　　문단속이나 잘 하고 계세요. (나간다)
할머니　　　저어…….

할머니는 무슨 말인가 더 해야 할 것 같은데, 민 교수는 이미 나가고 없다.

S# 71. 동네 중국집

요리를 먹고 있는 단란한 가족이 보인다.
혼자 구석 자리에 앉은 민 교수, 자장면을 먹고 있다.

S# 72. 마당

빨래만이 펄럭이고 있는 고요한 한낮.

S# 73. 지하실 창고

할머니가 들어서서 허리띠를 고쳐 매고 소매를 걷어 올린 채 이것저것 치운다.

S# 74. 세탁소 앞

온천여행을 마치고 돌아오는 어머니와 큰딸.
가겟집 여자가 뛰어와 말을 건다.

가게   어디 다녀오세요?
어머니   (그냥 지나치려는데)
가게   저어…….
어머니   왜 그래요?
가게   아니에요. 어서 가보세요.
큰딸   별 싱거운 여편네 다 보겠네.

S# 75. 대문 앞

민 교수가 자기 집 담장을 기웃거리고 있다.

큰딸	(민 교수 보고) 아니, 어머. 어머니, 오빠 저기서 뭘 하는 거예요?
어머니	……?
큰딸	오빠?
민교수	(듣고 건성으로 답한다) 다녀오셨어요? (다시 집안의 종정을 살피느라 기웃댄다)
어머니	(불안스럽게) 아니 무슨 일이야?
큰딸	왜 그래요, 오빠?
민교수	아무리 벨을 눌러도 대답이 없어요.

가겟집 여자가 다가와 걱정보다는 호기심과 재미로 참견하기 시작한다.

가게	아이고, 여태 저러고 계시네. 아까도 대답했지만요, 이 댁 할머니가 어디 나가시는 건 못 봤어요.
어머니	집에서 나간 게 언제야?
민교수	몇 시간 전이에요. 그래 1시쯤에 나갔으니까.
큰딸	점심은 먹었어요, 오빠?
민교수	응, 그래……. (대문으로 다가가 벨을 눌러 본다)
가게	(눈이 똥그레지며) 선상님, 좋은 수가 있어요.

모두 가겟집 여자를 바라본다.

S# 76. 집 담장

사다리가 담장에 걸쳐져 있다.

민 교수는 잘 놓여졌나 꾹꾹 눌러 보고 확인한다.

사다리로 올라가는 민 교수, 잠깐 기우뚱 흔들린다.

지나가던 사람들, 무슨 구경났나 해서 걸음을 멈추고 지켜본다.

어머니	아이구, 조심해라.
민교수	꼭 잡아요.
어머니	조심해라.
민교수	예.
가게	혹시 할머니 귀 먹었어요?
어머니	(못마땅하게 가겟집 여자를 보고) 쯧쯧…… .

민 교수가 사다리에서 뛰어내려 집 안으로 들어간다.

가게		아이고, 점잖으신 선생님이…… . (웃는다)
어머니		(걱정스레 담장 쪽을 보는)
큰딸		괜찮아요, 오빠?
어머니		다치지 않았어?
민교수	(E)	아, 예…… . (신통치 않다)
가게		어디 다치신 거 아니에요?
어머니		어이구, 참내…… .
가게		(웃는다)

S# 77. 거실

민 교수가 의자에 앉아 왼쪽 다리를 올려놓고 발목을 구부렸다 폈다 주물러 본다.
　주방 쪽에서 나오는 어머니.

어머니　　　아이참, 이상하네.

큰딸도 할머니 방에서 나오며 없다는 손짓한다.

큰딸　　　　없어요. (다시 찾으러 나간다)
어머니　　　아유……. (뒤뜰로 나간다)

S# 78. 마당

큰딸이 할머니! 불러 가며 찾고 있다.

S# 79. 지하실 창고

몇 년씩이나 치우지 않고 있던 물건들이 말끔히 정리되어 있다.
할머니, 물을 뿌리고 막 쓰레기 뭉치를 끌어안으려는데

큰딸　　(E)　할머니!

할머니, 깜짝 놀라 보면, 큰딸이 계단에서 내려온다.

큰딸　　　　할머니, 뭐 하고 있어요?
할머니　　　언…… 언제……?

큰딸	(할머니에게 다가와) 언제나마나 도대체 할머니 귀 먹었어요?
할머니	······?
큰딸	귀 먹었음 귀 먹었다고 애초장 얘기를 하셨어야죠. 여러 말 할 거 없이 낼 아침에 나하고 같이 돌아갑시다. (나가 버린다)

쓰레기 뭉치를 안은 채 얼빠진 사람처럼 서 있는 할머니.

S# 80. 집 전경(밤)

할머니 야단치는 큰딸의 소리가 새나온다.

S# 81. 민 교수의 방(밤)

민교수	그렇게 되면 어머님이 또 꼼짝없이 갇히시게 될 텐데요.
어머니	명숙이가 어떻게나 혼쭐을 냈던지 난 뭐라고 말할 새도 없었다만······. 그나저나 낼 아침에 함께 가겠다고 저 야단이니.

민교수, 말 없이 밖을 바라본다.

S# 82. 할머니 방(밤)

낙심천만인 할머니, 벽에 기대 앉아 있다.

S# 83. 민 교수 방(밤)

민 교수와 어머니가 얘기 중인데 노크 소리가 들린다.

민교수	네.
할머니	(조심스레 문을 열고) 저어…….
어머니	왜 그러세요, 할머니?
할머니	(들어가지 못하고 주저주저)
어머니	(할머니 쪽으로 간다)
할머니	그냥 여기서 살게 해주시면. 내가 힘껏 뭐든지 힘껏 하고. (고개 숙이고 울먹인다) 혼자 사는 일엔 진저리가 쳐져서요. 혼자 밥 먹고 혼자 일어나고. 아주머니 야단을 맞아도 괜찮아요. 그냥 같이 지냈으면. 무슨 일이든지 힘껏 하고……. 모르는 건 배우고…… 네? 아주머니.
어머니	(바라만 본다)
할머니	오늘은 내가 정신을 딴 데 팔고 있느라고……. 다음부턴 안 그러고……. 예? 아주머니 또 혼자 살 생각을 하면……. (운다)
어머니	(딱하다는 얼굴로 민 교수를 본다)
민교수	(생각에 잠긴 얼굴로 어머니의 시선을 받는다)

손으로 눈물을 닦는 할머니.

S# 84. 마당(아침)

S# 85. 현관

할머니가 비질을 하다가 숨는다.
큰딸이 현관에서 나오고 어머니가 따라 나온다.

큰딸   (신발 만지며) 난 몰라요. 어머니가 알아서 하시라구
             요.
어머니   에구. 곰국이라도 좀 먹구 가래두 그러는구나.
큰딸   괜찮아요.

자기 집으로 가는 큰딸.
어머니가 따라나서서 배웅한다.

S# 86. 마당

할머니가 의자에 올라서서 대형 유리창을 신나게 닦는다.

S# 87. 대문

쓰레기를 들고 나온 할머니, 대문 안에 항공용 봉투가 떨어져 있는 것을 발
견한다.

할머니의 얼굴이 반가움으로 거의 경직될 지경이다.

천천히 봉투를 집어 올려 유심히 들여다보는 할머니, 그러나 거꾸로다.

할머니는 편지를 싸안았다, 뺨에 비볐다, 하다가 치마를 들치고 속주머니 깊숙이 넣는다.

S# 88. 거실

웃으며 들어오는 할머니.

어머니가 할머니! 부른다.

어머니	이리 좀 와 봐요.
할머니	……?
어머니	저기, 시계 좀 봐요, 할머니. (벽시계를 가리키며) 지금 몇 시죠?
할머니	…….
어머니	작은바늘하고 큰바늘하고 하늘을 향하고 겹치면 그게 열두 시니까 그때부터 점심 준비를…….
할머니	알아요. 나두 알아요. (화난 듯 현관문으로)
어머니	아 또 자장면 먹게 하려고 그래요?

S# 89. 마당

할머니가 개집 앞에 쪼그리고 앉아 있다.

할머니	(개를 쓰다듬으며) 도꾸야. 나도 안다, 알어. 그까짓

것도 모르는 줄 알고 자꾸 연설을 해쌓지 뭐냐. 너는
알지, 도꾸야? 내 마음 알지? 시곈지 괴물딱진지 그
게 다 무슨 소용이란 말야. 사람이란 그저 하늘이 정
한 대로 삼시세끼 배고플 때 밥 먹으면 되는 게지. 옛
날에야 어디 삼시세끼 다 챙겨 먹을 수나 있었다더
냐? 도꾸야, 안 그러냐. 응?

어머니 　(E)　할머니……. 어디 계세요?

S# 90. 현관 앞

할머니에게 돈 꺼내 주는 어머니.

어머니　　　가게에 좀 다녀오세요. 가게 아시죠?

할머니　　　아다마다. (자신 있다)

어머니　　　소세지 하나만 사오세요. 너무 큰 거 말고 중간 걸로
　　　　　　다.

할머니는 어머니의 말이 채 끝나기도 전에 현관을 나선다.

S# 91. 세탁소

가겟집 여자가 지나가는 할머니를 본다.

가게　　　　(나와서) 아고, 할머니! 야단맞았죠? 내 말 맞죠?

할머니　　　(그냥 간다)

가게	할머니, 어디 가요?
할머니	(돌아보며) 쑤세미 사러가요. (간다)
가게	(소리친다) 할머니. 수세미 우리 집에 많아요. 내가 하나 팔게요. 이리 오세요.
할머니	(다시 돌아온다) 너무 큰 거 말고 중간 걸로 줘요.
가게	(수세미 내밀며) 크다 싶거든요, 가위로 잘라 쓰세요.
할머니	(돈 내밀고 수세미 받으며 퉁명스럽게) 그거야 내가 알아서 할 일이지.

S# 92. 주방

어머니가 샐러드를 만드는 중이다.

어머니	어서 가져와요.
할머니	(당당하게) 옛어, 수세미!
어머니	(어이없어서) 야채 샐러드에 쓰려고 했단 말이에요.
할머니	뭣이? 아, 크면 가위로 잘라서 쓰라더구먼.
어머니	(어이없어 설명하길 포기한다) 아휴······.

전화벨이 울린다.
부엌으로 내빼는 할머니.

어머니	전화 받으세요. (할머니 따라가며) 아유 할머니, 전화 받으시라니까요.
할머니	(몰리듯 나간다)

S# 93. 거실

전화벨이 끊어진다.
할머니, 가슴을 쓸어내리며 안도하는 표정.
다시 전화벨이 울린다.
깜짝 놀라 한 발짝 물러서는 할머니, 안절부절이다.
새끼손가락으로 귀 후비는 시늉하며 딴청을 부린다.
어머니가 주방에서 나와 전화 받는다.

어머니   네. 어, 나야.

얼씨구나 주방으로 들어가는 할머니.

S# 94. 주방

할머니는 숨어서 어머니가 전화 받는 모양을 열심히 엿보고 있다.

S# 95. 거실

어머니가 안방에서 나와 학생들을 맞는다.

어머니   아유. 어서들 와요. 민 교수가 곧 올 때가 됐는데.
조교   저희들은 괜찮습니다. 지나는 길에 들른 걸요. 다음
               답사지가 어딘지 궁금하기도 하고 그래서요.
어머니   오, 그랬어요? 잠깐만……. 할머니? 냉장고에 참외

	있죠? 그것 좀 깎아 내오세요. 난 바쁜 일이 있어서 나가야 하니까 놀다가요.
일행	(일어서서) 네. 다녀오세요.

학생 하나가 화병에 밀을 꽂는다.
참외 깎아 내오는 할머니.

학생A	(할머니의 차림새를 보고) 어머. 아직도 삼베옷을!
할머니	(참외 내려놓다가 화병을 보고) 이거 밀 아녀? 아니 누가 이걸 이렇게 꺾었냐?
학생B	제가요, 할머니. 꽃꽂이 하려구요.
할머니	뭐라고, 무신?
학생B	꽃꽂이를 하려구요. 할머니는 꽃꽂이 모르세요?
할머니	모…… 모르긴 누가 모른데? 아니 이거는 곡식이여. 곡식을 함부러다가 하늘이 내려다봐. 죄 받어. 죄야.
학생들	(킥킥 웃는다)
할머니	(돌아서는데)
학생C	(통째로 깎아 온 참외를 들고) 할머니, 이걸 그냥 먹어요?
할머니	아, 그냥 먹지 그럼.
조교	할머니, 칼하고 포크 좀 주세요.
할머니	아, 어차피 뱃속으로 들어갈 건데 그냥 손으로.
조교	난 참외 속을 먹음 배탈이 나더라. (한 입 먹고) 니네들은 안 그러니?
학생B	너무 익은 거나 그렇죠.

조교　　　　　그래도 껍질은 벗겼으니까 그냥 먹자, 먹어.

학생들이 웃는다.
참외 쟁반을 다시 들고 가는 할머니.

S# 96. 주방

싱크대에 서 있는 할머니, 참외 속을 숟가락으로 퍼서 먹는다.
참외를 잘게 토막내어 접시에 담는다.

S# 97. 할머니 방

할머니가 쪼그리고 모잡이로 누워 있다. 잠이 안 오는 모양이다.
무슨 생각이 난 듯 일어나 서랍장을 연다.
깊숙이 감춰 뒀던 항공봉투를 꺼낸다.
손가락 끝으로 한 글자 한 글자 어루만진다.
뜯지도 않은 편지가 두 통이나 된다.

S# 98. 거실

외출복 차림으로 방에서 나오는 어머니, 할머니를 부른다.

어머니　　　할머니, 부엌에 있는 들통 좀 갖다 주세요.
할머니　　　(들통 들고 나온다) 예. 이거, 이거요?
어머니　　　굴젓 좀 사오려구요. 친구들이랑 소래까지 가니까 시간이 좀 걸릴 거예요.

할머니   (공연히 시계를 쳐다본다)

S# 99. 대문

어머니   (나가며) 문단속 잘 하세요, 할머니. 전화두 잘 받으
                  시구요. 날 찾거든 서너 시 돼야 돌아온다고 해주세
                  요.

할머니   아무 걱정 말고 댕겨오시오.

어머니가 나가자 문을 굳게 잠그는 할머니.

S# 100. 거실

할머니가 시계 앞에 서서 뚫어져라 쳐다본다.
검지와 검지를 펴서 1자 두 개를 겹치는 것을 가늠해 보고 시계바늘의 각도
를 따라 고개도 갸웃거린다.
시계를 볼 줄 알았으면 하는 마음이 굴뚝이다.
할머니의 시선이 옆에 걸린 사진으로 옮겨진다.
석사모를 쓴 민 교수를 가운데로 어머니와 명숙, 혜숙이 양 옆으로 서 있다.
활짝 웃는 혜숙이 참 예쁘다.
할머니의 눈이 부러움으로 가득 차 있다. 한숨을 쉬는데 울리는 전화벨.

S# 101. 거실

서둘러 전화를 받는 할머니. 그런데 수화기를 거꾸로 잡는다.

할머니		여보시오.
전화	(F)	구의동이죠?
할머니		예?
전화	(F)	구의동 아니냐구요.
할머니		예? 그런 사람은 같이 안 사는구먼.
전화	(F)	민 교수님 댁 아니에요?
할머니		잉. 아녀. 학교 선생님인디, 성씨는 같은데…….
전화	(F)	(포기하고) 네, 알았습니다. 다시 걸죠. (끊는다)
할머니		여보시유. 아, 여보시유……. 잉?

S# 102. 마당

수돗가에서 요란하게 방망이질하는 할머니.
잠시 빨래를 멈추고 거실 쪽을 돌아본다.
수돗물을 틀어 손 씻고 창 쪽으로 간다.

S# 103. 마당

할머니는 혹시 전화벨이 울리지 않나 거실 창에 귀를 갖다 대본다.

S# 104. 대문 앞

이번엔 혹시 누가 오지 않았나 싶어 대문 앞에서 귀 기울이는 할머니.

할머니   밖에 누구 있어요? (지난번 편지가 떨어져 있던 자리
                를 살피고 돌아선다)

S# 105. 마당

빨래하는 할머니.
거실과 대문을 번갈아 가며 쳐다본다.

S# 106. 시골 개울가(회상)

할머니의 젊은 날이다.
기운차게 방망이질해서 흐르는 물에다 빨래를 헹구는 모습.

S# 107. 주방(현실)

빨래를 삶으려고 가스 불을 켜는 할머니.
가스렌지를 켤 줄 안다는 사실이 자랑스럽다.
켜진 불을 보고 좋아한다.
전화벨이 울리고

S# 108. 거실

할머니   (전화 받고) 여보시오. (자리까지 잡고 턱 앉는다)

전화   (F) 민 교수님 댁이죠?

할머니   무신? 이상하네. 아까도 그러더니……. 아유, 예. 그런데요?

전화   (F) 계신가요?

할머니   아냐. 집엔 나밖에 없소.

전화   (F) 아, 네. 들어오시거든 호암사에서 전화 왔었다고 좀 전해 주세요.

할머니   (자신 있게) 야……. 그려. 호남선에서 전화 왔었다구.

전화   (F) 아니, 호암사요. 호암사!

할머니   알았다니께. 내가 그것 하나 못 옮길 줄 알고 그러시오.

수화기를 내려놓고 웃는 할머니

S# 109. 대문

대문 앞에서 서성이는 할머니.
어느새 쪼그리고 앉아 있다.

S# 110. 대문(시간 경과)

할머니가 졸고 있다. 대문 밖에서 누가 오는 소리 들리자 깨어나며

할머니	누구 왔어요?
어머니	(E) 할머니, 나예요.
할머니	(얼른 문 열어 주며)
어머니	(들통을 들고 들어서며) 아니 할머니, 여기서 뭘……?
할머니	뭘 하기는 바람 쐬고 있었지. (들통을 받아 들고 대문을 닫는다)

S# 111. 거실

안방으로 들어가려던 어머니가 멈춰 선다.

| 어머니 | 아니, 이게 무슨 냄새야. 뭐가 타는 냄새 같은데……. 할머니? |
| 할머니 | (부리나케 주방으로 들어가고 들리는 소리) 아이구, 탔네. 이를 어째? |

S# 112. 주방

할머니가 시커멓게 탄 빨래를 뒤집는다.

| 할머니 | 아이구, 세상에……. 불땀이 셌던 모양인가 부네. |
| 어머니 | (할머니를 밀치며) 이게 무슨 일이에요. (한심해서) 불이 날 뻔 했잖아요. 할머니, 난 도대체 할머니를 어쩌면 좋을지 모르겠어. 에이구……. (나간다) |

난처한 할머니.

S# 113. 마당

할머니가 개집 앞에서 등을 보이며 앉아 있다.

S# 114. 대문

민 교수가 퇴근해서 돌아온다.
대문 벨을 누르려다 말고 가방에서 열쇠 꺼내 대문을 연다.
들어서다 편지함을 열어 보고 항공봉투를 집어 든다.

S# 115. 마당

민 교수가 들어오자 마른 빨래를 걷던 할머니가 깜짝 놀라서

할머니   어머나. 이게 무슨 일이래. (빨래를 안고 급히 민 교
           수에게 다가간다) 대문이 열려 있었던가 부네.
민교수   열쇠로 열었어요, 할머니. 할머니가 하도 대문 여는
           일에 매달려 사시니. 어머니도 그러실 걸요. 그러니
           이제 마음 편히 다른 일 보세요.
할머니   (민 교수의 손에 들려 있는 봉투를 보고) 편지, 편지
           가.
민교수   아, 이거요? 미국에 있는 동생한테서 온 거예요. 할머
           니, 어머니는 지금 어디 계시죠?

할머니   (혼잣말처럼) 편지, 내 편지.

S# 116. 거실

어머니가 돋보기를 쓰고 편지를 읽는다.

혜숙   (E) 어머니, 어떻게 된 거예요? 편지를 몇 번씩이나 보냈
              는데.
어머니   (고개를 돌려 사진을 본다)

활짝 웃고 있는 문갑 위의 혜숙의 사진.

S# 117. 욕실

욕실 문을 열어둔 채 민 교수가 손을 씻고 있다.
어머니가 다가와

어머니   애, 혜숙이가 온다는구나.
민교수   (반가워하며) 그래요? 언제요?
어머니   직접 보련?
민교수   네, 어머니. 금방 나갈게요.

S# 118. 거실

혜숙의 편지를 찾고 있는 어머니.

어머니   응, 이상하네. 분명 여기 놔뒀는데……. 할머니?

S# 119. 할머니 방

방에서 편지를 갖고 나오는 할머니.

어머니   할머니, 그건 왜 갖고 갔어요?
할머니   편지, 그 편지는 내 꺼……. (아쉬워한다)
어머니   이게 어떻게 할머니 편지예요? 외국서 온 건데…….
할머니   (어머니 손에 들린 편지만 애석하게 보는)
어머니   참 할머니도……. 할머니한테 온 거면 어련히 알아서 전해 드릴라구요. (올라가다 말고) 참, 할머니. 이름이 어떻게 되세요?
할머니   (얼떨떨) 이름? (짧은 순간 기억을 더듬어 생각해낸다) 분억이요. (당당해져서) 최분억.
어머니   (웃으며 이층으로 올라간다)

할머니는 여전히 편지, 내 편지…… 하며 아쉬워한다.

S# 120. 공항

입국장을 빠져 나오는 사람들. 혜숙의 모습이 보인다.
민 교수가 혜숙을 보고

민교수   저기요, 어머니.

| 어머니 | (손을 흔들며 반갑게) 혜숙아, 여기다. |
| 혜숙 | 오빠! (반갑게 뛰어온다) |

S# 121. 공항 앞

어머니와 혜숙이 민 교수의 차에 오른다.
민 교수는 트렁크에 짐을 싣고 차에 탄다.

혜숙	오빤, 이 차 오래두 쓰네.
민교수	(웃으며) 분수에 맞으니까.
혜숙	아, 빨리 집에 가구 싶어.

S# 122. 마당

왔다갔다 서성이는 할머니.

S# 123. 대문 앞

할머니가 문을 열어 준다.

| 민교수 | 아니, 할머니. 또 대문 앞에 있었어요? |
| 할머니 | (완강히 아니라고 손사래를 친다, 혜숙의 차림을 보고 못마땅한 얼굴로 혼자소리) 아이구. 광대두 아니구 점잖은 집에. |

모두들 집으로 들어간다.

할머니   (민 교수에게) 선상님. 저 선상님……. 선상님께 전
            화 왔었어요. 무신 홍어회사라고.
민교수   홍어회사요? 홍해화랑이 아니구요?
할머니   (자신이 없다) …….
민교수   (웃으며) 지난번 호남선도 호암사라구요.
할머니   아, 그게 그건데 뭘…….
혜숙   (깔깔 웃는다) 홍어회라고 안 한 것만 해도 다행인 거
            같은데, 오빠?
할머니   (혜숙을 못마땅하게 본다)

S# 124. 거실

혜숙이 짐 꾸러미를 풀며

혜숙   오빠 요즘도 커피 대장이지? (커피 꺼낸다) 짐 줄이
            느라구 봉투에 담아왔어.
민교수   어. 고맙다 (냄새 맡아 보고) 음, 냄새하며…….

S# 125. 주방

밖의 동정에 연신 신경 쓰는 할머니.

어머니   (E)   할머니, 어디 계세요?

할머니   (기다렸다는 듯 나간다)

S# 126. 거실

웃으며 들어서는 할머니.

어머니   (식품들을 가리키며) 저거 부엌으로 좀 내가세요.
할머니   (주섬주섬 챙긴다)
어머니   봉지커피는 부엌에 있는 빈병에 담으시구…….
혜숙   분말주스도 같이 들어 있으니깐요. 안 섞이도록 조심
             하세요.
할머니   나도 알아. 밥에 비벼서 먹어 본 적도 있어.

S# 127. 거실

까무러칠 듯 웃어대는 혜숙.

민교수   (낮게) 그만 좀 해라.

혜숙이 계속 웃어댄다.
할머니의 일그러지는 얼굴. 화가 나서 주방으로 간다.

S# 128. 집(밤)

S# 129. 할머니 방(밤)

할머니가 서랍에 기대 모로 앉아 있다.

S# 130. 마당(밤)

현관에서 나오는 할머니.
민 교수 가족의 웃음소리가 들린다.

S# 131. 거실(밤)

가족끼리 화기애애한 모습.

S# 132. 마당(밤)

개집 쪽으로 걸어가는 할머니.

S# 133. 마당(밤)

개집 앞.
할머니가 쪼그리고 앉아 개를 부른다.

할머니   도꾸야, 너 자냐? 안 자지? 너도 나처럼 늙었으니 잠
          이 없을 것이다. 도꾸야, 나는 왜 이리 추우냐. 자꾸만
          속이 떨리냐. 넌 안 추우냐? 돈 벌어서 오겠다던 우리

새끼는 어디서 이 에미처럼 안 추운지 모르겠다. 그나
저나 소학교꺼정 댕겼으니 어디서 배곯지야 않겠지.
(한숨 돌리고) 뒷산에서 부엉이도 울어쌓겠구먼. (다
리에 얼굴을 묻는다)

S# 134. 장독대

된장을 푸는 할머니.

S# 135. 주방

혜숙이 앞치마를 두르고 머리 수건까지 쓰고 기름 냄비에 고기완자를 튀겨
내고 있다.
할머니, 된장 그릇을 갖고 들어서면

혜숙	할머니, 당분간은 된장찌개 끓이지 마세요.
할머니	(의아해서) ……?
혜숙	저 있는 동안은 저희 어머니 영양 보충 좀 시켜 드릴라구요.
할머니	(못마땅해서 슬그머니 그릇 놓고) 된장이 어때서?
혜숙	할머니……. 저기 있는 완자나 비비시든지요.
할머니	(고기 반죽을 바닥에 내려놓고 주저앉아 완자를 만든다. 좀 크다)
혜숙	할머니. 그걸 그렇게 크게 만드심 어떡해요. 아, 할머니, 그럴 것 없이 딴 일 보세요, 네? 할머니 빨리요.

할머니 얼굴이 시무룩해진다.
울리는 전화벨. 할머니, 급히 나간다.

S# 136. 거실

계속 울리는 전화벨.
할머니가 생기 가득한 얼굴로 전화 받으러 온다.
안방에서 나온 어머니, 먼저 전화기 쪽으로 와서

어머니   할머니는 집안에 아무도 없을 때나 전화 받으세요.
             (수화기 들고) 여보세요. 네……. 맞습니다.
할머니   (풀이 죽어 고개 숙이고 나간다)

S# 137. 거실(시간 경과)

화초 잎을 닦아 주는 어머니.
혜숙이 부엌에서 요리 접시를 들고 나온다.

혜숙   어머니, 이것 좀 잡숴 보세요.
어머니   (흐뭇해서) 넌 여전히 요리가 취미냐?
혜숙   (앉으며) 그럼요. 맛있는 음식을 만들어낸다는 건 일
             종의 예술이라구요.
어머니   (하나 집으며) 아유, 너도 먹으렴.
혜숙   안 돼요. 난 다이어트 중인 걸요. (웃는다)

S# 138. 마당

신나는 음악소리.

혜숙이 헤어밴드에 반바지 차림으로 에어로빅을 하고 있다.

수돗가에서 빨래하던 할머니, 혜숙을 기막힌 듯 바라보는데, 혜숙이와 눈이 마주친다.

혜숙	(다가와) 할머니, 그걸 빨랫비누로 빨면 어떡해요?
할머니	(힐끗 보고) 아 빨래를 빨랫비누로 하지, 그럼?
혜숙	(주저앉아 빨랫감을 엄지와 검지로 빼내 들고) 실크란 말예요, 실크! 새로 사가지고 온 건데……. 아휴, 난 몰라. 할머니, 이거는요. 샴푸로 곱게 빨아야 하는 거예요.
할머니	(퉁명스럽게) 나도 알아.
혜숙	(어처구니없는 표정으로 바라보다 일어난다)
할머니	(아랑곳하지 않고 계속 비빈다)

S# 139. 거실(밤)

민 교수와 어머니, 혜숙이 과일을 먹으며 담소 중이다.

혜숙	(웃으며) 아무튼 할머닌 알아드려야 돼.
어머니	그거야 약과지. 할머닌 자기 머리도 빨랫비누로 감으시니까.
민교수	왕소금으로 양치질하시고. (웃음)

혜숙	아유, 미개인. (약간 장난스럽게) 어머니, 할머니한테 휴가를 드리는 게 어때요? 마침 제 바깥 볼 일도 일주일 후에나 다 잡혀있으니.
어머니	휴가? (약간 의의)
민교수	그거 괜찮은 생각인데? 할머니 요즘 별로 할 일도 없으시니까.

S# 140. 할머니 방

할머니가 서랍장 깊숙한 곳에서 항공 편지를 꺼낸다.
노크 소리.
급히 품 속에 편지를 숨기는 할머니.

어머니	(들어서며) 아직 안 주무셨어요?
할머니	(긴장하는 기색이 역력하다)
어머니	저 말이죠.

S# 141. 거실

혜숙	오빠, 우리 어머니 성격 무던하신 건 알아드려야 해. 그지?
민교수	일하는 사람 구하기가 여간 어렵지 않으니 별 수 있니?
혜숙	그러게 장가를 가요, 오빠가.
민교수	(말 없이 웃고 만다)

210

S# 142. 할머니 방

할머니의 고집스런 옆모습.

어머니   아직 날 수는 모자라지만 필요하시다면 돈은 미리 드
           릴게요.
할머니   (굳게 입 다물고 고개를 돌린다)
어머니   (한숨 쉰다)

S# 143. 마당

혜숙이 에어로빅 중이다.
할머니가 개집 쪽에서 걸어오다 쓰레기를 줍는다.

혜숙   (할머니에게 다가가 태연하게) 할머니이?
할머니   ……?
혜숙   (웃으며) 할머니, 오늘도 안 가세요? 가실 데가 없으
           세요?

할머니, 맘 상한다. 휙 돌아서서 피한다.

S# 144. 민 교수 방(밤)

살금살금 계단을 올라가는 할머니, 도둑고양이처럼 사방을 살피며 다가가
조심스레 노크한다.

민교수	(E) 네. 들어오세요.
할머니	(문 열 용기를 잃고 되돌아서는데)
민교수	(방문을 열고 내다본다) 아니, 할머니.
할머니	(엉거주춤 그 자리에 멈춰 선다)
민교수	왜 그러세요, 할머니? 하실 말씀이라도 있으신 거예요?
할머니	(그렇다고 고갯짓과 함께 다가와서) 정말 며칠만 댕겨오는……. 학교 선생님 말이라면 믿을라는구만.
민교수	(웃으며) 아이구, 할머니. 그렇구말구요. 아주 가시라는 건 아니에요.

움츠렸던 고개를 들자 얼굴 가득 웃음이 번지는 할머니, 계단을 내려간다.

S# 145. 주방

혜숙이 요리 중이다.
스테이크를 올려놓을 큰 접시들이 나와 있고 혜숙은 고기를 뒤집는다.

어머니	(들어서며) 할머니가 안 뵈는구나.
혜숙	네. 양상추 사러 가셨어요.
어머니	구멍가게엔 없을 텐데…….
혜숙	(돌아보며) 참. 할머니가 오늘은 가신다던데요.
어머니	그래. 나한테도 그러셔서 돈도 드렸다.
혜숙	그런데 마땅하게 가실 데나 있는지 모르겠어. (돌아서서 일한다)

어머니   그렇지? 할머닌 큰소리 치시드라만…….

S# 146. 동네 시장

할머니가 노점상에서 상추를 사고 있다. 양상추가 아니라 그냥 상추를.
이것저것 구경하며 시장을 돌아보는 할머니.
그 곁으로 짧은 파마머리의 할머니 한 분이 지나간다.
유심히 보는 할머니.

S# 147. 할머니 방(회상)

할머니가 막 머리를 감고 나서 대충 수건질을 한다.
하얗게 센 머리가 어깨까지 내려와 있다.
머리 빗는 할머니.
혜숙이 방으로 들어온다.

혜숙   (괴기스런 할머니 모습을 보고 놀라) 할머니, 그 머리
          잘라 버리세요. 감기도 편하고 보기도 좋을 텐
          데……. 아유, 깜짝 놀랬네. (나간다)

S# 148. 미장원 앞

미장원 안을 살짝 들여다보는 할머니.
미용사A, 손님을 배웅하러 나온다.

미용사A	안녕히 가세요. (들어가려다 할머니를 보고) 들어오
	세요, 할머니.
할머니	(엉겁결에 따라 들어간다)

S# 149. 미장원 안

할머니의 팔짱을 달싹 끼고 들어오는 미용사A.

미용사A	언니, 손님 오셨어요.

손님이 아무도 없다.
손톱 손질하며 한가하게 앉아 있던 미용사B.
잠시 어리둥절하다가 반색을 하며 의자를 빼내 할머니를 앉힌다.
그냥 나가려는 할머니.

미용사A	(손거울 하나를 할머니에게 주며) 할머니. 이 뒷거울
	로 할머니 머리 좀 보세요. 요새 세상에 누가 할머니
	같은 촌스러운 머릴 해요? 아유, 촌스러워요.
미용사B	(비웃는 듯한) 아유, 할머니. 누구 할머니 무시하는
	사람 없어요? 아이, 서울에 살고 계시면 서울 사람처
	럼 하고 계셔야지, 안 그래요?
할머니	(미용사의 유혹에 혹 한다)
미용사A	언니, 근사한 서울 할머니로 만들어 드리자구. (할머
	니 머리를 푼다)
할머니	…….

미용사B   그래 그래……. 할머니, 걱정 마세요. 싸게 해드릴 테
             니까.

머리를 맡기고 앉아 있는 할머니.
거울에 비친 자기 모습을 한참 바라본다.

S# 150. 집 앞 세탁소

짧은 커트에 바글바글 볶은 머리.
할머니가 자꾸 머리에 신경이 쓰이는지 한 손으로 뒤꼭지를 싸안고 집으로
가는 길이다.
가겟집 여자가 나온다.

가게   (할머니를 놀리듯) 아이고 할머니. 10년은 더 젊어 보
             이네요. 머리 어디서 했어요?
할머니   (못 들은 척 집 쪽으로 걸어간다)
가게   (할머니 뒷모습 보고 키득대며 웃는다) 저 할머니가
             망령이 났나?

S# 151. 현관

혜숙이 놀라 안방에다 대고 소리친다.

혜숙   (호들갑스럽게) 어머니. 빨리 좀 나와 보세요.
할머니   (양손으로 머리를 싸안고 고갤 돌린다)

혜숙	할머니, 아유 잘 하셨어요. 괜찮아요.
어머니	(나오며) 웬 수선이냐?
혜숙	(손으로 할머니 머리를 가리킨다)
어머니	(웃음을 누르며) 아이구, 할머니.
혜숙	(농치며) 어머니, 좋죠? 할머니가 10년은 더 젊어 보이시죠?
할머니	(반신반의 하는 표정)

S# 152. 할머니 방

벽에 걸린 작은 거울에 자기 머리를 비춰보는 할머니.
고개를 자꾸 돌린다. 뒷모습이 궁금한 모양이다.
노크소리.
할머니, 얼른 빨래를 뒤적인다.

어머니	(주름치마를 들고 들어와) 할머니, 이거 입어 보실래요? 내가 입던 것이긴 한데……. 깨끗해요.
할머니	(일 없다는 손짓)
어머니	할머니, 이젠 머리 모양과 옷차림이 어울려야 하잖아요.
할머니	(마지못해 받는 척, 하지만 속으로는 좋다)

S# 153. 거실

할머니가 외출 준비를 마치고 쑥스러워하며 나온다.

혜숙	아이구, 우리 할머니 멋쟁이가 다 되셨어.
어머니	그나저나 정말 할머니 혼자서 찾아갈 수 있어요?
할머니	(말 자르듯) 있다마다. 8년 전엔 나 혼자 대전에서 강화도까지 갔었는걸.
혜숙	가신다는 집이 누구네 집이에요?
할머니	(다소 과장스럽게) 아, 아들놈이 잘 살지만은 내가 폐가 될까 봐 거긴 안 갈 것이고.
혜숙	(다그치듯) 누구네 집이냐니까요?
할머니	(치마를 들춰 종이쪽지를 꺼낸다)
혜숙	어디 봐요, 할머니.
할머니	꼭 한번 놀러 오라고 해싸니께 내가…….
혜숙	(쪽지를 어머니에게 보여주며 웃는다)

S# 154. 버스 정류장

혜숙이 할머니를 데리고 나와 있다.
할머니, 혜숙에게 그만 들어가라고 손짓한다.

혜숙	할머니, 광화문에 내려서 갈아탈 땐 말이에요.
할머니	(말 자르며) 알아. 다 안다니께 그러네. 내가 그 전에 대전서 강화도까지 혼자 갔었다니까.
혜숙	할머니, 돌아오실 때는요. 제가 적어드린 그 쪽지.
할머니	(치마 속을 가리키며) 여기 여물게 넣어 놨으니까 걱정 말어. 딱 두 밤만 자고 올 거여. 어여 들어가.

혜숙에게 웃어 보이는 할머니. 그러나 속으로는 고민이다.

S# 155. 안방

어머니가 통화 중이다.

어머니 　　춘천에서 같은 동네 사셨다는데 잘 기억이 안 나세
　　　　　요? 잘 안다고 가셨는데……. 아무튼 도착하시는 대
　　　　　로 연락 좀 해주세요. 네. 안녕히 계세요.

S# 156. 거리

버스에서 내리는 할머니.
쪽지를 들고 지나가는 사람에게 길을 묻는데 모두들 외면한다.

S# 157. 거실

혜숙이 주방에서 과일을 들고 나온다.

어머니 　　애, 또 전화해 볼까?
혜숙 　　　그만큼 일러 드렸는데.
어머니 　　(시계 본다) 벌써 몇 시간이냐?
혜숙 　　　갈아타는 곳에서 잘못되신 게 분명해요. 나도 헷갈리
　　　　　더라구요. 참 어머니, 할머니 혹 색맹이에요?
어머니 　　그건 또 무슨 소리냐?

218

혜숙   파란색, 빨간색 번호 색깔 가려서 타게 되어 있더라구
              요.

전화벨이 울린다.

혜숙   (얼른 전화 받고) 여보세요? …… 네…… 네…….
              아닌데요……. (전화 끊는다)

혜숙과 어머니, 서로 걱정스럽게 마주 본다.

S# 158. 횡단보도

할머니가 중앙에 서 있다.
사람들이 웃으며 손가락질한다.
불안한 표정으로 이리저리 둘러보는 할머니.

S# 159. 안방

혜숙이 화장하고 있다.

혜숙   어머니, 어서 준비하세요.
어머니   이 할머니가 제대로 찾아오시기나 하실까?
혜숙   한 번 가셨던 길인데요, 뭘……. 참, 몇 시에 출발하
              셨다고 했죠?
어머니   (불안해서 시계를 본다)

S# 160. 거실

전화 받고 있는 혜숙.

혜숙 　　　　언니, 아직 출발 못 하고 있어.
큰딸 　(F)　정말 그 할머니 끝끝내 말썽이구만.
혜숙 　　　　암튼 할머니 오시면 바로 출발할게.
큰딸 　(F)　이럴 줄 알았으면 내가 나설 걸 그랬어.
혜숙 　　　　아냐, 언니. 내가 엄마랑 언니네로 갈게.
큰딸 　(F)　니네 형부 또 출장 중이야. 내가 가도 돼.

S# 161. 거리

보따리 들고 헤매는 할머니.

S# 162. 안방

시간이 많이 지났다.

혜숙 　　　　어머니, 파출소에 신고라도 해야 되는 거 아니에요?

S# 163. 건물 앞

서성이는 할머니.
경비가 나와 저리 가라고 쫓아낸다.

220

S# 164. 거리

육교에 앉아 지나가는 차를 바라보는 할머니.

S# 165. 거실

혜숙이 팔짱을 끼고 왔다갔다 한다.

혜숙   어머니……, 못 간다구 전화해야 되겠죠?
어머니   무슨 일이나 없어야 할 텐데…….
혜숙   어머니, 아예 할머니 보내 버리세요. 사사건건 이렇게
             신경 쓰여서야 어디…….

S# 166. 거리

여전히 헤매는 할머니, 얼굴엔 걱정이 가득하다.

S# 167. 거실

어느새 저녁이다.
거실에 앉아 있는 혜숙과 어머니, 민 교수.
전화벨이 울린다.

혜숙   (급히 받는다) 네……. 잠깐만요……. (민 교수에게
             전화기 주며) 오빠 전화예요.

민교수		네, 민지환입니다.
남자	(F)	다름이 아니구요. 그 댁에 최분억이라고…….
민교수		최분억이요?
어머니		(반갑게) 할머니야, 할머니 이름이야, 그건.
민교수		(다급하게) 말씀하시죠. 네…….
남자	(F)	혹 가출하셨나요?
민교수		가출이라니요?
어머니		(전화기 뺏어) 여보세요. 그 할머니 지금 어디 계시죠?
남자	(F)	걱정하지 마십쇼. 신원이 확인된 이상 안전하게 보내 드리겠습니다. 거리를 방황하고 있길래 이리 모셔왔 는데 할머니 소지품 속에서 그 댁 주소가 나왔지 뭡니 까.
어머니		아이구. 정말 고맙습니다. 거긴 어디신가요?
남자	(F)	예. 무의탁 노인회입니다. 마침 제가 모셔왔으니 망정 이지 큰일날 뻔했습니다. 버스를 탈 줄 몰라 온종일 걸 으신 모양이에요. 다음부턴 보호자를 동행시키십시오.
어머니		예. 고맙습니다.
남자	(F)	그럼 이만 끊겠습니다.
어머니		정말 감사합니다. (전화 끊는다)

S# 168. 대문

나와 있는 식구들.
할머니가 의기양양 들어선다.

할머니	아유, 내가 왔어. 내가 혼자서 버스 타구 왔다구.
혜숙	(입을 삐죽 내밀고) 할머니, 비행기 타고 오시지 그랬어요?
할머니	뭐? 비행기? 아유, 나 그거 어지러워서 싫여. (무안한지 식구들을 번갈아 보며) 망할 놈의 버스가 어떻게 느려 터졌는지 내려서 그냥 걸어오고 싶더라니까.
민교수	어서 들어가세요.
할머니	내가 말이야. 8년 전에도 대전에서 혼자.
어머니	(곱게 눈 흘기며) 강화도까지 다녀오셨어요?
할머니	…….
혜숙	아이구, 우리 할머니 누가 말리나…….
할머니	(가방에서 삶은 옥수수 꺼낸다)
민교수	아니, 삶은 옥수수 아니에요? (반갑다) 내가 옥수수 좋아하는 거 할머니 어떻게 아셨어요?
할머니	(좋아하는)
민교수	(먹으려다 웃으며) 쉬었어요.
어머니	비닐봉지에 담고 하루 종일 헤맸으니…….
할머니	(이번엔 손수건을 꺼내 어머니에게 준다)
어머니	아이구. 이거 봐. (웃는다)
할머니	(껌을 꺼내 혜숙에게 준다) 자.
혜숙	오, 우리 집에 축복이 있을진저……. 초여름의 할머니 산타클로스라…….
어머니	어서 들어갑시다, 할머니…….
혜숙	할머니, 어서 들어가세요. 피곤하실 텐데…….

다들 들어가고 남은 민 교수.
쉰 옥수수를 보다가 들어가는 할머니의 뒷모습을 바라본다.

S# 169. 할머니 방(밤)

혜숙이 방문을 열어 본다.
세상모르게 자고 있는 할머니.

혜숙   하루 종일 걸어 다니셨으니 피곤도 하시겠지. (문 닫
                고 나간다)

S# 170. 마당(아침)

잔디에 물 뿌리는 혜숙.

S# 171. 마당

늙은 개도 생기를 되찾은 듯 뛰어다니고, 민 교수는 가벼운 아령체조 중이
다.
할머니가 나온다.

할머니   아침 먹어야지. (들어간다)
민교수   (웃으며 본다) 네. (잠시 생각에 잠기다가) 할머니,
                제 방 좀 치워 주세요.
할머니   (민 교수를 쳐다보고) 응. (고개 끄덕이며 들어간다)

S# 172. 서재

걸레질하던 할머니, 문득 멈춘다.
대공만 남은 옥수수 세 자루가 놓여 있다.
주름살투성이의 할머니 얼굴이 활짝 펴진다.
처음 보는 행복한 미소다.

할머니   (옥수수 대공을 얼굴에 문지르며) 어머머 세상
              에……. 나 원. 아이고 참…….

S# 173. 할머니 방(밤)

할머니가 이로 실을 끊는다.
가지런히 엮어진 옥수수.
흐뭇하게 바라보고 일어나 벽에 있는 못에 옥수수를 걸어 놓는다.

할머니   (몸을 움찔대며) 아이구. 등 가려워……. 어서 이놈
              이 말라야 효자손이 될 텐데…….

S# 174. 현관(아침)

혜숙이 민 교수를 따라 나온다.

혜숙   사학과 교수는 할 만도 하겠어. 답사다 뭐다 훨훨 댕
              기구…….

민교수	놀러 다니는 줄 아니? (웃는다)
혜숙	어디루 가는 거야, 오빠?
민교수	강원도.
혜숙	설악산?
민교수	너와집에 간다. 샅샅이 좀 살펴봐야겠어. 지난번엔 일정이 좀 빡빡한 통에…….
혜숙	너와집? 기와집이 아니고?
민교수	가만 있거라아. 그러면 중간은 가니까……. 알았니? (안에다 대고) 할머니, 저 다녀옵니다아…….
할머니	(나와서) 네……. (웃는다)

S# 175. 마당

수돗가에서 빨래 중인 할머니.
혜숙이 장갑을 들고 나온다.

혜숙	할머니, 이 장갑 끼고 하세요.
할머니	(계속 빨래만) …….
혜숙	할머니, 왜 장갑 안 쓰세요? 피부 상한다고요.
할머니	(힐끗 보고) 숨 끊어지면 썩어 없어질 살인데 뭘…….
혜숙	(무안하고 멋쩍다)

큰딸이 집안으로 들어온다.
혜숙이 대문 쪽으로 가서 언니를 맞는다.

혜숙	어머, 언니!
큰딸	너 더 이뻐졌다?
혜숙	언니두…….
큰딸	잘 있었어?

빨래를 하던 할머니가 큰딸을 보고 얼굴이 굳어진다.
불길한 예감이 든다.

S# 176. 안방

어머니와 큰딸이 얘기 중이다.
방문 열고 얼굴 내미는 혜숙.

혜숙	언니, 그럼 쉬고 있어. 나 좀 나갔다 올게.
어머니	늦니?
혜숙	나가 봐야죠. 연출가 선생님 뵈시구 극단 사람들 만나는 거야.
큰딸	곧 위대한 뮤지컬 스타 탄생이겠네?
혜숙	확실히 언니가 뭘 좀 안단 말씀이야.
어머니	시집 갈 생각은 안 하구……. 일찍일찍 다녀.
혜숙	치~ 언니, 꼭 자고 가야 돼. (나간다)

S# 177. 대문

혜숙이 경쾌한 걸음으로 걸어서 문 열고 나가면, 막 벨에서 손을 떼는 가정부.

혜숙	누구세요?
가정부	(오히려 혜숙을 위아래로 찬찬히 보며) 아이구 이게 누구여. 사진에서 봤어. 저 미국에 계시다던…….
혜숙	어머, 절 아세요?
가정부	아이구 그럼……. 어머니 안에 계시지?

S# 178. 거실

옷을 펴 놓고 다림질하려는 가정부.
물 뿌리고 다리미 만져 보고는

가정부	아구구구……. 뜨거! 워치게 이렇게 뜨겁냐. 대리미 두 자꾸 잡아 봐야 되는데…….
어머니	(나오며) 놀러왔다는 사람이 일은 무슨…….
가정부	(교활한 웃음) 아이구, 지 집 같은데요, 뭘.

S# 179. 할머니 방

할머니가 허전하게 웃으며 옥수수 대롱을 만져 본다.

S# 180. 안방

가정부가 과일 접시를 들고 들어온다.

가정부	아유, 저기서 오다 보니께유. 과일이 하두 먹음직스러워 갖구.
어머니	할머닌?
가정부	아저…… 워드케 아까부터 안 보이시던데요.
큰딸	다방에선 왜 나왔수? 주방일이 성에 안 차서?
가정부	예, 뭐……. 저 그냥 맛있게 드세유. (나간다)
큰딸	어머니, 저 아줌마 말이에요. 다시 있을 심산으로 온 거 아닐까? 일은 곧잘 하죠?
어머니	어서 먹자.

S# 181. 산 속 너와집 앞

깊고 외진 곳에 허물어질 듯한 너와집이 보인다.
여기저기 둘러보는 민 교수.
산 할머니를 발견하고 인사한다.
몇 마디 얘기를 나누고 나서 할머니 손에 슬그머니 돈을 쥐어 준다.
사양하는 할머니, 서둘러 자리를 피한다.
민 교수, 제자리에 서서 멀어지는 할머니를 바라본다.

S# 182. 대문 앞

답사지에서 돌아온 민 교수가 인터폰을 누른다.

가정부	(E) 누구세요?
민교수	접니다.

가정부	(E)	네, 나갑니다.
민교수		(의아해 하는)
가정부		(문 열고) 아이고 교수님……. 안녕하세요? (민 교수의 행색을 보고) 아니, 어디 다녀오세요? 답사요?
민교수		(못마땅한 투로) 웬일이세요?
가정부		(빙긋 웃으며) 아이구구……, 그렇게 됐어요. 아이 저…… 교수님, 배낭 이리 주세요.
민교수		(좀 쌀쌀맞게) 아니, 됐습니다. (성큼성큼 집으로 들어간다)

S# 183. 거실

민교수	(불만스럽게) 그래서요?
어머니	마침 와 있던 명숙이가 막 짐을 싸라고 했다. 신경이 쓰여서 마음이 편치 않았다면서…….
혜숙	지금 아줌만 눈치는 빠른데 어딘가 얌체 같더라 난.
민교수	할머니가 순순히 가시던가요?
혜숙	말마우, 오빠. 굿이 났었으니까.
어머니	근데, 혜숙아. 할머니 그건 무슨 소리였냐?
혜숙	몰라요. 난 할머니한테 냉커피 타 달라고 시킨 적이 없으니까.
민교수	냉커피요?

230

S# 184. 주방(회상)

인삼차를 타는 할머니.

S# 185. 서재(회상)

할머니가 문 열고 들어와 인삼차를 내려놓는다.

할머니   선상님, 드시죠.
민교수   아니, 할머니……. 커피 탈 줄 모르세요?
할머니   ……. (우물쭈물)

S# 186. 거실(현실)

혜숙   편지 건은 안됐기도 해요.
어머니   글쎄, 얘가 보낸 편지가 말이다. 할머니 방에서 고스
             란히 나왔지 뭐니.
민교수   ……. (한숨)
혜숙   자기 아들 편지라고 믿는 모양이었어.
어머니   하나뿐인 아들이 외국으로 일을 나갔다구 하더구나.
             그것도 명숙이가 일러 줘서 알았다만…….

S# 187. 주방

가정부가 식탁을 닦는다.

S# 188. 서재

민 교수가 담배를 피워 물고 생각에 감겨 있다.
노크소리.

민교수   네.
가정부   (쟁반에 냉커피를 들고 들어서며) 저, 교수님. 설탕은
             안 치고 프림만 두 스푼 넣으셨었는데……. 여전하시
             죠?
민교수   (무뚝뚝하게) 놓고 나가세요.

가정부는 민 교수의 눈치를 보며 살금살금 나간다.
커피를 밀어놓는 민 교수.

S# 189. 서재(회상)

할머니가 개다리소반을 들고 서 있다.

민교수   할머니 시계 볼 줄 모르시죠?

S# 190. 서재(회상)

민교수가 할머니를 다그치고 있다.

민교수   (귀찮은 듯) 나가세요, 아이 참…….

할머니   (하는 수 없이 쟁반 들고 나가는)

S# 191. 민 교수 방

할머니   (고개 숙이고 울먹이면서) 혼자 사는 일에 진저리가
              쳐져서……. 혼자 밥 먹고 혼자 일어나고…….

S# 192. 주방(상상)

할머니가 일하는 중이다.
민 교수가 할머니에게 옥수수 대궁을 내밀면

할머니   (보고) 아니? (반가이 받아 들고 당장 등을 긁어 보이
              는 행복한 미소) 아구 아구 시원햐……. (활짝 웃는
              다)
민교수   (함께 웃는다)

S# 193. 서재(현실)

자리에서 벌떡 일어서는 민 교수.

S# 194. 거실

냉커피를 마시며 얘기 중인 어머니와 혜숙.
민 교수가 걸어와서.

민교수　　　어머니! 그깟 커피 좀 못 타면 어때요?

어머니　　　……?

혜숙　　　……?

S# 195. 승용차 안

시골길을 달리는 민 교수의 차.

눈부신 한낮의 풍경들이 창밖으로 스친다.

운전하며 생각에 잠긴 민 교수.

S# 196. 콩밭

햇볕이 사정없이 내리쬐는 콩밭. 밭고랑이 유난히 길게 보인다.

그 고랑 사이에 앉아 일하는 할머니. 잠시 후 일어나 허리를 만지다가 뒤를 돌아본다.

무표정하던 할머니의 얼굴에 반갑고 기쁜 웃음이 피어나며…….

〈끝〉

마른 꽃

원작 박완서
극본 박진숙
연출 장수봉

방송 1997년 4월 18일 MBC 베스트극장

등장인물

형숙모
조 박사
형숙
형숙모 친구
반장
며느리
소매치기

236

S# 1. 호숫가

바바리코트를 입은 형숙모(61세)가 생각이 깊은 얼굴로 거닐고 있다.
좀 멀찍한 곳에 아베트 한 쌍이 정답게 지나는 게 보인다.

형숙모 (E) 세월이 쏜살같이 지난다는 말을 저들이 알 수 있을
까……. 없다……. 청춘시절의 나날은 아주 천천히
지나가니까……. 내게서도 그랬으니까…….

S# 2. 호숫가 다른 곳

잔물결치는 호수.
형숙모가 앉아 있다.

형숙모 (E) 이제와 그 남자를 생각하는 일은 부질없고 속절없는
일이지만 나는 가끔 그 남자를 생각한다. 이미 누구의
엄마, 누구의 할머니로만 존재하던 어떤 날, 그 남자
는 내게 나의 이름을 불러준 셈이었다. 남자로 인해
내 가슴이 뛸 수 있었다니. 그날 나는 동대구역에서
버려진 기분으로 혼자 서 있었다.

S# 3. 동대구역

형숙모(59세)가 한복을 곱게 차려 입고 작은 가방은 든 채 혼자 서 있다.
소형 승용차가 사라지고 있는 걸 괘씸해서 보다가 한복을 잘 추스른 후 역

사 쪽으로 들어간다.

S# 4. 조그만 주택 형숙의 집

형숙모　(E)　이럴 수가 있는 거니?

형숙　　　　(마당에 빨래를 널다가 휴대폰으로 전화를 받고 있는
　　　　　　중이다) 그러니까 폐백 절차는 생략해서 아예 없어졌
　　　　　　단 말이네. 거 봐요, 엄마. 내가 뭐 하러 거추장스럽게
　　　　　　한복 입고 가냐고 그랬지이.

형숙모　(E)　집엔 별일 없는 거지?

형숙　　　　엄마. 일은 무슨 일. 오늘 아침에 엄마 서울 떠났으면
　　　　　　서. 걱정 말고 한 며칠 쉬었다 와요. 엄마 그러기로 했
　　　　　　잖아.

S# 5. 동대구역 공중전화 부스

수화기를 든 형숙모.

형숙모　　　나 오늘 올라갈 거니까 그리 알아.

형숙　　(E)　엄마 올라오는 차표는 예매도 안 하고 갔잖아요. 아무
　　　　　　도 자고 가란 말을 안 했구나? 내 말 맞지? 아님 폐백
　　　　　　이 없어져 삐친 거유?

형숙모　　　…….　(새삼 괘씸하다)

형숙　　(E)　외삼촌, 외숙모, 다 돌아가셨으니 아무리 결혼식이래
　　　　　　도 그쪽 분위기 썰렁했을 거고 아무도 엄말 어른 대접

도 안 했고 뻔하다, 뻔해. 엄마 혼자 생각에 엄마가 부
모 맞잡이로 조카들 챙긴 거지 뭐.

형숙모   (뒷사람 돌아보며) 공중전화라 긴 얘기 못 한다.

형숙   (E) 엄마 올라오는 차표는 구했어? 누가 구해 줬어요? 토
요일이라 복잡할 텐데.

형숙모   끊는다.

수화기를 내려놓고 전화 부스를 나오는 형숙모.
전광판을 올려다보니 새마을호는 매진이고 무궁화호 입석 발매 중이란다.
형숙모, 한심한 생각이 든다. 한복이 새삼 거추장스럽다.
그래도 매표 입구 쪽을 향해 다가간다.

S# 6. 동대구역 앞

형숙모가 맥 빠진 얼굴로 나온다.

매표원   (E) 고속버스터미날로 가 보는 기이 나을 낍니더.

S# 7. 고속버스터미널 매표소 앞

창구마다 나붙은 매진이란 팻말.
형숙모, 더 맥 빠진 채 돌아서는데 누군가 손가락질로 줄 서서 기다리는 행
렬을 가리켜 준다.

S# 8. 승차장 앞

빈자리가 나길 기다려 줄 서 있는 사람들.
형숙모가 맨 끝에 가 선다.

검표원 (E) 서울 한 사람, 서울 한 사람 나오이소.

줄이 한 발짝 줄어들고 형숙모가 한 걸음 내딛는다.
형숙모, 뒤로도 금방 두어 사람이 줄을 잇는다.
형숙모 체념한 얼굴. 한복이 거추장스럽고 피곤하다.
형숙모의 바로 뒤엔 대학생 차림의 남자.

형숙모   저어 학생, 화장실에 잠깐 다녀올 건데 자리 좀…….
학생   그러세요.
형숙모   (손가방을 맡길까 망설이다 미안해서 그냥 들고 간다)

S# 9. 화장실 앞

형숙모가 나온다.
손가방을 잠깐 놓고 치마말기를 다시 추스르는 사이 날치기 하나가 잽싸게
손가방을 들고 뛴다. 형숙모, 기가 막혀 소리도 잘 안 나오는데.

형숙모   내 가방! 내 가방……. 도, 도둑이야! (당황한 채 따
          라간다)

사람들 무심하게 형숙모를 보고만 있다.

도망가던 날치기라 마침 건너편에서 이쪽으로 오고 있던 조 박사가 건 발에 걸려 넘어진다.

날치기는 손가방을 포기한 채 냅다 도망가 버린다.

조 박사가 몇걸음 따라 잡으려다가 되돌아서 손가방을 집어들고 형숙모에게 온다.

형숙모, 거의 울먹인다.

조박사   이런 일이 아직도 있다니. 멀쩡한 젊은 놈이 뭐 할 일
            이 없어서 정말.
형숙모   (두 손으로 얼굴을 가리며) 온종일 뭐 이런지 모르겠
            어요. 속상해 죽겠네.
조박사   (손가방을 준다)
형숙모   (가방 받으며) 고맙습니다. 정말 고맙습니다.
조박사   제가 아니라도 누군가 했을 일인데요 뭐.

S# 10. 고속버스 안

형숙모와 조 박사가 사람들 속에 섞여 자리를 찾아 앉고 있다.

창 쪽으로 형숙모를 앉게 하고 조 박사는 바바리코트를 벗어 짐칸에 얹는다.

형숙모는 좀 어색해 하며 치맛자락을 추스르고 조 박사의 자리를 넓혀 준다.

조 박사가 다시 일어나더니 짐칸에서 바바리코트를 내려 주머니에서 신문을 꺼내 다시 앉는다.

형숙모   (E)   그때까지도 나는 그 남자의 얼굴을 똑바로 보지 못했

다. 나는 나이 먹은 여자가 세상을 어떤 식으로 대해
야 하는지 알고 있었다. 근데 그 남자 역시 나이 먹은
남자인지라 그 점은 편했다. 고급스런 옷차림과 어딘
가 지적인 분위기를 풍기는 것도 맘에 들었다.

조박사 (신문을 접으며) 올라가실 분이 아니라 내려오신 분
인 줄 알았습니다.

형숙모 조카 결혼식이 있었거든요.

조박사 네에…….

형숙모 표를 못 구해서 난감했었는데……. 어머 정말! 표 값
을 안 드렸네요. 내가 오늘은 정신이 왜 이런지 모르
겠어요. (발밑에 두었던 손가방에서 지갑을 꺼낸다)

조박사 (농담으로) 많이 받아야겠는데요.

형숙모 그러세요, 그러세요. 암표장사가 있었으면 전 부르는
대로 주고 살 판이었거든요. (만 원짜리 두어 장을 꺼
낸다)

조박사 …….

형숙모 미안해요. 말을 이상하게 한 거 같네요. (돈을 어째야
좋을지)

조박사 …….

형숙모 (차표를 찾아 들여다본다)

조박사 그만두세요, 어차피 저한테도 공짜표였습니다. 같이
올라가기로 한 친구가 어제 저녁 과음으로 하루 더 쉬
었다 가게 돼서…….

형숙모 아니에요, 드리겠어요. (꼼꼼하게 천 원, 백 원까지
차표에 있는 액수대로 맞춰 준다)

조박사		굳이 안 이러셔도…….
형숙모		아니에요. 제 마음이 편하려면 전 드려야겠어요. (주머니에 넣어 준다)
조박사		(빙긋이 웃기만 한다)
형숙모	(E)	버스에 오르자마자 눈을 감고 쉬기로 작정했었는데……. 그게 아니었다. 나는 옆에 앉은 남자를 사정없이 의식하고 있는 것이었다. 버스비를 십 원도 틀리지 않게 맞춰서 그 남자의 주머니에 넣어준 일도 너무 깍쟁이처럼 군 거 같아 좀 걸렸고……. 마음을 좀 진정시켜야 했다. (눈을 감고 잠을 청하는 시늉한다)

S# 11. 금강 휴게소

고속버스가 휴게소에 닿는다.
사람들 속에 섞여 조 박사가 형숙모가 내린다.
조 박사는 휴게실 쪽으로 가고 형숙모는 화장실 쪽으로 간다.

S# 12. 휴게소 화장실

여자 청소원이 바닥을 물이 나오는 고무호스를 들이대며 청소하고 있다.
형숙모가 화장실에서 나오다가 질겁하고 한복 치맛자락을 걷어 올린다.

S# 13. 휴게소

형숙모가 치맛자락을 걷어 부친 그대로 버스 쪽으로 가고 있다.

문득 한곳을 보면 조 박사가 종이컵을 든 채 형숙모를 보고 있다.

형숙모가 얼른 복장을 제대로 하고 버스로 간다. 시침을 뚝 뗀 표정이다.

조 박사가 빙긋 웃고는 다시 휴게실 쪽으로 들어간다.

S# 14. 버스 안

이미 시동을 걸고 있는 버스 안.

조 박사 자리만 비었다. 형숙모, 초조하다.

이윽고 종이컵을 든 조 박사가 버스에 올라 자리에 앉자 버스가 기다렸다는 듯 출발한다.

조 박사가 종이컵을 형숙모에게 내민다.

형숙모	안 이러셔도…….
조박사	드세요.
형숙모	율무차네요.
조박사	조심하세요. 고운 옷인데 얼룩이라도 지면 제가 미안하잖습니까.
형숙모	……. (조심스레 한 모금 마신다)
조박사	한복이 아주 잘 어울리십니다. 평소에도 자주 입으시나 보죠?
형숙모	아뇨. 특별한 날만 입는 셈이죠.
(E)	내 한복 차림은 남편이 가장 좋아했었다. 남편은 말수가 통 없는 사람이었지만 나는 그의 표정으로 모든 걸 알 수 있었다.
조박사	아름다운 것들이 점점 사라져 가고 있어요.

형숙모	그렇긴 하지만 사라져 가는 게 없다면 세상은 포화 상
	태가 되고 말 거예요.
(E)	기억한다. 우리 동네 집값 시세나 수산시장의 문어값
	얘기가 아닌 대화……. 그것이 처음 만난 남자와 가능
	했을 때의 가슴 뛰던 감동을. 일상적인 얘기만 하며 사
	는 나날. 그것의 지리함 또는 진부함에 갇혀 있었는
	데……. 나는 종달이처럼 지껄이기 시작했다. 나이 같
	은 건 까마득히 잊었으며 그 남자도 그런 것 같았다.

S# 15. 3층짜리 건물 전경

1층은 슈퍼. 2층과 3층은 가정집. (2층은 무슨 상가라도 가능)
형숙이 건물 앞에다 소형 승용차를 주차시키고 차문을 잠그고 키를 흔들며
3층으로 가는 계단을 오른다.

S# 16. 3층 거실

잔잔한 클래식 음악이 흐른다.
정갈하게 고가구로 꾸며진 거실.
형숙모가 헌옷가지들을 잔뜩 찾아내 놓았다.
형숙이 들어온다.

형숙	뭐 하고 있는 거유?
형숙모	왜 이렇게 복잡하게 사나 싶어서. 어디 줄 만한 데를
	좀 찾아봐.

형숙	엄마 이상하시네. 라면봉지 하나도 쫙쫙 펴서 보관하면서.
형숙모	나도 이젠 좀 간편하게 살고 싶어졌다. 봄이라 그런지 구질구질한 게 싫구.

전화벨이 울린다.

형숙모	(긴장하며 전화 안 받는다)
형숙	엄마 뭐 해요. 전화 안 받고······. (전화 받는다) 여보세요. 어머 형철이구나······. 거긴 몇 시니? 하긴 촌스럽게 내가 맨날 묻는다. 엄마? 계시지. 나는 엄마하고 수산시장에나 갈까 해서 들린 거고······. 응······. 그래······. 응.
형숙모 (E)	그 남자에게 나는 내 연락처를 주지 않았었다. 그런데도 나는 전화벨이 울릴 때마다 그 남자인지도 모른다는 엉뚱한 생각을 하고 있었다.
형숙	엄마, 전화 받아 보세요.
형숙모	됐어. 어제 통화하구선 또.
형숙	(전화 받는다) 형철아, 그 문젠 내가 엄마하고 의논을 해볼 테니까 좀 있어 봐. 연락해 줄 테니까. 그래. 알았어. 끊어, 그만······. (끊는다)
형숙모	(헌옷들을 옆에 있는 라면박스에 담는다)
형숙	어쩔 건데, 엄마. 환갑을 그냥 넘길 수는 없잖아요.
형숙모	아직 몇 달이나 남지 않았니.
형숙	형철이 말도 일리는 있네. 지가 이쪽으로 오든지 엄마

	가 미국으로 가시든지 그걸 정해야 스케줄을 뺄 수가 있다니까.
형숙모	다 일 없어.
형숙	엄마, 그래도 자식된 우리 입장이 있지 않겠수. 형철인 엄마가 그쪽으로 오신다면 유럽여행도 생각해 보겠다고 하네.
형숙모	돈도 많다.
형숙	엄마 그렇게 해요. 요샌 환갑잔치 같은 건 잘 안 해요. 칠순잔치나 하지.
형숙모	누가 잔치해 달랬니? 내가 그렇게 늙은이로 보이는 거야?
형숙	알았어요, 엄마. 지금 당장 결정해야 되는 것도 아니니까 뭐. 암튼 형철이나 내가 그냥 있을 순 없어요. 그건 아셨죠?
형숙모	……
형숙	엄마, 수산시장 가요. 나 문어 사러 가야 해. 김 서방이 문어회에 맛을 부쳐선……. 순 엄마 탓이에요. 김 서방이 산중 사람인데 언제 문어 맛을 알기나 했나.
형숙모	혼자 가. 난 집에 있고 싶다.
형숙	엄마아…….
형숙모	…….

S# 17. 수산시장

형숙이 문어 파는 가게에서 이것저것 흥정을 하고 있다.

S# 18. 삼층집 거실

형숙모가 차를 마시고 있다.

전화기 밑을 살짝 들쳐 보면 명함 한 장이 나온다. 들여다보다가 찢어 버릴까 한다.

그러다 다시 전화기 밑에 넣고

형숙모　(E)　헤어지면서, 그 남자가 별일도 아니라는 듯 명함 한
　　　　　　　　장을 주었었다.

S# 19. 욕실

형숙모가 거울 속을 보고 있다.

뺨에 나타난 노인성 반점. 더 자세히 들여다본다. 화가 난다. 목의 주름도 다시 살핀다. 목운동을 이리저리 해본다. 머리맡도 자세히 살핀다. 흰 머리들이 사정없이 드러난다. 검은 머리로 잘 덮는다. 맥이 빠진다.

S# 20. 3층 앞

형숙모가 삼층집에서 내려와 1층 슈퍼로 들어간다.

반장　　　따님 오시는 거 같던데 같이 나가시지 않았어요?
형숙모　　그걸 뭐라 그러나…….
반장　　　뭘 찾으시는데요? 인터폰 하시면 제가 올려다 드릴
　　　　　걸 그러세요.

형숙모	(매장을 기웃거리다 다림질용 스프레이를 하나 찾아든다) 얼마죠?
반장	아이, 됐어요. 그냥 가져가세요. 그깟 몇 푼이나 한다고.
형숙모	그래서야 쓰나. 줄 건 주고, 받을 건 받아야지. 말해요.

S# 21. 3층으로 오르는 계단

형숙모가 스프레이를 들고 올라가다가 다리가 아픈지 잠깐 쉬며 하늘을 본다.

S# 22. 1층 슈퍼

반장	깔끔도 어지간 해야 말이지, 저러니 아무리 장사가 안 돼도 가겟세를 늦출 수가 있나.
친구 (E)	혼잣말할 나이는 아직 아니구만 그래.
반장	목욕 다녀오세요?
친구	(형숙모의 친구로 간편한 신식 복장에 수영장에 다녀오는 차림이다. 머리는 아직 젖은 채다) 목욕은 무슨.
반장	그럼 사우나.
친구	수영장에 다녀오네, 수영장.
반장	어머, 그 연세에도 수영을 해요? 대단하시다아.
친구	누군 뭐 첨부터 나이를 먹은 줄 아나아. 주스나 좀 줘요. 지지하게 뭐 섞인 거 말고 백 프로 원액 주스로다.
반장	그러세요, 그러세요. (주스 집어 먼지를 닦으며) 쥔

할머니 방금 올라가셨는데.

친구 　　아줌마는 나이 안 먹을 거 같지?

반장 　　네?

친구 　　할머니, 할머니.

반장 　　알았어요, 할, 아주머니. (킥 웃는다)

S# 23. 3층 거실

형숙모가 스프레이로 화분에 물을 뿜어 주고 있고, 친구는 주스 두 잔을 쟁반에 받쳐들고 주방에서 나온다.

친구 　　마시자.

형숙모 　　(하던 일만)

친구 　　망할 여편네. 저는 안 늙는 줄 아나?

형숙모 　　손주가 몇인데 그럼 할머니는 할머니지 뭐 틀린 말 했어.

친구 　　왜 이렇게 기운이 없어?

형숙모 　　그냥 그래. 사는 게 시들하네.

친구 　　그러게 나 따라 수영장이라도 다니자니까.

형숙모 　　(말라서 죽어 가는 화분 하나에 계속 스프레이를 뿜어 주고 있다)

친구 　　(스프레이를 뺏으며) 그만 해둬, 그 화분은 내다 버려야겠구만.

형숙모 　　(손 털고 주스잔을 든다)

친구 　　정말…… 봄이라 사방팔방에 꽃은 피고 난린데 우린 이게 뭐냐. 요샌 정말 왜 사는가 싶다. 인생이 육십부터라는 건 거짓말이야.

형숙모 ······.

친구 영감인지 땡감인지는 잔소리만 더 심해지고.

형숙모 영감 있다고 자랑하는 걸로 들린다?

친구 자랑? 으이그, 너 가져라 너. 정말 지겹다.

형숙모 (가만히 한숨 쉰다)

친구 이봐, 형숙 엄마야. (은밀하다)

형숙모 ······?

친구 우리한테 말야, 한 번 정돈 더 남았을까?

형숙모 뭐가?

친구 로맨스.

형숙모 숭하기는.

친구 하긴, 나 수영 가르쳐 주는 선생이 하도 싱싱하고 이쁘길래 점심을 한 번 거하게 샀는데 나 무슨 소릴 들었는지 아니?

형숙모 어째 조마조마하구나.

친구 혹시 결혼 안 하고 있는 딸이 있느냐고 묻는 거 있지. 괘씸한 녀석.

형숙모 ······.

친구 왜 안 웃어?

형숙모 안 우스워.

친구 그래, 우습지도 않은 얘기야. 더 고백하자면 나 말야. 그 친구하고 밥을 먹으면서 되게 신나고 즐거웠다 이거야. 뭐 어쩌자는 건 아니었지만 그냥 그랬다구.

형숙모	…….
친구	와~. 내 청춘은 어디로 가고 백발만 성성하다니. 억울해서 죽겠네.
형숙모	…….
친구	나가자.

S# 24. 고급스런 카페 앞

형숙모와 친구가 나온다.

친구	도대체 이런 법은 누가 만든 거라니?
형숙모	들어가지 말자고 했잖아, 내가.
친구	꼭 무슨 가출한 자식 새끼 잡으러 온 것처럼……. 뭐? 나이 제한? 웃긴다.
형숙모	집으로 가자.
친구	아냐. 난 그냥 못 가. 이대론 기분이 나빠서 그냥 못 들어가.

S# 25. 호텔 정도의 고급스런 바(밤)

형숙모와 친구 앞에 빛깔 고운 칵테일 잔이 놓인다.
형숙모가 잔을 입으로 가져가려다가 한쪽을 유심히 본다.
노년의 남녀가 정답게 앉아 칵테일 잔을 나누는 중이다.
친구가 본다.

형숙모	부부 같으지?
친구	(단호하게) 아냐.
형숙모	어떻게 그렇게 단정적으로 말할 수 있니?
친구	우리 영감만 봐도 알지. 우리 영감 나 데리고 이런 데 절대 안 와. 내가 막 뭐라고 하면 친구들하고 가래. 하긴 늙어 쭈그러진 얼굴 집에서 보는 것만으로도 지겨울 거다.
형숙모	그렇다면 옛날 애인? 다시 만난 걸까?
친구	궁금하면 가서 물어 봐. 내가 물어봐 줘?
형숙모	부럽다……. 편안해 보이는게.
친구	한 잔 더 할 수 있지?
형숙모	(고개 끄덕인다)

S# 26. 삼층집 전경(밤)

(E) 성급한 초인종 소리.

S# 27. 삼층집 거실(밤)

검정 상복 차림의 형숙이 푸들 한 마리를 안고 들어섰다.

형숙	엄마, 엄마. 애 좀 맡아 줘야겠어요. (푸들 내민다)
형숙모	무슨 일이야, 밤중에? 너 알잖니, 나 개 좋아 않는 거. (푸들 받는다)
형숙	시아버님 돌아가셨다고 연락 왔어요.

형숙모	건강하셨잖니?
형숙	혈압은 안 좋으셨어요. 엄마 나 내려가요. 김 서방 지금 시동도 안 끄고 밑에서 기다리고 있어요. 엄마 나 가요. 3일장이 될지 5일장이 될지 모르겠어요. 전화 할게요. (나간다)
형숙모	(팔에 안긴 푸들을 내려다본다)

S# 28. 삼층집 주방(낮)

형숙모가 우유 담은 접시를 치우고 카스테라를 푸들 앞에 디민다.
하지만 푸들은 전혀 먹을 생각을 안 한다.

형숙모	먹어. 이러다 내가 너 굶겨 죽였단 소리 듣게 생기지 않았니.

일어나는 형숙모, 식탁 위의 남은 음식들로 푸들의 밥을 만든다.
생선 접시에 남아 있던 것도 쓸어담는다.

S# 29. 베란다

형숙모가 빨래를 널고 있는데 푸들의 숨 넘어가는 소리가 들린다.
놀라서 안으로 들어간다.

S# 30. 거실

형숙모가 숨이 막혀 캑캑대는 푸들을 안고 어쩔 줄을 모른다.
  옆에는 개밥 그릇이 엎질러져 있고 갑자기 생각이 나 전화기 밑에서 명함을 꺼내 급하게 번호를 누른다.

S# 31. 삼층집 앞

조 박사가 모는 소나타 정도가 와 멈춘다.
형숙모는 푸들을 안고 서 있다가 차에 오른다.
1층 슈퍼 여자가 이들을 본다.

S# 32. 차 안

형숙모	미안합니다. 놀라셨죠? 갑자기 전화를 드려서…….
조박사	아닙니다. 마침 내가 자리에 있어서 다행이지요. 전화 안 하시는 줄 알았습니다.
형숙모	내가 기르는 개가 아니에요. 딸네가 갑자기 맡기고 가는 통에……. 얘 왜 이렇게 고통스러워하는 거죠? 뭐가 잘못된 거죠?
조박사	의사한테 보이면 알겠지만……. 뭘 먹였습니까?
형숙모	우유도 카스테라도 다 안 먹길래 배고프면 먹어라 하고 밥을 말아선 옆에다 뒀더니 그걸 먹었나 봐요.
조박사	생선 가시가 목에 걸렸는지도 모르겠군요.
형숙모	조 박사님이 접때 고속버스에서 진돗개 키우는 애길

하신 게 생각났어요. 그래서 전화를 드린 거지, 다른 뜻은 없어요. 정말이에요.

조박사   …….

형숙모   제 말씀은 저어 그러니까…….

조박사   다른 사람들이 소녀 같다고 하는 일이 가끔 있죠?

형숙모   네? 누구…… 저요?

조박사   그럼 이 차에 누가 또 있습니까?

형숙모   (E) 좀 부끄러웠다. 환갑이 다 된 여자를 보고 소녀 같다니……. 그러나 알 수 없는 일은 그 남자 옆에선 내가 정말 소녀처럼 수줍어하고 또 자꾸 말을 하게 된다는 것이었다.

S# 33. 삼층집 안방

형숙모, 조 박사와 통화 중이다.

형숙모   괜찮아요. 그럼요. (푸들을 쓰다듬는다) 네……. 어떻게 감사를 드려야 할른지……. 그래도 제 맘은 안 그런 걸요. 네…… 네…….

S# 34. 거실

푸들에게 빗질을 해주고 리본까지 달아 주는 형숙모.

형숙모   (E) 딸이 돌아오고 푸들은 딸네 집으로 갔다. 푸들의 안부

256

를 묻는 일로 그 남자와의 통화는 자연스럽게 이뤄졌었던 건데……. 이제는 또 끈이 없어지고 만 거였다.
전화는 며칠 오지 않았다.

S# 35. 거실(다른 날)

형숙모가 욕실에서 급히 나온다. 전화 쪽으로 급히 간다.
울리지도 않은 전화를 받지만 윙 하는 발신음 소리만 난다. 잘못 들은 것이다. 낙심한다.
전화기를 보다가 번호판을 누른다.
〈시간 경과〉
형숙이 형숙모의 머리에 염색약을 칠하고 있다.

형숙   그래요, 엄마. 생각 잘 하신 거야. 영주 아줌마 봐. 엄
              마보다 훨씬 활기차고 재밌게 살지. 가만, 이 약 이거
              너무 검은 거 아닌가 모르겠네. 약간 갈색으로 해야
              부드러워도 보이고 세련되게 보일 건데…….
형숙모   …….

전화벨이 울린다.

형숙모   (서둘러) 놔둬. 내가 받을게. 여보세요. 누구요? 그런
              사람 없는데요. 잘못 걸린 모양이네요. (끊는다)
형숙   엄마 기다리는 전화 있어요?
형숙모   아니다.

형숙	그런 거 같은데?
형숙모	…….
형숙	(웃으며) 엄마 혹시 데이트하는 거 아니우?
형숙모	숭하게 데이트는 무슨?
형숙	1층 슈퍼집 아줌마가 그러데요 뭐. 근사한 어떤 아저씨가 와서 엄마 태워 가더라고.
형숙모	시끄러워. 니네 개 생선가시가 목에 걸려서 병원에 데리고 가느라 그랬던 거야.
형숙	수의사였어요? 요샌 수의사가 직접 개를 데리고도 가나 부지?
형숙모	…….
형숙	엄마, 내 친구 필숙이 알죠? 있잖아, 대학 동기. 걔 요새 연애해요.
형숙모	남편 있는데? 아이구 숭해라.
형숙	그러니까 살짝 살짝. 걔 요새 얼마나 이뻐졌는지 몰라요. 그렇다고 걔가 집안일을 등한히 하는 줄 알아요? 더 잘 한대요. 식구들한테도 훨씬 잘 하고 생활에 활력을 준대나 어쩼대나.
형숙모	헛소리 그만 하고 널랑 김 서방한테 더 잘해.
형숙	내가 뭘. 더 이상 어떻게 잘 해요?
형숙모	내일은 니 아버지 산소에나 좀 같이 가보자꾸나.
형숙	엄마, 기껏 돌아가신 아버지한테 잘 보이려고 염색까지 하는 거예요?
형숙모	…….

S# 36. 공원 묘지

형숙모와 형숙이 한 무덤에 꽃을 놓고 있다.

형숙모   (E) 그 남자의 전화가 다시 온 것은 딸을 데리고 남편의
             공원묘지에 다녀온 그날 밤이었다. 자신의 진돗개를
             내게 보여주고 싶다는 것이었다. 나는 그때까지도 내
             가 개를 별로 좋아하지 않는다는 말은 하지 않았었다.
             그 남자는 오히려 반대로 알고 있을 것이었다.

S# 37. 삼층집 앞

잘생긴 진돗개를 차 뒤에다 태운 조 박사의 소나타가 와서 멎는다.
슈퍼집 여자가 호기심어린 눈길로 살피고 있다.
잘 차려 입은 형숙모가 3층에서 내려와 차 앞에 서면, 조 박사가 내려 차문
을 열어 주고 닫아 준다.
다시 운전석으로 돌아간 조 박사가 차를 출발시키자, 슈퍼집 여자가 쪼르
르 나와 차가 안 보일 때까지 바라본다. 입이 근지러워 죽을 지경이다.

S# 38. 광릉 수목원 정도

진돗개를 데리고 조 박사와 형숙모가 산책하고 있다.

형숙모   삼림욕이란 게 그렇게 좋다면서요?
조박사   우리가 지금 하고 있지 않습니까.

형숙모	(E)	우리……. 쑥스럽지만 싫진 않았다.
조박사		괜찮으시면 산에 같이 다니시겠습니까. 주말엔 붐벼서 싫고 전 평일에 곧잘 다닙니다만.
형숙모		그렇잖아도 운동 부족이라 여기고 있었는데……. 근데 잘 따라 걷지 못할 거예요.
조박사		걱정하지 마세요. 제가 업어서라도 모실 테니까요.
형숙모		(부끄러워하며 앞질러 걷기 시작하고)
조박사		(빙긋 웃는다)

S# 39. 수목원 다른 곳

형숙모와 조 박사가 적당한 곳에 앉아 있다.

조박사	요즘은 매일매일 아침에 눈 뜨는 게 즐겁습니다. 한 여사 덕분입니다.
형숙모	별 말씀을 다 하세요.
조박사	3년 만인 모양입니다. 이렇게 웃을 수 있고 마음이 즐거운게…….
형숙모	…… 3년…… 이라면?
조박사	집사람이 먼저 갔죠, 3년 전에.
형숙모	네……. 죄송해요. 공연한 얘길…….
조박사	아닙니다. 집사람도 내가 즐거우면 즐거울 겁니다. 친구처럼 지냈었거든요. 한 여사는……?
형숙모	전 훨씬 더 오래됐어요. (사이) 근데 집안 살림은 누가……?

조박사	혼자 사는 데 이력이 나기도 했구요. 아들네가 옆에 삽니다. 며느리가 잘 해요.
형숙모	네에······.

〈인서트〉
그림 전시장을 둘러보고 있는 형숙모와 조 박사.
산행을 함께 하고 있는 형숙모와 조 박사.
고급 레스토랑에서 식사하고 술 마시는 형숙모와 조 박사.

S# 40. 거실

콧노래를 불러 가며 가구에 마른 걸레질을 하는 형숙모.
형숙이 들어온다. 화가 난 기색이다.

형숙모	어서 와라, 오랜만이구나?
형숙	엄마, 요새 어떻게 된 거예요?
형숙모	어떻게 되다니, 뭐가?
형숙	소문이 파다한 줄도 모르고.
형숙모	소문?
형숙	그래, 그 늙은이하곤 어쩔 셈인데?
형숙모	그 늙은이?
형숙	그럼 내가 말이 곱게 나오게 생겼수? 엄말 꼬셔낸 사람인데.
형숙모	숭하구나, 꼬셔? 누가 누굴? 넌 교육도 받을 만큼 받은 애가 그거밖에 못 하니?

형숙	변했어요. 엄마.
형숙모	내가 뭘 어쨌다구 그러니. 꼭 무슨 죄라도 지은 거처럼 얘기하는구나.
형숙	하긴 형철이가 알게 되는 것도 시간 문제죠, 뭐. 형철이 댁이 또 알게 될 거고 엄마 꼴이 아주 우스워지겠네요.
형숙모	기가 막혀서. 글쎄, 내가 뭘 어쨌다구 그러는 거야?
형숙	엄마 그 늙은이하고 나댕기느라 김 서방 생일도 안 챙겨 줬어요. 김 서방 생일이 언젠지나 알아요?
형숙모	(벽에 걸린 달력을 보는데)
형숙	달력 볼 거 없어요. 지나갔으니까…….
형숙모	(아차 싶은데)
형숙	형철이한텐 입 다물고 있을 테니까 엄마 지금부터라도 처신 잘하세요. 자식들 체면이란 것도 있으니까.
형숙모	듣자듣자 하니까 못 하는 말이 없구나. 나 니들 체면 깎일 일 같은 건 한 적 없다.
형숙	추해요. 엄만 변했어요.
형숙모	형숙아! 너 정말. (속상해 죽겠다)
형숙	(나가 버린다)
형숙모	(그 자리에 한동안 서 있다)

S# 41. 안방(밤)

형숙모가 돋보기를 끼고 빛바랜 가족사진을 들여다보고 있다.
새삼 주위가 허전하고 어깨도 시린 듯하다.

전화벨이 울린다.

형숙모		네에.
조박사	(E)	어디 편찮으세요? 목소리에 기운이 하나도 없으십니다.
형숙모		아니에요.
조박사	(E)	오늘 친구들이랑 어딜 갔다가 냉면 아주 잘 하는 집을 하나 찾았습니다.
형숙모		…….
조박사		내일 시간 어떠세요?
형숙모		몸살기가 좀 있어서요. 쉬었으면 하는데.
조박사	(E)	아, 그래요……. 그럼 다음날로 하죠. 몸조리 잘 하세요.
형숙모		(생각을 바꿔) 아니에요. 냉면 사주세요. 아니…… 제가 사드릴게요.

S# 42. 삼층집 앞

소나타가 와서 서고 형숙모가 탄다.

S# 43. 차 안

형숙모	새옷…… 입으신 거죠?
조박사	며느리가 사와선 하도 입으라고 성화를 대서요. 좀 야하죠?

형숙모		아뇨. 젊어 보이세요.
조박사		한 여사야말로 나이보다 훨씬 젊어 보이시죠.
형숙모	(E)	처음으로 짜증 같은 게 치밀었다. 젊어 보인다며 서로 추켜 세우는 일은 이미 젊음 같은 건 물 건너간 지 오래라는 뜻이었다. 딸도 말하지 않았던가. 그 늙은이완 어쩔 셈이냐고.

S# 44. 1층 슈퍼

형숙	또요? 또 그 차를 타고 나가셨다구요?
슈퍼	그렇다니깐. 전화하고 오지 그랬어요.
형숙	(휙 돌아서는데)
친구	(들어온다)
형숙	(인사도 않고 나가 버린다)
친구	왜 저러누? 무슨 일 있어요?
슈퍼	나하구야 무슨 일이 있어요. 3층 쥔 할머니 땜에 그러는 거죠.
친구	즈이 엄마하고 무슨 일이 있는데 왜 여기 와서 그래요?
슈퍼	쥔 할머니 안 계시거든요.
친구	맞아. 전화통화도 힘들고 집도 곧잘 비우고 그러데. 무슨 일 있어요?
슈퍼	정말 모르시는 거예요?
친구	모르긴 뭘 모르고 떠보긴 뭘 떠봐요?
슈퍼	정말 모르시는 모양이네요? 하긴 등잔 밑이 더 어두

운 법이니까.

S# 45. 골목길

형숙이 집을 향해 가고 있다가 곰곰 생각하는 얼굴이 된다.

S# 46. 1층 슈퍼

슈퍼 여자와 친구가 은밀한 얘기를 계속 주고받는 분위기.
형숙이 들어와 슈퍼 여자를 노려본다.

친구	형숙이 새아버지 생기는 모양이네?
형숙	아줌마, 저하고 얘기 좀 해요.
슈퍼	나? 어째 겁나네……?
형숙	겁날 일을 왜 하세요, 아줌마.
슈퍼	내가 뭘 어쨌다구 그래요.
형숙	잘 모르는 일 가지고 아줌마가 계속 소문내고 있잖아요.
슈퍼	……!
형숙	울 엄마한테 물어 봤는데 그 늙은이하곤 아무 일도 없대요.
친구	……!
형숙	그러니 아줌마 제발 입 좀 다물고 계시라구요.
친구	나야 느이 엄마하고 친구 사인네 뭘 그러니.
형숙	(슈퍼 여자를 노려보다 나간다)

슈퍼	기가 막혀서……. 없는 말을 한 것도 아니구.
친구	형숙이 말이 아주 틀린 것도 아니구만 그러네.
슈퍼	사람들 참 이상해요. 쥔 아줌마 저 딸만 해도 그래요. 내가 귀띔해 주지 않았어 봐요. 아직도 새까맣게 모르고 있을 거면서.
친구	내가 좀 알아 봐야겠구만. 형숙 엄마가 세상물정도 모르고 워낙이 외골수라 잘못되지나 않을까 걱정되네.

S# 47. 호텔 바(S# 25와 동)

전에 보았던 노년 커플이 역시 같은 자리에 앉아 있다.
친구가 기다리고 있으면 형숙모가 온다.

친구	오랜만이다. 앉아.
형숙모	집에서 만나면 되지, 뭘 이런 데서 불러내고 그러니? (앉는다)
친구	집에서 어울리는 얘기가 있고 아닌 게 있잖아.
형숙모	……. (좀 긴장한다)
친구	무슨 애가 학교 다닐 때 하고 하나도 안 달라지고 고대루니.
형숙모	……?
친구	너 속엣 얘기 안 하는 건 당할 사람이 없잖아.
형숙모	…….
친구	내가 친구는 친구니?
형숙모	무슨 소릴 들었길래 그래.

친구	너 팔자 고치기로 했다며?
형숙모	미쳤어. 누가 그런 소릴 해?
친구	못 할 것도 없지 뭐.
형숙모	숭하긴.
친구	그런데 그렇게 데이트가 잦으셔?
형숙모	참 이상도 하네. 그 사람도 혼자고, 나도 혼자야. 몇 번 만나 밥 먹고 차 마시고 그런 게 그렇게 흉이 되는 거야?
친구	정말 그게 다야?
형숙모	…….
친구	그래, 내가 관여 안 해도 되는 일이지. 그치만 우린 친구잖니. 난 형숙 엄마 너 잘 되길 바라는 사람이지, 못 되길 바라는 사람이 아냐.
형숙모	…… 주문해야지.

〈시간 경과〉

형숙모와 친구가 새 칵테일 잔을 받는다.

친구	형숙이 그러는 건 니가 이해 해야 될 거야. 엄말 뺏긴 거 같은 느낌이 들 거 아니냐구.
형숙모	내가 뭘 어쨌게 그래? 당장 결혼이라도 하겠다고 한 거처럼들 수선이야.
친구	재혼…… 하게?
형숙모	생각해 보지 않았어.
친구	청혼은 받았구?

형숙모	아니라니까. 그냥 차 마시고 산책하고 얘기하고 그래.
친구	내가 좀 알아봐 줘?
형숙모	뭘 알아봐 줘? 궁금한 거 있음 물어 봐. 말해 줄게.

S# 48. 형숙의 집 마당

친구와 형숙이 차를 마시고 있다. 푸들이 옆에서 알짱거린다.

형숙	쟤가 (푸들을 가리킨다) 화근이었어요, 쟤가.
친구	세상 참 넓고도 좁다. 그 조 박사말이야. 며느리가 우리 영주하고 여고 동기라는구나. 3년 전에 지방대학에서 퇴직했고, 지금은 무슨 연구회라는 사무실에 나가고, 사는 집 말고도 시골에 땅이 제법 있대.
형숙	…… 아줌만 어떻게 그렇게 잘 아세요?
친구	말하지 않았니. 우리 영주하고 그집 며느리가 여고 동기라구. 형숙이 너 궁금한 거 있음 물어 봐라. 내가 다 알아다 줄 수 있으니까.
형숙	아직 당황스러워요, 전. 엄마의 재혼은 꿈에도 생각을 안 해봐서요.
친구	말이 났으니 말이지 돌아가신 느이 아버지가 무슨 재미가 있었니? 니 엄마나 되니까 군소리 없이 잘 참고 살았지. 나 같아도 못 살았다.
형숙	엄마 생각은 어떠시대요?
친구	니 엄마가 무슨 얘길 하니? 그저 친구라고 그러지.
형숙	…….

친구	지 머리 지가 못 깎는 법이고……. 자리가 괜찮은 거 같으니…….
형숙	저한테도 시간을 좀 주세요, 아줌마.
친구	형철이한텐 아직 안 알린 거지?
형숙	…… 네.
친구	니 엄마가 재혼을 잘만 해봐라, 니들도 좋지. 니 엄마 지금이야 괜찮지만 수족이라도 불편하게 돼봐. 니들이 힘들게 되지.
형숙	…….

S# 49. 삼층집 거실 및 주방

형숙이 수산시장에 들렀다 오는 길이다.

형숙	엄마. 이걸로 게장 담궈요. 싱싱하기도 하고 맛있게 생겨서 샀어요.
형숙모	…….
형숙	엄마. 나한테 뭐 서운한 거 있어요?
형숙모	……아니다.
형숙	요샌 통 외출도 안 한다면서요?
형숙모	누구한테 그런 말은 듣니?
형숙	…… 그냥. 오랜만에 엄마하고 티타임이나 가져 볼까나. (주방으로 간다)
형숙모	(따라간다)
형숙	(찻물을 주전자에 담고 가스 불을 켠다)

형숙모　　　　　(찻잔을 준비하고 식탁에 앉는다)

S# 50. 삼층집 전경

형숙　　　(E)　엄마. 조 박사님 사랑해요?

S# 51. 거실

형숙모, 찻잔을 입에 대다가 쿡 하고 웃는 바람에 커피를 흘린다.
형숙이 옆에 있던 티슈를 뽑아 준다.
형숙모, 계속 킥킥대며 웃는다.

형숙　　　　왜 그래요, 엄마. 내 말이 이상해요?

형숙모　　　그 늙은이가 왜 갑자기 조 박사님이 된 거냐?

형숙　　　　엄마는. 그땐 아무것도 몰랐으니까 그랬죠.

형숙모　　　지금은 뭘 아는데?

형숙　　　　나도 한번 만나게 해주지 그래요? 듣기엔 좋은 분 같
　　　　　　던데. 경력도 그만 하면 뭐 얼마든지 괜찮고.

형숙모　　　(픽 웃는다)

형숙　　　　처음 사실을 알았을 땐 진짜 화가 무지 났어요. 근
　　　　　　데 곰곰 생각해 보니까 그게 아니데요. 엄마한텐 엄마
　　　　　　인생이 있는 건데.

형숙모　　　요는 니가 지금 이 에미 시집을 보내겠다는 거냐?

형숙　　　　엄마, 형철이가 걸려서 그렇다면 나한테 맡기세요. 내
　　　　　　가 형철이도 형철이 댁도 다 알아듣게 얘기를 할 테니

까.

형숙모   효녀 하나 났네.

형숙   엄마, 조 박사님 사랑하죠? 내 말이 맞죠?

형숙모   사랑……? 사랑이라…….

S# 52. 공원묘지

형숙부의 무덤가.

형숙모   잘 들어둬. 이 에미 느이 아버지 옆에 묻히고 싶어.

형숙   엄마. 아버지 옆자리 여기 이렇게 가묘까지 써두고 있
                 으면서 무슨 걱정이세요.

형숙모   …….

형숙   엄마가 재혼을 해도 아버지 옆에 묻어 드린다 이 말이
                 에요. 생각해 봐요. 조 박사님도 엄마랑 결혼하셔도
                 묻히는 건 자기 부인 옆일걸?

형숙모   망칙하다. 그만 해둬. 그게 딸년이 에미한테 할 소리
                 야?

형숙   뭐가 망칙해요? 제크린이 케네디 옆에 묻히는 것도
                 못 봤수? 친척들이나 형철이가 뭐라 그래도 내가 우
                 기면 그 정도는 문제 없어요. 아버지도 다 이해하실
                 거고.

형숙모   듣기 싫대도 너 정말 왜 이러니?

형숙   엄마야 말로 왜 그러세요? 엄마한테 조 박사님 같은
                 적당한 혼처가 또 있을 거 같아요?

형숙모	내 일은 내가 알아서 할 거야. 넌 니 일이나 잘 해.
형숙	엄마, 이럴 땐 꼭 남 같아서 싫더라. (일어난다)
형숙모	(무덤을 한참 더 보다가 일어난다)

S# 53. 커피 집

외출복 차림의 형숙이 앉아 있으면 조 박사 며느리가 들어온다.
세련된 멋쟁이로 형숙의 또래다. 형숙이 손을 들어 아는 체한다.

며느리	안녕하세요? (마주 앉는다) 그렇잖아도 한번 만나려 고 했는데 마침 전화를 주셔서 얼마나 반가웠는지 몰 라요. 좁은 땅이라 학연이나 지연만 끌어내도 우린 어 차피 다 아는 사람이게 마련이에요. 그렇죠?
형숙	그래요. 차 주문해야죠?
며느리	커피로 하죠? 여기 커피 두 잔 주실래요?
형숙	힘드시죠?
며느리	뭐가요?
형숙	홀시아버지 모시기는 어렵다고들 하잖아요.
며느리	사람 나름이죠. 저희 아버님이야 누굴 힘들게 하는 사 람인가요, 어디.
형숙	네에……. (말 잘못했다 싶은데)
며느리	아버님, 정말 좋은 분이세요.
형숙	우리 엄마, 아니 어머니도 좋으세요.
종업원	(커피 두 잔을 앞에 놓고 간다)
며느리	드세요.

형숙	(잔을 든다)
며느리	있죠. 생각보다 홀로 된 여자분들이 많더라구요.
형숙	무슨 뜻인지…….
며느리	우리 아버님, 어디로 보나 괜찮으시잖아요. 그러니까요. 은근히 중매를 서고 싶어하는 사람들이 많았지 뭐예요.
형숙	네에.
며느리	그런데 우리 아버님이 꿈쩍이나 하셨어야죠. 하긴 돌아가신 시어머님이랑 워낙 금슬이 좋으셨지요.
형숙	네에. 우리 아버지랑 엄, 어머니도 그러셨어요.
며느리	십 년이 넘으셨다죠? 용케도 수절하고 지내셨네요.
형숙	우리 어머니 그런 사람 아니에요.
며느리	말을 잘못했다면 용서하세요. 좌우간 두 분 일……. 잘 되고 있는 눈치시죠?
형숙	글쎄요. 뭐…….
며느리	학벌도 재산 정도도 다 잘 맞으시는 거 같죠?
형숙	…….
며느리	뭐보담도 두 분이 서로 좋아하시니까.
형숙	시아버님이랑 친하게 지내세요?
며느리	그럼요. 우리 아버님은 딸이 없으시잖아요. 아들만 삼형제를 두셨거든요. 며느리들을 딸처럼 사랑해 주시죠.
형숙	우린 딱 둘인데. 남동생은 지금 미국 지사에 나가 있구요.
며느리	그래요. 영주한테 얘기 다 들었어요. 어때요? 우리 단

합해서 두 분 새 가정 만들어 드리는 거?

형숙   저도 어머니만 좋으시다면 뭐.

며느리   열 자식보다 악처 하나가 낫다는 옛말도 있잖아요. 우
             리 집도요. 지난주엔 삼형제가 다 모여서 의논들을 했
             다구요.

형숙   네에…….

며느리   언제 한번 식사 초대를 할 거예요.

형숙   네에…….

S# 54. 1층 슈퍼

슈퍼   그래도 알 건 알고 계시는 게 좋잖아요. 이런 얘기란
             게 남들 다 알면서 본인만 모를 수도 있는 거구.

친구   무슨 얘긴데 서론이 이렇게 길어요?

슈퍼   그 집 며느리 말인데요. 아주 여우 중에 상 여우라고
             소문났어요.

친구   곰보다야 여우가 낫지 않구.

슈퍼   그 조 박사 수발들기가 어려우니깐요. 어디서 배고픈
             노인네라도 구해 보라구 은밀히 사람까지 놔서 알아
             보고 그랬다네요.

친구   배고픈 노인네라니……?

슈퍼   왜 있잖아요. 몸이라도 의탁하려고 남의 집 마누라 되
             는 거요.

친구   설마…….

슈퍼   아니에요. 다 믿을 만한 데서 들은 소리예요.

친구	형숙 엄마야, 배고프고 의지 가지 없는 불쌍한 노인네야 아니지…… 얻다대고…….
슈퍼	쥔 할머니, 아니 주인 아줌마하고 성사만 되는 날엔 그 조 박사가 땡잡은 거죠. 당장 이 건물세만 해도 얼마예요. 그렇다고 인물이 빠지길 해요, 어째요?
친구	혼사 이거 질질 끄는 거 아니라는 옛말 맞는 거지. 벌써 마가 끼는 거 같아…….
슈퍼	잘 알아 보고 하시라고 해요. 아, 아닐 말로 여자는 혼자 얼마든지 살 수 있는 거잖아요. 남자가 골치 아프지. 돈 떨어지고 기운 떨어지고 나면 짐덩어리 아니겠어요?
친구	과부 심술인가……?
슈퍼	무슨 그런 말씀을 하세요. 저요? 팔자를 고치려고 들었으면 열두 번은 고쳤을 거예요. 고주망태 술주정뱅이 서방 몸서리나다가 혼자 벌어 혼자 사니까 얼마나 편하고 좋은데요.
친구	혼자 사는 거보다야 미우니 고우니 해도 내외가 같이 사는 게 좋은 거지. (일어난다)
슈퍼	오시면 뭐라고 전해 드릴까요?
친구	전화할 거니까.
슈퍼	제가 한 말요. 없는 말한 건 아니지만 비밀이에요, 아주머니?
친구	(간다)

S# 55. 골목길

친구 가고 있으면 맞은편 쪽에서 며느리를 만나고 오는 형숙이 오고 있다.

형숙	아줌마.
친구	어디 그쪽에서 오는 거야?
형숙	저 누구 만나고 오는지 모르시죠?
친구	그걸 알면 내가 이러구 살아?
형숙	조 박사님 며느리요.
친구	그랬어? 무슨 일로?
형숙	궁금해서 내가 한번 보자고 했어요. 조 박사님 칭찬만 잔뜩 듣구 왔네. 상당히 적극적으로 나오는데요.
친구	엄마는?
형숙	조 박사님 만나러 나가셨죠. 근데 앞으론 신경 좀 써야겠어요. 그 며느리가 얼마나 멋쟁인지 까딱 하면 우리 엄마 얕보이겠어요.
친구	별 걸 다 걱정한다. 심성이 문제지, 그깐 게 뭐가 문제라구.
형숙	아줌마, 바쁘세요?
친구	내가 뭐가 바빠?
형숙	저도 우리 그이 출장 갔어요. 엄마 집에 좀 들렸다 가세요. 엄마도 만나시고. 저한테 엄마 키 있어요, 아줌마.

S# 56. 삼층집 주방

국수를 삶아 열무김치에 말고 있는 형숙.

형숙 아줌마, 드셔 보세요. 긴장했었는지 배도 고프고 갈증
      도 나고, 혼났네.
친구 느이 엄마 물김치 솜씨야 일품이지. 어디 모녀 합작품
      좀 먹어볼까?

전화벨이 울린다.

형숙 국수 불겠네. 누구야. 엄마도 안 계신데……. (전화
      받는다) 여보세요? 형철이구나?

S# 57. 한식집

조 박사와 형숙모가 식사하고 있다.
형숙모가 가만히 조 박사를 본다.

조박사 제 얼굴에 뭐 묻었습니까?
형숙모 아니에요. 저어…… 한 가지 물어 봐도 돼요?
조박사 얼마든지요.
형숙모 환갑은…… 어떻게 하셨어요?
조박사 여행을 갔었죠. 집사람이 살아 있을 때였으니까.
형숙모 같이 가셨겠네요?

조박사	그랬죠.
형숙모	(묵묵히 식사한다)

S# 58. 삼층집 앞(밤)

조 박사의 차가 서고 형숙모가 내린다.
슈퍼 여자가 얼른 보고는 몸을 감춘다.

S# 59. 3층으로 오르는 계단(밤)

형숙모, 지친 듯 천천히 계단을 올라간다.

S# 60. 삼층집 거실(밤)

형숙이 문을 열어 주면 형숙모, 들어간다.

형숙		미국에서 전화 왔었어요.
형숙모		또 그 환갑 얘기냐?
형숙		형철이가 그러데요. 엄마 속셈을 모르겠다고.
형숙모		속셈이라니? (역정이 난다) 무슨 말들이 그래?
친구	(E)	가타부타 말이 없으니까 애들이 안 그러니?
형숙모		이 시간에 웬일이야?
친구		형숙이가 붙잡아서, 열무김치 국수 말아 잘 얻어먹었지. 피곤해 보인다?

S# 61. 안방(밤)

형숙모가 들어와 불을 켠다.
외출복도 벗지 않고 벽에 기대앉는다.

형숙모　(E)　피곤해 보인다는 친구의 말은 맞는 것이었다. 그 남자
　　　　　　를 만나는 일. 머리에 염색을 거르지 않고 해야 했고
　　　　　　피부 마사지도 받았고, 늘 무슨 옷을 입을까 궁리하다
　　　　　　가 시간을 다 보내버렸고……. 만나서는 예쁘게 보이
　　　　　　려고 교양 있게 보이려고 늘 긴장해 있고. 헤어져 돌
　　　　　　아오면 그제서야 피곤이 그대로 찾아왔다. 나는 나를
　　　　　　속이고 그 남자를 속이고 있었다. 왠지 진실이 아니고
　　　　　　겉멋을 부리기엔 나, 기운이 부치는 건 물론 남아 있
　　　　　　는 시간도 많지 않았다.
형숙　　(E)　엄마, 안 나오고 뭐 하세요?

S# 62. 주방(밤)

식탁 의자에 형숙모와 형숙, 친구가 앉았다.

형숙모　　물 좀 줄래?
친구　　　뭘 잘 먹은 모양이다?
형숙　　　엄마. 조 박사님이 뭐 사주셨는데? (일어나 냉장고로
　　　　　간다)
형숙모　　난 뭐 맨날 얻어먹기만 하는 줄 아니?

친구	니네 엄마가 깔끔한 거야 어디 가겠니?
형숙	(형숙모에게 물을 따라 주며) 엄마, 나 오늘 누구 만났는지 알아요?
친구	조 박사 며느리를 만났단다.
형숙모	(당황하고 놀라며) 너 왜 시키지 않은 짓하고 그래?
형숙	엄마는……. 어차피 치러야 할 절차잖아요. 친해 두면 좋지 뭐.
형숙모	너 내가 분명히 말했지? 내 일은 내가 알아 한다구. 내가 세 살 먹은 어린애야? 왜 니가 이래라 저래라야?
친구	(입 다물고)
형숙모	아깐 또 뭐? 속셈을 모르겠다구? 내가 무슨 속으로 잔머리나 굴리려고 그러는 사람으로 보이는 거야? 니들을 상대루?
형숙	…… 나쁜 뜻으로 한 말은 아니었어요, 형철이도.
형숙모	넌 집에 가, 김 서방한테나 잘 해.
친구	출장 갔댄다, 김 서방은.
형숙모	출장지에서 전화를 할지도 모르잖아. 가, 어서.
형숙	(일어난다) 전화 드릴게요.
형숙모	안 해도 괜찮아. 가기나 해.
친구	된서리 맞기 전에 나도 가련다. (일어난다)
형숙모	영주 엄마, 넌 자고 가.

형숙과 친구, 의아해 하다가 형숙은 가고 친구는 남는다.

S# 63. 1층 슈퍼 앞(밤)

슈퍼 여자가 가게 문을 닫고 있다.
형숙이 가는 걸 보며 뭐라고 한마디 하려다 참는다.

S# 64. 안방(밤)

형숙모와 친구가 나란히 누웠다.

형숙모   우리 앞으로 얼마나 더 살까…….
친구   …… 그걸 알면 내가 여기 이러고 있겠니.
형숙모   나…… 남자한테 미쳐서 신나서 돌아다니는 걸로 보
            이지?
친구   비난하고 싶은 맘 전혀 없다. 내 맘 모르겠니?
형숙모   그런 뜻으로 한 말이 아니고…….
친구   심란한 거로구나?
형숙모   누가 내 속을 알겠니? 영주 엄마, 넌 내가 속을 잘 터
            놓지 않는다고 자주 서운해 하지만…… 나 생긴 게
            그런데 어쩌니. 내가 날 몰라서도 그게 잘 안 되고, 인
            간이 얼마나 자주 변하는가도 알기 때문에도 그게 잘
            안 되곤 했어.
친구   하고 싶은 말을 해봐. 편안하게.
형숙모   남편하고…… 간절한 연애감정 같은 건 없었어
            도…… 그래 편안함이 있었어. 금방 자고 일어난 얼
            굴을 보여도 괜찮았고, 천년만년 살 거처럼 서로 잔소

리하고 미워하며…….

친구   그게 생활이지 뭐.

형숙모   조 박사 좋은 사람이야. 그렇지만 편안한 건 아냐. 나, 몸도 마음도 잔뜩 치장을 하고 나가선…… 돌아오면 이렇게 피곤해지는 거야……. 가짜라는 생각이 들어.

친구   그거야 데이트 중이니까 그런 거지. 막상 결혼을 하고 나면 편안해지지 않겠니?

형숙모   같이 아이를 낳고……. 못 볼 거 볼 거 다 봐가며 사는 게 진짜 남자 여자의 삶이야. 그런 생각이 들어.

친구   우리 이제 늙어 버렸는데 친구처럼 사는 것도 괜찮잖니?

형숙모   (일어나 앉으며) 싫어. 진짜가 아닌 거 같아. 늙은 여자도 여잔 여자야. 최소한 그런 감정까지는 일어나야 되지 않겠어?

친구   조 박사가 너무 점잖은 모양이다.

형숙모   아, 이걸 어떻게 설명해야 하지? 이것 봐라. 나 설명할 재간이 없지.

친구   국문과 출신인 니가 그러면 가정과 출신인 나는 가만히 있을 수밖에…….

형숙모   형철이한테 다녀오겠어.

친구   미국?

형숙모   그래. 생각도 좀 정리를 해봐야겠고.

S# 65. 삼층집 전경(아침)

형숙모, 통화 중이다.

형숙모   아니에요. 그러실 필요 없어요. 제가 바로 그쪽으로
가겠어요……. 아니에요. 중간에 어디 좀 들릴 데도
있고 해서요……. 네…… 네……. 그럼 나중에 뵈요.
(끊는다)

S# 66. 호숫가

형숙모가 찰랑이는 수면을 보고 있다.
조 박사의 차가 와서 당도하는 게 멀리 보인다.
조 박사가 다가오지만, 형숙모 여전히 수면을 보고 있다.

조박사   무슨 생각을 그렇게 골똘히 하세요?
형숙모   오셨어요?
조박사   제가 늘 전화를 드리다가 전화를 받게 되니 얼마나 기
뺐는지요.
형숙모   우리 집 애가 그 댁 며느님을 좀 만났나 보던데요.
조박사   예. 따님이 아주 참하더라고 그러데요.
형숙모   참하기는요.
조박사   참 좋군요. 시원한 게…….
형숙모   제가 어딜 좀 다녀오려구요. 비자가 나오는 대로 여행
사에도 이미 들렀어요.

조박사		어딜요?
형숙모		아들이 엘에이에 있어요.
조박사		네에…….
형숙모		한번 다녀가라고 성화를 부려서요.
조박사		얼마 동안이나…….
형숙모		글쎄……. 모르겠어요. 가 봐서요. (먼 데를 보고)
조박사		…….
형숙모		(조 박사를 본다) 저어…….
조박사		됐어요. 그냥 좀 걸으시죠. (앞장 선다)
형숙모	(E)	그때 느껴졌다. 그 남자도 내 의중을 알고 있다는 것이. 만남이 우연이었듯이 헤어짐도 우연일 수 있을 거라는 생각이 들었다. 아니, 헤어지고 말고 할 것도 사실은 없었다. 청혼을 받은 적도 없었고, 청혼을 한 적은 더더욱 없었으니까.

조 박사는 아무 말이 없다.
형숙모, 고개 숙인다. 문득 자신의 손에 눈이 간다. 늙은 손이다.
손을 눈앞에 대고 찬찬히 본다.

형숙모	한때는 참 고왔던 손인데…….
조박사	지금도 고우세요.
형숙모	아니에요. 곱지 않아요.
조박사	…….

S# 67. 공항

이륙해서 하늘로 치솟는 비행기.

형숙모   (E)   그렇게 나는 떠났었고, 이제는 또 돌아왔다.

S# 68. 호숫가

형숙모   (E)   그 남자로부터는 전화가 오지 않았다. 나도 안 했다.
                가끔 그 남자와 보냈던 시간들이 그리워진다. 내가 남
                자라고 부를 수 있는 마지막 사람임을 알지만, 전화는
                지금도 동전 네 개면 걸 수 있지만…… 하지 않겠
                다…….

〈끝〉

나목

원작 박완서

극본 박진숙

연출 장수봉

방송 1992년 6월 25일 MBC 6·25 특집극

등장인물

경아	완구점 노인
경아모	다이아나 김
백부	린다 조
민	수잔 정
혁	미숙
욱	죠오
옥희도	싸진 발콤
태수	PFC
최 사장	미군1, 2, 3
화가 김씨	운전병
화가 돈씨	옥희도 주인집 여자
화가 진씨	쇼리소년

제1부

S# 1. 파괴된 서울 거리

흔적을 알 길 없이 폭파된 건물들. 무너진 벽돌더미.

유리 창문이 박살나 뻥뻥 뚫린 건물들. 총알 자국이 선명한 시멘트 담.

잡초가 우거진 폐허. 그 와중에서도 무심히 피어 하늘거리는 이름 없는 들
꽃들.

경아   (E) 천구백오십 년의 유월……. 신록 아름다운 그 계절에
               우리는 이렇게 부서져야 했습니다……. 속수무책이
               었습니다.

S# 2. 경아의 집 전경(아침)

폭격으로 한쪽 지붕이 날아가 버린 음산한 고가.

잡초가 너무 무성해 버려진 집이라는 생각이 든다.

폐허의 일부분같이 황폐한 분위기의 어머니가 마당에 서서 혁이의 유도복,
욱이의 교복 등, 남자 옷이 분명한 빨래들을 하나하나씩 탁탁 털어 반듯하게
널고 있다.

출근하려고 댓돌에 내려서던 경아가 어이없어 하며 어머니를 바라보다가
느닷없이 달려들어 빨랫줄의 빨래를 나꿔채 땅바닥에 팽개친다.

꼼짝도 하지 않고 땅바닥의 빨래를 바라보는 어머니.

경아가 한마디도 하지 않고 그대로 대문을 나가 버리고, 어머니는 표정 없

이 흙 묻은 빨래들을 다시 빨기 시작한다.

S# 3. 경아의 집 골목

또각또각 거친 발소리를 내며 걸어가는 경아의 뒷모습.
골목 어디쯤에 담장을 넘어 꽃가지를 늘어뜨린 라일락이 보이고, 경아가
문득 걸음을 멈추고 우울한 얼굴로 꽃을 올려다본다.

S# 4. 동(회상)

현재와 동일한 골목.
등교길에 욱이와 혁이. 그리고 경아가 활기찬 모습으로 오고 있다.
꽃자주 저고리에 연보라 치마를 맵시 있게 입은 어머니, 나와서 배웅한다.
환하고 정겨운 모습.

경아   (E) 그 평범한 일상의 모습이 행복이란 것을 모르던 시절
              이었습니다. 사람이란, 잃어 보지 않고는 모르는 채
              사는 것이 얼마나 많은 건지요.

S# 5. 법당 뜰 및 안(회상)

금잔화, 채송화, 봉숭아가 흐드러지게 피어 있는 깨끗하고 정결한 법당 뜰.
상복 차림의 어머니, 혁이, 욱이, 경아가 비통하게 서 있다.
이목구비 고운 젊은 이승의 낭랑한 회심곡.
부처님 앞에 깨끗한 지전을 놓고 정성껏 절을 되풀이하는 어머니.

만수향의 푸르고 가는 연기. 계속되는 회심곡.

손수건으로 눈물을 닦는 어머니.

어머니를 부축하는 경아, 욱이와 혁이.

경아   (E) 병석에 누워 계시던 아버지가 돌아가신 것은 전쟁 한
              달 전이었습니다. 슬펐지만, 무지하게 슬펐지만 수국
              이 가득 핀 법당 뜰엔 그래도 평화가 있었습니다.

S# 6. 6 · 25 전쟁의 몽타주

밀려오는 탱크.

한강 폭파.

피난민의 행렬.

피난민의 대열 속에 섞여 있는 경아네 식구들.

큰아버지와 민이의 모습도 얼핏 보인다.

부산 피난민 수용소.

유엔군 인천 상륙작전.

9 · 28 수복.

경아   (E) 그 악몽 같은 몇 달은 기억조차 끔찍합니다. 모두에게
              혹독한 일이었지요. 큰집 식구들과 같이 피난길에 나
              섰던 우리 가족은 일단 전쟁이 소강 상태에 이르자 어
              머니의 고집으로 다시 서울로 돌아왔습니다. 돌아온
              서울……. 그러나…… 그 막막한 불안감은 한치 앞
              을 내다볼 수 없게 하는 것이었습니다. 내 나이 스물

하나. 취직을 했습니다.

S# 7. 거리(아침―다시 현실)

생각에 잠긴 경아가 걸어가고 있다.
벽돌더미가 쌓이고 잡초가 우거진 서울 중심가의 폐허화된 거리.
구두닦이 통을 메고 가는 아이들.
폐허를 넘나들며 뭔가를 줍고 있는 넝마주이들. 전차를 타려고 줄 서 있는
학생들.

S# 8. 거리(아침)

걸어가는 경아의 뒤로 군용 짚차가 다가가 멎는다.
운전병이 내려서서 문을 열면 육군 소령인 민이가 내려선다.

민이   경아야.
경아   (돌아보며) 민이 오빠!
민이   까딱하면 못 보고 들어갈 뻔했구나. 출근이 꽤 빠르
            네?
경아   날 보러 가던 길이었어요? 왜?
민이   암튼 타라. 너 데려다 주고 집으로 가 작은어머닌 뵐
            테니.
경아   걸어가면 돼요. 나 민간인이우. 군용 짚차 타면 되나?
민이   우리 경안 아는 것두 많지. 그런 걱정일랑 하지 말구
            자 어서.

경아	생활비 땜이라면 그만 오셔두 돼요. 나도 돈 벌잖아요.
민이	당장 못 타? 가면서 얘기하자. (운전병에게) 가지.
경아	(민이의 부축을 받으며 짚차 뒷자리에 오른다)

S# 9. 달리는 짚차(아침)

민이	어때, 일은 할 만하냐?
경아	(냉소적으로) 그런 거 따지게 생겼어요. 먹고 살아야 하는데?
민이	……. (당혹해 하는)

이때 밖으로 미숙이 지나가는 것이 보인다. 미숙, 아직 여고생 같은 청순한 모습이다.

경아	미숙아! 오빠 나 여기서 내릴게요.
민이	스톱. 차 좀 대봐.

운전병, 차를 길 옆에 대면 민이 뛰어내린다.

민이	(미숙에게) 타시죠.
미숙	(우물쭈물하는데)
경아	놀라긴. 우리 사촌오빠잖아. 초면도 아니면서 그런다. 빨리 타.

S# 10. 달리는 짚차(아침)

민이, 뭔가 할 말이 있는 듯 경아를 돌아본다.
미숙, 수줍게 민이를 훔쳐보고

경아   민이 오빠. 나한테 무슨 얘기하려고 애쓰지 말아요.
     전 들을 얘기 하나도 없으니까요.

민이   말 좀 하자, 제발……. 오늘은 안 되겠고……. 날을
     다시 잡아야겠구나.

경아   (못 들은 척 딴청부린다)

S# 11. 미8군 전경

잎이 무성한 나뭇가지들이 바람에 흔들리고 있다.
껌을 질겅거리며 흐느적흐느적 걷고 있는 몇몇 흑인 병사와 백인 병사들.
먼 곳에서 포성이 울리고 트럭 하나 달려 들어와 한 떼의 미군 병사를 쏟아
놓고 가 버린다.

S# 12. 미8군 PX매장

1층 복도. 중앙 출입문.
바닥이 타일로 된 복도를 가운데 두고 양옆에 늘어선 매장들.
휘황한 불빛 아래 화려한 색상의 물건들이 가득 쌓인 동쪽 미국매장.
서쪽으로 삼 분의 일쯤 한국물산매장.
수예품, 유기그릇, 대그릇, 고무신, 피혁제품, 귀금속 등을 팔고 있다.

누런 군복의 덩치 큰 미군들이 여기저기 기웃거리고 있고, 미국매장의 세일즈 걸들이 서툰 영어로 손님을 맞거나 끌고 있다.

캔디매장의 다이아나 김, 양품의 린다 조, 전기부품 매장의 수잔 정 등……

다이아나 김, 흑인 병사에게 갖은 아양을 다 떨며 캔디를 팔고 있다.

S# 13. 초상화부 앞

한국매장이 시작되는 곳.

바로 맞은편인 유기매장에서 진열장을 닦고 있는 미숙.

인조 실크 스카프에 그려진 농염한 여인들의 초상화가 내걸려 있고, 유리 진열장에 진열된 여러 사이즈의 액자용 실크스카프, 손수건 등.

그 뒤쪽으로 회색 휘장이 쳐진 어두컴컴한 실내.

물감, 붓, 깡통 등 복잡하고 무질서한 초상화부 안.

멋없이 마른 김씨, 작고 뚱뚱한 돈씨(작은 김씨), 풍채 좋은 진씨, 세 사람 각자 실크스카프나 손수건에 초상화를 그리고 있다.

경아는 장부 정리를 하고 있다.

미군 셋이 시끌시끌하며 진열장을 들여다본다.

경아   안녕하세요. 초상화들 그리세요. 여자 친구 사진 갖고
                  있죠?

노우! 노우! 하며 낄낄거리고 돌아서는 미군1, 2.

미군1, 2, 미숙의 매장을 기웃거리다 안으로 들어가고 미군3만 남아 위에 걸려 있는 초상화들을 유심히 살핀다.

경아	당신같이 핸섬한 남자의 여자 친군 어떻게 생겼을까? 사진 있으면 좀 보여줘요.

미군3, 수줍게 웃으며 윗주머니에서 지갑을 꺼내 펼쳐 보인다. 평범하게 생긴 금발 여인.

경아	(호들갑스럽게) 정말 예뻐요. 마음도 예쁘겠죠?

미군3, 지갑을 들여다보며 새삼 만족한 듯 미소짓고 지갑을 넣으려는데 경아, 재빨리 진열장에서 한 모서리에 용이 날염된 커다랗고 번들번들한 인조 스카프를 내보이며

경아	여기다 예쁜 여자 친굴 그리면 멋있겠죠? 오 딸라밖에 안 돼요.
미군3	(입을 삐죽하고 고개를 저으며) 노우! (한국말로) 비싸요! (그리고 진열대로 다가가 손바닥만한 손수건을 가리킨다)
경아	(다소 쌀쌀맞게) 좋아요. 삼 딸라. 사진 주세요. (주문서를 꺼내 적으며) 머리 색깔은 금발, 눈은?
미군3	코발트 블루!
경아	옷은?
미군3	옷은 없어요.
경아	뭐라구요?
미군3	누드로 그려 줘요. (육감적인 몸짓으로) 가슴에 품고 다니게……

경아   (화내며 큰소리로) 우린 누드 같은 건 안 그려요!

안에 있던 세 화가들이 놀라 경아를 바라본다.

미군3   (어린 아이가 조르듯) 그려 줘요.

돈씨   돈만 많이 내봐라. 뭘 못 그려 주나.

김씨   (E) 그저 입만 벌렸다 하면 돈…… 돈……. 그러니 멀쩡
             한 성 놔두구 돈씨가 됐지.

화가들 얘기에 경아가 좀 주춤해진 사이에 미군3, 꼬깃꼬깃한 일 달러짜리
석 장을 경아에게 주며

미군3   내일 찾으러 올게요. 모레까지는 일선으로 돌아가야
             하거든.

경아   (주문서를 내던지며) 급하게 생겼네. (혼잣말, 분위기
             바꿔서) 전선은 어때요?

미군3   갓뎀 양구. (획 간다)

S# 14. 초상화부 안

진씨   (느리게) 먹구 살려면 별 수 없지 뭐. 그 비위 다 맞추
             는 수밖에……. (붓을 더러운 물통에 빠다)

김씨   (비아냥거리며) 돈씨가 돈돈 하는 바람에 맡았으니까
             내일까지 돈씨가 그리쇼. 멋진 누드로…… 살색만 좍
             칠하면 되겠네. (낄낄거린다)

경아	(김씨에게) 지금 그 초상화 점심 전에 찾으로 온댔는데 아직 멀었어요? (다가간다)
김씨	(심통스럽게) 미쓰 리 잔소리 들으면 일 더 안 돼. 저리 가.
돈씨	(빈정대듯) 우리 닦달한다구 미쓰 리 월급 올라가는 것도 아니잖아?
경아	(지지 않고 짓궂게) 맘대로들 하세요. 나야 아쉬울 거 없지. 바빠죽겠으니 화가들 몇 더 쓰자구 사장님 조르는 수밖에.
진씨	(점잖게) 바쁜 거 고작해야 월말 며칠인데 사람 더 쓰면 어떡해? 우리 굶길라구 하는 말야? (주머니에서 니켈딱지의 회중시계 꺼내보며) 점심시간 안 됐나? 가만 앉아 일하는데 웬 배는 이리 자주 고픈지.

S# 15. 복도

미숙이 초상화부 안을 기웃거린다.

미숙	아침 안 먹었더니 배고파 죽겠네. 매장 좀 부탁해, 언니!

미숙이 갈래머리를 팔랑거리며 도시락을 들고 휴게실로 올라가는 옆 계단을 뛰어오르는데 삼각 사다리를 어깨에 메고 그 옆을 지나던 전공 태수, 미숙의 갈래머리 하나를 살짝 잡아당기며

태수	같이 먹읍시다, 미숙 씨!
미숙	피이! 아무한테나 그러더라.
태수	혼자 먹는 거보단 둘이 먹는 게 나으니까 그렇지 않소.

S# 16. 초상화부 안

| 김씨 | 다 먹자고 하는 짓인데 우리도 뭘 좀 먹어야지? 예술이고 나발이고. |
| 돈씨 | (피식 웃으며) 그 예술 소리 좀 작작해요. 지나가던 개가 웃겠네. |

입구에 나타나는 최만길 사장.
유난히 작고 뚱뚱한 몸집에 말쑥한 양복. 붉은 나비넥타이.
몸집이 크고 눈빛이 살아 있는 중년의 사나이를 대동하고 있다.
염색한 군복을 비좁은 듯 껴입고 겸연쩍은 미소를 띠고 서 있는 옥희도.
붓이 든 누런 봉투를 소중한 듯 안고 있다.

최사장	(껄껄거리며) 여, 다들 잘 돼 갑니까?
경아	사장님? 오늘 토요일도 아닌데……?
최사장	왜? 난 돈 주는 날만 나오라는 법 있어? (사이) 오늘부터 화가를 한 사람 더 쓰기로 했으니 그리들 아슈. 옥희도 씨라구, 진짜 화가요, 진짜 화가. 자 인사들 해요.

우람한 옥희도의 등을 툭툭 두드리는 최 사장. 그 모습이 우습다.
말없이 꾸벅 절하는 옥희도.

네 명의 화가들, 엉거주춤 인사하고 경아를 돌아본다.

경아는 방금 한 말 때문에 난처해진다.

경아	아니, 사장님. 의논도 없이…… 요샌 일거리도 별루…… (하다가 옥희도를 보고는 당황해서) 그런 뜻이 아니고……. (갈팡질팡한다)
옥희도	(미안한 듯 미소만 짓고 있다)
최사장	에…… 또…… 나로 말할 거 같으면 이 어려운 시기에! (으시대듯) 불우한 처지에 놓인 예술가들을 한 사람이라도 더 도운다는 것에 사업 목표를 두고 있는 사람으로서.
김씨	형편없는 칠쟁이 놈들이랄 땐 또 언제구…….

비웃 듯하는 화가들. 경아는 웃을 기분이 아니다.

최사장	에, 또, 어쩐다? 난 좀 바빠서…… 가봐야겠는데. 미쓰 리가 싸진한테 말해서 우리 옥 선생 임시 패스 좀 만들어 줘. 우선 의자라도 마련해 주고……. 자, 일들 하쇼……. 토요일에 봅시다. (돌아서다가 경아에게 속삭이듯) 미쓰 리, 옷 좀 근사하게 입어요. 눈에 확 띄게, 야하게 말야! 주문이 배는 오를걸! (손 한 번 번쩍 들어 보이고 거드름을 피며 사라진다)
진씨	(느리게) 저런 빌어먹을 놈. 미쓰 리가 양갈보야? 지 맘대루.

분위기 어색하다.

불만에 찬 표정들의 김씨, 돈씨, 진씨……. 특히 돈씨가 유난하다.

경아가 칸막이 뒤에서 낡은 의자 하나를 찾아내어 옥희도에게 건네는데 갑자기 정전이 되며 캄캄해지는 상가 안.

S# 17. 어두운 복도

린다조   (비명처럼) 엄마아!

거구의 흑인 둘이 낄낄거리며 따라나와 태연히 입구로 가고 매장의 사람들이 무슨 일인가 나가 보면 수잔 정이 린다 조를 안듯이 하고 있다.

수잔정   야! 돈 내구 가.

김씨   뭐야? 왜 그래?

린다조   돈은 냈어. 알지도 못하면서.

김씨   그럼 뭐야. 왜 그래?

다이아나김   뻔하다, 뻔해. 불 꺼지니까 만지디?

김씨   우리 다이아나 김은 그 방면엔 도사시니까.

다이아나김   아저씨, 말 막 하기예요?

김씨   (투덜대며 자기 매장으로 간다)

다이아나김   각자 자기 매장으로 가. 도둑맞지 말구.

수잔정   (린다 조를 안은 듯이 하고 들어가며) 겁내지 마. 여기 너 혼자 있는 거 아냐. 가끔 그렇게 짖궂은 애들이 있더라니까.

S# 18. 초상화부 안

경아, 가게를 가로질러 가 잿빛 휘장을 걷으면 거리가 보이는 창.
옥희도, 희미한 빛이 들어오는 창을 물끄러미 보고 있다.

돈씨	(사진 뒤의 주문서를 팔랑이며) 미쓰 리, 이거 뭐라는 소리야? 흘겨 써서 알아볼 수가 있어야지. 젠장…… .
김씨	곧 죽어도 까막눈이란 소린 않지.
경아	(얼른 받아들고 번역해 준다) 은빛 도는 회색 머리, 회색빛 도는 푸른 눈, 그리구 옷은 마린 블루니까…… .

옥희도, 그 소리를 담담히 듣고 있다.

진씨	망칙도 하지. 뭐가 그리 복잡한 건지.
김씨	(그리다만 스카프에 황질을 하며) 에이 되는 일이 없어. (주머니를 뒤진다)
돈씨	(옥희도를 의식하며) 점점 입에 풀칠하기도 어려워지는데 그래서야 쓰나. 그림 두 장 값을 그래 졸지에 날려 버려? 재벌이야?
김씨	어이구 이눔의 세상. 날이 갈수록 심화만 끓으니. (계속 담배를 찾는다)
옥희도	(조용히 담배를 곽 채로 내민다)
김씨	(옥희도를 흘깃 보고 담배 한 개피를 꺼내 문다)
경아	(보다가 옥희도에게 줄 일거리를 찾고 있는데)
돈씨	아까 그 누드 말야. 돈도 더 안 준다는 데다 까다롬 깨

302

나 피게 생겼더구만. 우리야 형편없는 칠쟁이들이니
까……. 어때, 진짜 화가한테 한번 그려 보시게 하지.

경아   (들은 척도 않고 사진을 들고와) 시작해 보셔야죠?

옥희도, 경아를 보다가 고개를 끄덕이고 안고 있던 누런 봉투에서 크고 작
은 붓들을 쏟아낸다. 한두 개가 바닥으로 떨어진다.

경아   최 사장님이 얘기 안 하셨구나? 붓은 여기서 드리는
           데.

옥희도   (붓을 주워 올리면서) 얘기야 들었소만…….

김씨   진짜 화가는 어디가 달라도 다른 법이라니까.

진씨   (김씨에게 말을 삼가라는 듯) 이왕 이렇게 만난 거 좋
           게 지내야지.

경아   중요한 건 아주 닮게 그리는 거예요.

옥희도   닮게…… (사진을 들여다보며) 아주 닮게라…….

경아   (돌아서다가 말고) 더 예쁘게 그려 주는 건 별 말이
           없기도 하고요.

김씨   흥, 그런 요령이 어디 하루 아침에 되는 건 줄 아나.

진씨   이런 그림에 경험은 좀 있으시오?

옥희도   이런 그림……. 그야 본시가 환쟁이니 어떻게…….

진씨   극장 간판 같은 거 그려 본 일 있어요? 수입은 그게
           괜찮다던데.

옥희도   난 그냥 그림을 그렸소. 그냥 그림…….

경아, 다른 일을 하다가 옥희도를 빤히 본다.

김씨	(일어나며) 밥이나 먹고 합시다. 밥!
진씨	(옥희도에게) 같이 나가시죠? 금강산도 식후경이랬다고…….
옥희도	이대로 좋습니다. 다녀들 오시죠.

돈씨, 김씨, 진씨 나가고 옥희도와 경아만 남는다.
경아가 옥희도의 눈치를 보다가

경아	저…… 점심 좀 먹고 와도 될까요? (도시락을 챙긴다)

옥희도, 보지도 않고 고개만 끄덕인다.

S# 19. 경아의 집 마당(낮)

햇살에 눈부셔 하며 욱이, 혁이의 옷을 빨랫줄에서 걷는 어머니.

S# 20. 이층으로 오르는 계단 및 휴게실

도시락을 든 경아가 계단을 올라와 휴게실의 문을 열고 들어간다.

S# 21. 경아네 집 마루

어머니가 마른 옷에 입으로 물을 뿜어 가며 손질을 하고 있다.
뿌옇게 물방울이 내려앉는 가운데 지금 손질 중인 바로 그 옷을 입은 욱이,

혁이의 모습이 뿌옇게 떠오른다.

남편의 모습도 떠오른다.

어머니가 빨래 위로 엎어진다. 어깨를 들썩이며 혼자 가만히 운다.

S# 22. 이층 휴게실

이층 한구석. 베니아 판으로 사방을 막은 초라한 휴게실이다.

긴 나무의자 한 개, 커다란 거울이 걸려 있을 뿐 집기라고는 없다.

경아, 의자 한쪽에 앉아 도시락을 먹고 있다.

김치뿐인 반찬에 딱딱한 찬밥덩이가 보인다.

알루미늄 도시락에 알루미늄 젓가락.

수잔 정, 거울을 보며 열심히 화장을 고치고 있다.

싸진 발콤이 벌컥 휴게실 문을 열고 들어섰다가 코를 싸쥐고 돌아서며.

싸진발콤   김치! 김치! 오, 빌어먹을! (하며 나가다가 커다란 백
              을 어깨에 메고 요란하게 들어서던 다이아나 김과 마
              주친다)

다이아나김   (애교스럽게) 여긴 어쩐 일이세요? 높으신 양반이?

하는데 본 척도 않고 손을 내저으며 사라지는 발콤.

다이아나김   쟤, 왜 저래? (하다가 코를 싸쥐며) 김치 냄새? ……
              그거 좀 안 먹고 살 수 없니?

수잔정   왜 이래? 다이아나 김까지. (사이) 지네들은 노린내
              풍기는 주제에…….

경아	(물 마시며) 김치 이제 나도 질려. 근데 우리 엄만 다른 반찬은 있다는 거조차 잊어버리셨으니.
다이아나김	(껌 하나를 주며) 씹어라. 냄새난다고 흉 잽히지 말고……. (자기도 하나 입에 넣으며 경아 옆에 와 앉는다)

수잔 정, 루즈를 다 바르고 입을 꼬물거린다.

다이아나김	(수잔을 보고) 애, 너 그 루즈 색깔 좀 바꿔 봐……. 그 핑크는 나한테나 맞지 너같이 얼굴이 거무죽죽한 애들한테는 맞질 않아요.
수잔정	(콤팩트를 탁 닫으며) 별꼴이야! 자기 앞가림이나 잘하시지. (나간다)
다이아나김	수잔 정 쟤는 잘난 척해 쌓지만 사실은 순진해서 쫓아버리기도 쉽단 말야. (백에서 편지를 꺼내며) 미쓰 리가 좀 읽어 줘야겠다.
경아	(편지를 받는다)
다이아나김	넌 눈은 탁 트였어도 반 벙어리, 난 입은 청산유순데 아깝게도 까막눈이란다. 재밌지? 안 그래?

다이아나 김, 껌을 딱딱 씹으며 백에서 줄칼을 꺼내 손톱 다듬기를 시작한다.

경아	이 세상에서 가장 사랑하는 나의 다이아나! (사이) 내가 얼마나 당신을 그리워하는지 당신이 알기만 한다

면……. 사랑하는 나의 다이아나……. 어제는 하루
종일 비가 왔는데, 비 오던 날 당신을 사랑하던 일이
생각나서 미칠 것만 같았소.

다이아나김 비 오던 날이 한두 번이었나……. 맨날 똑같은 소리
니까 중간은 생략하고 중요한 데만 읽어.

경아 (짖궂게 더 큰 소리로) 내 사랑 다이아나……. 우리의
이별은 길지 않을 것이요. (사이) 나는 어떤 방법으로
든 당신을 미국으로 데려올 수 있는 길을 찾아내겠소.
사랑하오. 당신이 필요하오. 당신의 충실한 바브.

다이아나김 (손톱이 잘 다듬어졌나 요염하게 들어보며) 그거뿐
야? 내 생일이 낼 모렌데 선물 얘기두 없구?

경아 바라긴…….

다이아나김 당장 답장 좀 써 줘. 화끈하게.

경아 자신 없어요.

다이아나김 자신은 없는 게 아니라 귀찮은 거지? 비싸게 굴지 말
구 좀 해줘. 넌지시 선물 얘기두 좀 넣구 말야.

문이 벌컥 열리며 커다란 쓰레기 상자를 밀고 청소하는 아줌마 셋이 들어
온다.

그 중 하나는 쓰레기통을 허겁지겁 뒤져 치약, 비누, 화장품 등을 꺼내고 나
머지 둘은 치마를 홀떡 뒤집고 내복을 종아리까지 내린다.

그리고는 셋이 똑같이 쓰레기통에서 꺼낸 물건들을 종아리에서부터 쌓아
올려 한층 쌓고 내복을 올려 고무줄을 동이고 또 한층 쌓아 올려 고무줄을 동
이고 한다.

삽시간에 종아리를 지나 엉덩이 허리까지 물건을 쌓은 아줌마들.

치마를 내리고 코트를 걸치고 아무 일 없었던 듯 어기적어기적 걸어나간
다.

그들과 엇갈려 두 명의 청소 아줌마와 린다 조, 수잔 정이 들어서면 다이아
나 김이 재빨리 합세하여 원화분배가 이루어진다.

수잔정	왜 요거밖에 안 돼? 물건 갖고 나간 게 얼만데…….
다이아나김	(돈을 아무렇게나 백에 넣으며) 아줌마들. 트릿하게 굴면 앞으로 국물도 없을 줄 알아요. 수틀리면 내가 직접 차고 나갈 테니까.

경아, 한심한 얼굴로 하는 모양들을 보고 있는데.

아줌마	(E)	요 개미 같은 허리에 차긴 뭘 차? 죽으나 사나 우리가 해야지.
경아		(거칠게 나가는데)
다이아나김 (E)		약속했다아……. 편지 답장.

S# 23. 초상화부 안

경아, 들어서며 옥희도 쪽을 바라보면, 사진을 내려다보며 열심히 그림 그
리고 있는 옥희도.
다른 화가들도 다 돌아와 작업을 하고 있다.

경아	점심, 안 드셔서 어떡하죠?
옥희도	괜찮아요. 아침이 늦었었소.

| 김씨 | 미쓰 리. 언제 내 걱정도 좀 해줘 보지 그래? |
| 경아 | (들은 척도 않는데) |

S# 24. 매장 복도

경아가 유기매장을 건너다보면, 미숙이가 가게 안에서 훤칠한 미군 병사 하나와 웃으며 얘기하고 있다.
전공 태수, 지나가는데 수잔 정, 매장에서 쫓겨 나와 태수와 귓속말.
태수, 웃으며 머리 끄덕이고 경아의 앞을 지나가다가.

| 태수 | (장난기 서린 어조로) 전기 고칠 거 없습니까, 전기 요. |

아래 위 붙은 작업복 주머니. 여기저기 꽂혀 있는 공구들로 해서 한층 더 믿음직스럽고 우직스러워 보이는 청년 태수.

경아	불, 언제 들어와요?
태수	몰라요. 내 소관이 아니니까. 고장난 거 고치라면 할 수 있지만…… .
경아	맨날 니 소관 내 소관! 그런 거나 따질 줄들 알지. (하는데 불이 환하게 들어온다)
린다조 (E)	야, 불이다!
태수	(가지 않고 화실 안을 둘러 본다) 전기 고장 하면 무조건 이 황태수를 불러요, 알죠? 미쓰 리네 꺼라면 일착으로 고쳐 드릴게…… . (하다가 옆모습을 보이고

앉은 옥희도를 발견한다) 아니 옥 선생님 아니세요?

S# 25. 초상화부 안

태수, 화실 안으로 들어와 공손하게 절한다.

옥희도   (앉은 채로) 응, 자네…… 아, 아……. (생각난다)

태수   저 태숩니다……. 제 큰 형님이…….

옥희도   태경이 아우로군. 여기서 일하나?

태수   옥 선생님이 혼자 월남하셨단 말씀을 형님한테 듣고
         있었습니다. 고생 많으셨죠? 여기서 이렇게 뵙게 될
         줄이야.

경아, 두 사람의 얘기를 유심히 듣고 있다.
다른 화가들도 귀기울인다.

태수   사모님이랑은 아직 못 내려오신 거죠.

옥희도   …….

태수   (몹시 송구해 하며) 옥 선생님이 이런 데서 이런 일을
         하셔서 어떻게…….

태수, 말을 하다가 주위를 돌아보고 당황한 듯 말을 멈춘다.
무슨 말이냐는 듯 태수를 바라보는 세 사람.

태수   종종 뵙게 되겠습니다. 전 여기서 전길 만지고 있어

310

요. (꾸벅 절하고 슬그머니 나간다)

김씨   (붓을 매만지며) 허참! 이런 데서 이런 일이라니? 저
        친구 저거 손 좀 봐 줄까? 전공 주제에……

옥희도, 돈씨, 진씨, 말 없이 일 시작하고, 경아는 나직하게 한숨 쉬고 고개
돌려 환한 미국 매장 쪽을 바라본다.

S# 26. 미국 매장

국산품 매장에 비해 더욱 현란해 보이는 미국 매장들.
경아가 바라보면 그 화사하고 매력적인 상품들을 배경으로 화장을 고치고
있는 린다 조, 다이아나 김, 수잔 정의 손놀림이 분주하다. 마치 이국풍경 같다.
미군들 발길이 뜸하고 물뿌리개로 타일바닥을 축여 가며 비질을 하는 청소
부 아주머니들.

S# 27. 종업원 출입문 앞 복도(저녁)

어두컴컴한 복도에 죽 늘어서서 미군들의 몸수색을 기다리는 PX종업원들.
누군가가 나지막한 소리로 "빌어먹을 놈들!" 하고 중얼거린다.

S# 28. 종업원 출입문 앞(저녁)

보초 순경들, 한 명씩 온몸을 더듬어 가며 숨겨나가는 게 없나 수색한 뒤 내
보낸다.
커다란 몸집에 두 손을 어색하게 벌리고 서서 수색당하는 옥희도.

미군들, 옥희도의 누런 봉투를 들여다보며 뭐라고 욕지거리.

옥희도가 붓 봉투를 보이지 않으려 하자, MP 하나가 봉투를 거칠게 뺏어 거꾸로 쏟는다.

땅바닥에 우르르 쏟아지는 옥희도의 붓들.

옥희도가 놀라 떨어진 붓들을 소중하게 주워 올린다.

그 뒤에 서 있던 경아의 얼굴이 참담하게 일그러진다. 같이 구부려 옥희도의 붓을 줍는다.

다이아나 김, 린다 조, 수잔 정은 재미있다는 표정이고, 미숙은 안타까운 표정.

돈씨, 진씨는 덤덤한 얼굴이고, 김씨는 안됐다는 표정이다.

헌병 하나, 경아를 붙들어 일으켜 몸수색을 하려 한다.

격렬하게 그 손을 뿌리치며 반항하는 경아. 다시 허리 굽혀 붓을 줍고 몸수색하려던 헌병, 한참 보다가 "갓뎀!" 하며 다음 사람으로 넘어간다.

약이 오른 경아가 헌병을 쏘아본다.

S# 29. 출입문에 면한 뒷골목(저녁)

골목 맞은편 냄비우동 집의 희미한 유리문만이 보인다.

앞서 가는 옥희도를 경아가 따라온다.

경아	몸수색 같은 거······. 미리 말씀드릴걸······. 언짢으셨죠?
옥희도	(어눌하게) 더한 일도 얼마든지 겪었지. 나 땜에 공연히······.

(E) 먼 곳 어디선가 쿵쿵 하고 포성이 들리고

경아   붓은 두고 다니셔도 될 텐데요……?

옥희도   손도 심심하고……. 소중하기도 해서……. (걸어간
          다)

경아   이 전쟁은 언제까지 갈까요? 끝나기는 할까요? (따라
          가며)

옥희도   …….

경아   듣자니까 혼자 월남하셨다구요? 함께 움직이지 그러
          셨어요?

옥희도   …….

경아   (분위기 바꿔서) 댁이 어디세요?

옥희도   연지동이오.

경아   저희 집은 계동이에요.

옥희도   탈 것이 마땅치 않겠군. 난 전차를 타는데…….

경아   걸을 만해도 전…….

옥희도   (별관심이 없는 얼굴이다)

S# 30. 팔군 앞 상가 거리(저녁)

밖에 내걸린 요란한 파자마들이 펄럭거리고
사단마크 군단마크의 오색 인조 머플러들이 산같이 쌓이고
쇼윈도에 진열된 원색의 상품들.
옥희도가 무심히 길을 건너가고 경아가 보다가 천천히 제 갈 길로 간다.

S# 31. 폐허가 된 충무로(밤)

벽면만 남아 있거나 빈 채로 서 있는 커다란 건물들.
불빛조차 없어 마치 괴물 같아 보인다.
파괴되어 윗구멍이 뻥 뚫린 중앙우체국 앞 어두운 거리.
조그마한 몸을 더욱 움츠리며 뛰듯이 걷는 경아.
먼 데서 쿵쿵 들려오는 폭탄 소리. 몇 대가 한꺼번에 지나가는 군용트럭의
불빛들.

S# 32. 명동(밤)

오가는 사람들이 많긴 하나 모두 초라한 의상들.
그와는 대조적으로 화려한 쇼윈도.
잠자리 날개 같은 여름 원피스를 날아갈 듯이 입고 서 있는 마네킹들.
그 쇼윈도 앞에 좌판을 펼쳐놓은 완구점.
알록달록 원색의 극치를 이루는 장난감들.
주인 할아버지 앉은 채로 침팬지 엉덩이의 태엽을 감아 세워 놓으면, 술을
따라 마시는 침팬지. 몇 번이고 자꾸만 술을 따라 마신다.
사람들 재미있어 하면서도 무표정한데 그 가운데 그들과 똑같이 무표정하
게 구경하다가 시니컬하게 웃는 경아.

S# 33. 거리의 전파상(밤)

전황을 알리는 라디오 소리.

314

경아   (우울하게 몸을 돌린다)

S# 34. 계동 골목길(밤)

비슷비슷한 기와집들이 즐비하게 늘어선 골목길을 종종걸음으로 경아가
걷고 있다.
쓰레기가 잔뜩 쌓인 공터를 지나 다시 꼬불꼬불한 골목길로 들어선다.
골목 처마를 따라 꼬불꼬불 좁게 보이는 희미한 하늘.
한쪽 지붕이 날아간 커다란 한옥.
뿌연 하늘을 배경으로 그로테스크한 모습으로 서 있다.
경아가 뛰기 시작한다.

S# 35. 경아의 집 앞(밤)

깜깜한 경아의 집 저 안쪽 어느 한 군데서만 희미한 빛이 새어나올 뿐.
돌격하듯 달음질치는 경아, 온몸으로 대문에 부딪치며

경아   엄마. 엄마.

문득 밤하늘을 올려다보며 가라앉아서.

경아   (E) 집에 돌아오기 싫었습니다. 그러나 달리 갈 곳도 없었
            습니다. 거리를 아무리 쏘다녀도 내 허전함이나 끝 모
            를 외로움은 무게가 덜어지지 않았습니다. 내가 집 앞
            의 골목길을 냅다 뛴 것은 어두움에 대한 두려움이었

지 빨리 집에 돌아오고 싶음은 물론 아니었습니다. 나는 언제부턴가 어머니가 싫었습니다. 아니 미웠습니다. 그 마음을 들킬세라 나는 어머니께 호들갑을 떨고 있는지도 몰랐습니다. 자연스럽지 못한 것은 늘 과장되기 마련이었지요.

안에다 소리치는 경아.

경아　　　　엄마! 엄마! 문 좀 빨리 열어요……. 빨리.

한참 만에 느리게 신발 끄는 소리가 들린다.

어머니　　(E)　(느리고 가라앉은 소리) 나간다.

둔중하게 문 열리는 소리.

S# 36. 경아의 집안(밤)

경아가 뛰듯이 들어서고 그 뒤를 느리게 따르는 어머니.

경아　　　　전기 불 좀 켜놓으라구 했잖아요. 온 집안에다요. 안채구 바깥채구……. 온통 다요! 캄캄한 건 정말 질색이야.
어머니　　(중얼거리듯) 돈도 많구나.
경아　　　　내가 벌잖아요!

어머니   (귀찮다는 듯) 그래…… 그렇지…….

경아, 돌아서서 어머니를 안 듯이 하고는 안으로 들어간다.

S# 37. 안방(밤)

찌개 한 가지와 김치뿐인 밥상을 놓고 모녀가 마주앉았다.

경아   (수저를 들다 말고) 먼저 드시라고 했잖아요.

어머니   먹어라. (수저 든다)

경아   (억지로 밥을 두어 숟갈 뜬다)

어머니   (김치국 국물만 두어 숟갈 뜨고 수저를 놓아 버린다)

경아   좀 더 드세요.

어머니   입 안이 소태 같구나.

경아   엄마. 산 사람은 살아야 하는 거 아니에요?

어머니   …….

경아   (방 한쪽에서 깨끗이 빨아져서 다림질되어 걸려 있는
          욱이와 혁이의 옷가지들을 본다) 엄마가 오늘 하루
          무슨 일을 하며 보냈는지 알겠네요.

어머니   (새삼 활기를 찾으며) 내 정신 좀 봐라. 저걸 건넌방
          으로 갖다 걸어놔야 하는데 말이야. (일어선다)

경아   (앙칼지게) 엄마! 도대체 왜 이러시는 거예요? 엄마
          지금 제정신이에요?

어머니   (대꾸 없이 옷들을 챙겨드는데)

경아   엄마. 오빠들은 죽었어요. 그거 왜 인정 안 해요? 아

버지가 돌아가신 건 인정하시잖아요. 오빠들두 죽었
단 말예요. 죽었어. (일어나 옷가지들을 뺏어 한쪽에
다 던져 버린다)

어머니   왜 이래 얘가. 옷 다 구겨진다. (뺏으려고 한다)

경아   엄마. 저 좀 보세요. 살아 있는 건 저 하나란 말예요.
살아 있는 저한텐 요만큼의 관심도 없는 거죠? 오빠
들 대신에 내가 죽었으면 좋았겠죠? 그렇죠?

어머니   (벽을 타고 주르르 미끄러져 앉는다. 탈진한 사람 같
다)

경아   엄마, 정신 좀 차리세요. 제발…….

어머니   내가 뭘 어쨌다구 그러니. 내가 뭘……. (눈에 눈물이
그렁하다)

경아   빨래할 기운이 있으시거든 낼은 엄마 머리나 좀 감으
세요. 엄마 머리에서 쉰내가 풀풀 나요. 그거 알아요?

어머니   …….

경아   (안타까이 어머니를 흔들며) 엄마, 왜 이러세요. 전엔
안 이러셨잖아요. 엄마, 제발……. (눈물이 나려는 걸
억지로 참는다)

어머니   …….

경아   (다시 밥상으로 가 막 밥을 퍼 먹으며) 난 다시 사는
거처럼 살고 싶어요. 이대론 안 돼요. 맛있는 것도 먹
고, 이쁜 옷도 입고……. (목이 메인다)

어머니   (눈물을 철철 흘리고 있다)

S# 38. 건넌방(밤)

경아가 들어와 불 켜면 장방형의 넓은 방이 드러난다.

벽에 걸린 기타, 괴물처럼 늘어진 야구 글러브, 압정으로 아무렇게나 찔러 벽면 가득히 메운 각종 기념사진들, 배우들의 브로마이드, 서툰 데생, 제법 그럴듯한 수채화, 그림엽서들······.

남자들의 방이었던 게 여실히 들어나는 여러 가지 잡동사니들.

경아가 우두커니 서 있다가 벽에 걸린 기타의 제일 굵은 줄을 엄지와 집게로 잡았다 놓는다. 둔중하게 울리는 음산한 저음.

경아, 스르르 벽을 타고 무너지듯 주저앉아 눈을 감는다.

S# 39. 경아의 집 마당(회상)

〈인서트〉

인천상륙작전 낙동강 전투 몽타주.

다락방에 숨어 있는 혁과 욱.

마당에서 아령을 하던 혁과 욱, 경아모의 만류에 집안에 급히 숨는다.

민청원 둘이 눈을 부라리며 여기저기를 찾아보고 칼로 찔러 보고 한다.

경아   (E) 유엔군의 인천상륙작전과 더불어 낙동간 전선에서는 유엔군의 총반격이 개시되고 있던 때였습니다. 혁이 오빠와 욱이 오빠는 찬마루 위 다락에서 숨어 지냈습니다. 그러나 혁이 오빠도 욱이 오빠도 스물을 갓 넘긴 청년들이었고 그들의 혈기는 곧잘 전쟁의 공포도 잊는 모양으로 턱없는 짓을 하곤 해서 마음을 졸이기는 어머니와 내가 더 했습니다.

집이 흔들릴 정도로 가까운 곳에서 들리는 갑작스런 폭격.
놀라는 어머니와 민청원들. 경아도 한쪽에 서서 가슴을 졸이고 있다.

S# 40. 안방(밤, 회상)

어머니와 경아가 불안한 얼굴로 나란히 누워 있다.
후다닥거리며 방으로 들어오는 욱이와 혁이.

어머니	(놀라) 아휴, 가슴이야······. 제발 벽장에서 내려오지 말어, 이것들아! 언제 또 누가 들이닥칠지 몰라!
욱이	어머니 라디오에서 그러는데 인천이 함포사격을 받고 있대요.
어머니	큰집 민이는 살았을까? 국군도 수태 당했다던데······.
욱이	어머니도······. 민이 형은 쫄병이 아니란 말예요. 소령인데 그렇게 호락호락 총에 맞을라구요.
어머니	큰댁은 여태 피난지에 그냥 계신 건가······? 이렇게 오래 소식도 없구······.
혁이	군인 가족이라 피난 다니기도 더 힘드실 거야.
경아	우리도 마포강 방공호 파는데 동원한대.
어머니	말 듣자니 피난 가족은 밤중에도 뒤진다더라. 너희들 어서 올라가. 제발 소리들 좀 내지 말구······.

와르릉 쿵 하는 폭격 소리.

바로 지척인 듯 온 집이 뒤흔들린다.

얼른 어머니를 껴안는 두 오빠들과 경아.

S# 41. 경아 집 앞(밤, 회상)

지치고 남루한 큰아버지와 민이가 조심스레 대문을 두드리고 있다.

불안한 어머니가 사색이 되어 대문을 열어 준다.

어머니   어떻게 되신 거예요?

큰아버지   처가 동네에서 오는 길입니다.

어머니   처가라면 김천?

민이   군인 가족이라 거기서도 점점 지낼 수가 없게 됐습니다. 작은 어머니.

어머니   암튼 어서 들어가세요.

모두들 공포스럽고 은밀한 분위기다.

어머니가 얼른 민이를 싸안고 사방을 살펴본 후 대문을 닫아 건다.

S# 42. 안방(밤, 회상)

혁이와 욱이도 다락에서 내려와 있다.

서둘러 군복을 벗고 혁이의 옷을 입는 민이.

어머니와 경아는 밥상을 들고 들어선다.

어머니   (경아에게 군복을 내밀며) 얼른 아궁이에 넣어 태워 버려라.

경아	(군복을 받아들고 나간다)
민이	(밥을 달게 먹는다. 심한 고생을 했음이 역력하다)
혁이	진작 이리로 오시지 그랬어요.
큰아버지	여기라고 안전할 리도 없잖니.
어머니	그야 그렇지만……. 서로 얼굴이라도 보는 게 얼마나 의지가 되는지요.
욱이	큰집 식구들은 아직 영동에 그냥 계신 거예요?
큰아버지	부산까지 갈 작정이긴 하다만…….
민이	(식사만 한다)

가까이에서 들리는 포성에 놀라는 식구들.

S# 43. 부엌(밤, 회상)

밥상을 치우는 어머니와 경아, 불안한 시선을 주고 받는다.

어머니	깨끗하게 태웠지?
경아	네, 엄마. (사이) 큰아버지와 민이 오빠 죽 우리 집에 계실 건가?
어머니	내일 일을 어찌 알겠느냐. 코앞의 일도 모르겠는데.
경아	전쟁 같은 건 도대체 누가 일으키는 거야? 이게 무슨 꼴인지 모르겠어.
어머니	불평할 기운도 없구나. 닥친 일은 닥친 대로 쳐나가는 수밖에.

경아	큰집 식구들 잠자린 어디로 할 거예요?
어머니	오밤중에도 뒤지러들 오니 어디…….
경아	왜 하필 우리 집으로 와? 먹을 것도 넉넉잖고…… 우리 오빠들도 위험한데.
어머니	그런 소리 하는 거 아니다. 어려운 때일수록 서로 도와야지. 남도 아닌 사촌끼리 그게 할 소리냐? 누가 들을까 겁나는구나.
경아	엄마 앞이니까 해본 소린데요, 뭘.
어머니	잠자릴 어떻게 해야 할는지 모르겠구나.
경아	큰아버지까지 계시긴 찬마루 위 다락방이 너무 비좁잖아요.
어머니	식량도 몇 군데로 나눠 감추지들 않니. 혹 무슨 일을 당하더라도 함께 몽땅 당할 수는 없는 노릇이구.
경아	엄마, 행랑채 벽장, 어때요?
어머니	너무 외져서…….
경아	(은밀하게) 그러니까 더 안전하죠. 그쪽은 거들떠도 안 보던데.
어머니	원체 오래 비워놓기두 했구……. 지저분해서…….
경아	그러니 좀 좋아요. 후딱 치우면 되죠, 뭐.
어머니	글쎄다.
경아	(은밀하게) 우리 오빠들을 그리로 보내요.
어머니	……?
경아	거기가 더 안전할 거예요. 찬마루 위 다락방보단.
어머니	(흠칫하고 민망해 하며) 원 애도…….

S# 44. 행랑채 벽장(밤, 회상)

청소하는 경아의 모습.
거미줄 걷고 먼지 털고 쓸고 걸레질하고 돗자리를 깐다.
새 이불과 요를 가져온 어머니.

어머니   벽이 좀 더럽구나.

경아   엄마는……. 지금이 어느 땐데……. 그런 걸 따져요.

반짝반짝하게 다듬이질한 커다란 홋청을 돗자리 위에다 깔고, 그 위에 새 하얀 요를 까는 어머니.

경아   야, 신방 같다.

욱이와 혁이가 라디오며 옷가지들을 주섬주섬 들고 따라왔다.

욱이   (껑충 뛰어 올라가며) 잘 꾸며 놨는데……. 근데 길
                     쭉한 게 꼭 관 속 같다?

어머니   (나무라며) 사위스럽게.

경아   욱이 오빠, 혁이 오빠 정 들겠다. 딱 붙어서 자게 생겼
                     으니.

혁이   어머니, 지들 걱정은 마세요. 우리보다 더한 고생을
                     하는 사람들도 많을 거니까요.

경아   오늘밤은 그래도 조용한 편이네. 쿵쿵 하는 소리 정말
                     싫어.

어머니	우린 그만 나가 보자꾸나. 절대로 밖으로 나오지 말아
	야 한다. 사방에 눈들이 벌겋다.
욱, 혁	걱정 마세요, 어머니.

어머니와 경아가 행랑채를 나간다.

S# 45. 안방(밤, 회상)

문에 비친 환한 달빛.
어머니와 경아가 나란히 누워 있다.

| 경아 | 엄마, 오늘이 보름인가? 달이 왜 이렇게 밝지? |

멀리서 들리는 폭격 소리.
경아가 어머니를 끌어안고 어머니는 받아 준다.

경아	엄마, 난 무서우면 속으로 아버지를 부른다. 도와달라
	구……. 그럼 꼭 아버지가 날 지켜 주시는 거 같거든
	요.
어머니	전쟁이 끝나면 네 큰 오래비 장가부터 들여야겠다.
경아	(엄마를 놓으며) 엄만……. 장가가 뭐 그리 급해요?
어머니	장간 안 급할지 몰라두 손주는 급하다. 세상이 이래
	놓으니 빨리 씨를 받아놔야지. 이눔의 전쟁 통에 모르
	긴 해도 대 끊긴 집이 수두룩 할 거야.
경아	큰오빠가 말을 들을까요? 아직 대학생인데. 너무 일

러요.

어머니   이르긴 뭐가 일러? 난 열여섯에 시집 왔어두 잘만 살
          았다. 네 아버지가 어떻게 어려운지 한 달이 지나도록
          얼굴 한 번을 제대로 못 봤지만.

경아   그럼 아버지 프로필만 봤겠네?

어머니   프, 프 뭐?

경아   (킥킥 웃으며 어머니 쪽으로 다시 돌아눕는데)

어머니   아무리 철이 없기로 지금 웃음이 나오니?

경아   다 괜찮을 거예요, 엄마. 아버지한테 우리 도와달라구
          기도하고 잘게요, 제가.

큰아버지 기침 소리가 들린다.

어머니   다들 잠을 못 이루는구나. 어지간히 지쳐 보이던데두.

경아   주무세요, 엄마.

어머니   자거라. (눈을 감는데)

방바닥이 들썩이며 귀가 멍멍할 정도의 굉음.

외마디 소리를 지르고 서로 얼싸안는 모녀.

이어 온 집안의 기둥이 흔들리고 와르르 무너져 내리는 분합과 들창의 유
리들.

어머니의 얼굴을 더듬어 보는 경아의 떨리는 손.

경아의 손을 뿌리치고 어머니가 벌떡 일어나 앉는다.

잠시 생각에 잠겼다가 혼비백산하여 뛰어 나간다.

326

어머니　(E)　어디냐? 어디냐! 욱아아…… 혁아아…….

어머니의 맨발이 마루에 흩어진 유리를 딛는 소름끼치는 소리.

경아, 벌떡 일어나 어머니의 뒤를 시선으로 쫓으면, 어머니가 뿌연 흙먼지

와 푸른 달빛 속을 쏜살같이 가로질러 중문을 박차고 나가는 모습이 보인다.

이어 욱아! 혁아! 비통한 비명 소리 길게 들리고 주위가 다시 고요해진다.

큰아버지와 민이, 안방을 급히 들여다보며

민이　　　　경아야, 작은어머니.

큰아버지　　오. 무사하구나.

경아　　　　(민이를 밀치고 뛰쳐나간다)

민이　　　　욱이랑 혁이…….

큰아버지　　(경아 뒤를 따라 나간다)

S# 46. 행랑채(밤, 회상)

방바닥에 쌓인 흙더미와 으스러진 기왓장 위에 널브러져 있는 어머니.

휑하니 뚫어진 지붕의 커다란 구멍으로 마구 쏟아지는 달빛.

그 달빛으로 보이는 처참한 광경. 피. 피. 피…….

시뻘겋게 물든 호청. 사방에 고여 있는 검붉은 선혈.

여기저기 흩어진 고깃덩어리. 아직도 꿈틀대는 손가락들.

쓰러져 있는 어머니 위로 경아도 함께 실신해 버린다.

S# 47. 건넌방(밤, 현실)

회상에 잠긴 경아가 철철 울고 앉아 있다.

경아   (E) 내 오빠들은 그렇게 갔습니다. 거짓말처럼 그렇게요. 큰아버지와 민이 오빠는 멀쩡하게 살아남았습니다. 큰집 식구들을 전처럼 좋아할 수 없게 되었습니다. 그리고…… 나는 지금도 악마의 속삭임 같은 내 목소리를 듣습니다. 오빠들을 그리로 보내요. 행랑채가 더 안전할 거예요, 어머니.

자신의 귀를 틀어막고 책상다리에 고개를 묻고 숨죽여 우는 경아.

S# 48. 마루(밤)

어머니가 탈진한 채 서서 불 밝혀진 건넌방을 보고 있다.
경아의 숨죽인 흐느낌 소리가 들린다.

S# 49. 초상화부 앞

건강하게 생긴 미군 하나, 두 손에 한 아름 쇼핑 물건을 들고 다가온다.
미군은 스스럼없이 물건들을 경아의 책상에 턱 올려놓고 편지봉투를 한 묶음 꺼내 겉봉을 쓰기 시작한다. 속필로 여러 주소를 쓰는 미군을 경아가 한동안 본다.

경아	조심해야겠어요.
미군	(한국말로) 왜요?
경아	우리말 할 줄 아세요?
미군	(쓰기를 멈추더니 입을 삐쭉하고 어깨를 으쓱한다) 아주 쪼끔.
경아	편지가 바뀔지도 모르겠어요.
미군	상관없어요. 여자들이 좋아하는 말은 다 똑같으니까…….
경아	……?
미군	……!
경아	여자들이 좋아하는 얘기가 어떤 건데요?
미군	사랑합니다. 당신 생각뿐입니다. 당신은 아름답습니다.
경아	기가 막혀서…….
미군	뭐라구요?

삼각사다리를 어깨에 메고 지나가던 태수가 미군을 못마땅하게 본다.

태수	미쓰 리 우체국까지 차렸어요?
경아	어서 볼 일이나 봐요.
태수	거 너무 친절하게 굴지 말아요. (가면서) 걔 정신 못 차리면 어쩔려구요?
경아	말 조심해요. (우리말을 할 줄 안다는 제스츄어를 태수에게 보내고)
미군	난 하루라도 사랑한다는 말을 하지 않고는 못 살겠어

요. 사랑. 얼마나 좋아요.	
경아	(어이없다는 듯 외면하면)
미군	(외면하는 경아를 한참 쳐다보더니) 내 이름은 죠오! 당신 이름은?
경아	죠오? 흔한 이름이네요. 난 미쓰 리예요. 흔한 성이죠.
미군	(다시 봉투를 쓰며) 미쓰 리는 동방예의지국인가?
경아	뭐라구요?
미군	동방예의지국!
경아	무슨 뜻이죠?
미군	창녀가 아닌 코리아의 여자.
경아	세상에……!
미군	(물건 챙겨들고 손 흔들며) 안녕, 동방예의지국!

이층으로 오르는 계단을 두 층씩 성큼성큼 올라가는 미군.
경아, 미군의 뒷모습을 물끄러미 본다.

S# 50. 초상화부 안

김씨, 몽탁한 붓에 빨간 물감을 듬뿍 묻혔다가 내던지며

| 김씨 | 에이, 해괴한 것들……. 머리카락 색깔이 뭐가 이리 복잡해. (돈씨에게) 거 꽁초 하나 없수? |
| 돈씨 | 맨날 잡것이니 뭐니 하려면 때려치우지. 왜 온종일 불평불만이야. |

김씨	꽁초 없냐니까 웬 딴청이야? 당신 좋아하는 돈 때문에 그런다, 돈! 자긴 예술하나?
돈씨	그래, 난 예술한다. 하우스보이 하던 놈이 어엿이 사장질도 하는데 간판쟁이가 예술 좀 한다기로서니 누가 뭐래?
김씨	거 꽁초 좀 달라니까……. 미쓰 리……. 어느 양놈한테 럭키 스트라이크 한 보루 사 달래 봐. 그쯤이야 미쓰 리가 맘만 먹으면 할 수 있잖아.
경아	오늘 정말 이상한 날이네……? (기분 나쁘다)
옥희도	(붓을 놓고 담배를 꺼내 곽째 김씨에게 건네 주며) 한 대씩들 태우시죠.
김씨	(비아냥거리며) 옥형은 가만 보면 점심 자실 돈은 없어도 담배 살 돈은 있는갑소? (담배를 뽑아 문다)
옥희도	(피곤한 듯 양쪽 어깨를 번갈아 손으로 치며 창밖을 본다)
경아	(옥희도의 뒷모습을 가만히 바라보는데)
다이아나김	(불쑥 나타나 경아를 놀래킨다) 으흥!
경아	사람 놀래키구 있어요.
다이아나김	(자랑스럽게) 나 좋은 생각났다.
경아	……?
다이아나김	내가 선수를 치는 거야, 바브한테…… 선물 울궈내려면…… 내 초상화를 그려 보낸단 말야. 어때? 좋은 생각이지?
경아	(시들하게) 글쎄…….
다이아나김	(낮은 소리로) 저 아저씨들 중 누가 제일야?

나목 331

경아	(얼결에 옥희도 쪽을 바라보는데)
다이아나김	(벌써 옥희도 쪽으로 다가간다) 나 좀 그려 주세요. 미국 있는 애인한테 보낼 거니까 특별히 공들여서.
진씨	내가 그려 주면 안 될까? 다이아나 김이라면 사진 없이도 잘 그릴 수 있을 거 같은데…….
다이아나김	(진씨를 흘깃 보며) 진짜 화가한테 그릴 건데요? 진씨 아저씨 진짜 화가 맞아요?
진씨	(힘없이) 그렇다면 그쪽이 진짜 같은데…….
옥희도	(돌아보지도 않고) 거 듣기 상당히 거북하구려.
다이아나김	어머머……. 비싸게 구시네. 품삯은요, 입금 안 시키구 딸라루 직접 드릴게요. 어때요? 괜찮은 조건이죠?
옥희도	…….
다이아나김	답답해라. 빨리 본 안 뜨고 뭐 하세요?
경아	사진을 갖고 와요.
다이아나김	기가 막혀. 간찬쟁이라 별 수 없군……. 모델이 뭔지도 모르고 어디 샘플이나 좀 봐요. (옥희도가 그려놓은 그림들을 마구 흐트리다가 한 장 집어 들고 턱과 목쪽을 가리키며) 앤 여길 살려야 되는데……. 아주 망쳐놨네. (다른 사진 들고 그림과 대조하며) 앤 실물보다 열 살은 늙어 보이네……. 양놈들 어수룩하게 보지 말아요. 이런 식으로 함부로 그리면 큰 코 다친다구요.
경아	(다이아나 김이 들고 있는 옥희도의 그림을 뺏으며) 사진이나 갖고 와요. 옥 선생님 지금 바쁘시니까…….

다이아나김	하긴 나도 따분하게 모델 설 시간이 어딨어. 사진 가
	져올 테니 우리 바브가 화끈하게 몸 달 만큼 섹시하게
	그려 줘요.
김씨	어이구. 우리 다이아나 김을 누가 말리나.
진씨	겉만 저렇지 속은 착한 여자야.
돈씨	아는 척하구 있네.
다이아나김	역시 우리 진씨 아저씨가 뭘 좀 아신다니까. (옥희도
	에게) 진짜 화가 아저씨, 사진 갖고 올게요. (간다)
옥희도	(한숨 쉬며 붓을 놓는다)

S# 51. 거리(황혼)

쿵쿵 하고 포성이 울린다.

짝 안 맞는 신발들을 산더미처럼 쌓아놓고 파는 헌 신발 장사.

옆에서 신문팔이 소년이 '내일 아침 신문~'을 길게 외친다.

그 옆, 양담배 모판 앞에서 꼬깃꼬깃한 돈을 하나씩 펴서 셈하는 노파.

신문 한 장을 사 잠깐 펼쳐보는 옥희도, 옆구리에는 여전히 누런 봉투를 끼

고 있다.

〈철의 삼각지대 수복〉이라는 커다란 활자 잠깐 보이고 신문을 아무렇게나

주머니에 찌르는 옥희도, 터벅터벅 둔중하게 걷기 시작하고 멀어져 간다.

먼발치서 우두커니 옥희도를 바라보는 경아의 모습.

지나가던 태수가 경아의 어깨를 툭 친다.

| 태수 | 왜 그러구 있어요? |
| 경아 | (놀라 바라보다가 힘없이 웃는다) |

태수	차 한잔 어때요?
경아	(걸어간다)
태수	이건 승낙이요, 딱지요? (바싹 붙어 걷는다)

두 사람의 실루엣이 다정한 연인처럼 보인다.

S# 52. 다방—유토피아(밤)

〈남쪽나라 십자성〉 노래가 들리고, 커피 잔을 앞에 놓고 마주 앉은 두 사람.

태수	난 황태수! 미쓰 리는? 정식으로 이름이나 좀 압시다. 맨날 미쓰 리, 미스터 황.
경아	이경이에요. 외자 이름이라 경아라고들 해요.

서로 보고 싱긋 웃는다. 금방 친숙한 분위기.

태수	아침부터 미쓰 리한테 데이트 신청하려고 얼마나 별렀었는데……. 잘 안 되더라구요. (새삼 부끄러워한다)
경아	미스터 황이 부끄러워할 때도 있어요?
태수	부끄러워하긴 누가……? (엽차 잔을 집다가 물을 엎지른다)
경아	(조금 웃고) 왜 PX에 들어왔어요? 병역기피?
태수	천만에…… 나, 이래 뵈도 명예 제대한 상이용사라구요.
경아	정말요?

태수	겉보기엔 멀쩡해도 넓적다리에 끔찍한 흉터가 있어
	요. 지금도 가끔 쑤셔요. 여자라 당장 보여줄 수도 없
	고 이거…… .

태수, 눈썹을 잔뜩 모으고 정말 아픈 듯이 한쪽 손으로 넓적다리를 꾹꾹 주무르기 시작한다.

경아	(놀라) 아파요?
태수	(멀쩡하게) 아…… 니…… . 날이 궂을 때만.
경아	늙은이 같은 소린.
태수	정말이라니까요.

엽차를 후룩후룩 들이키는 태수. 아가씨를 불러 성냥을 부탁하고 한쪽 눈을 찡긋한다.

태수	자아, 그러니 국가를 위해서도 할 만큼은 했겠다. 이
	제 뭐 체면 볼 거 없이 돈벌이나 하자고 쏘다니다가
	겨우 얻어걸린 게 PX 전공 자리지만 뭐 상관 있어요.
	큰돈이 활발하게 왔다 갔다 하더군요. 나도 그 축에
	끼겠어요. 달리 큰 욕심은 없고 38선 넘어서 무진 고
	생만 하며 다니던 학교를 남과 같이 허리 쭉 펴고 다
	닐 수 있을 만큼만 벌어놓으면 되니까. 학교라야 기껏
	대학 이 년 남았으니까 전쟁 끝나면 졸업하고 의젓한
	곳에 취직해서 신뢰받고 다시 몇 년 후면 존경받
	고…… 어때요?

경아	시시하네요, 젊은 사람이.
태수	옥 선생님 보세요. 이 북새통에 여전히 자기 세계를 고집한다는 게 얼마나 힘든 일인지. 적응하기 무지 힘들 거예요.
경아	(바짝 달려들며) 그 분 뭐 하던 분이죠, 정말?
태수	몰랐어요? 일제 때 선전에서 입선도 하고 특선인가 뭔가도 했었어요. 초상화부 딴 아저씨들하곤 다르지이. 돈하곤 상관도 없이 죽으나 사나 그림만 그리던 분이세요.
경아	그럼 진짜 화가란 말이 맞군요?
태수	난 해방 후 곧 삼팔선을 넘었지만 그분은 원체 딸린 식구가 많아서 이번 난리통까지 버티셨으니 그동안 무얼 했을까 문득 궁금해져요. 김일성 초상화라도 그릴 수밖에 없었지 않나 하고…….
경아	…….
태수	고지식하게 한 가지밖에 모른다는 게 이런 경우 비극이 아니고 뭡니까.
경아	…….
태수	보기에 아주 딱해요. 애가 다섯이나 되고 부인도 상당히 미인이신데……. 금방 만나게 될 줄 아셨겠지만 세상 돌아가는 거 봐요. 한숨이나 나오지.
경아	애가 다섯이나 된다구요?!
태수	우리 형네도 조카가 다섯이에요. 황해도 사람들은 자식 욕심이 많은 건가. 나도 한 다섯은 낳을 거예요…….

경아	왜 나한테 그런 얘길 해요?
태수	그냥요. 뭐 어때서요. 내 생각을 얘기한 거 뿐인데…….
경아	그만 일어나는 게 어때요? (일어난다) 갑갑해서 그래요.
태수	벌써요? (아쉬워하며 따라 일어난다)

S# 53. 유토피아 앞 거리(밤)

경아가 앞서 나오면 태수, 급하게 따라 나오며.

태수	왜? 갑자기 왜 그래요? 화났어요? (경아를 빤히 보다가 다정하게 흘러내린 머리칼을 올려 준다) 어떨 땐 보면 애기 같더라……? 집안에서 막내죠? 내 말이 맞죠?
경아	(건너가며) 안녕. 내일 만나요.
태수	어…… 어? 이대루요? 바래다 주고 싶은데…….
경아	(멀어지며) 혼자 가고 싶어요.
태수	(아쉬워서 보는)

S# 54. 경아의 집 앞(밤)

짚차 한 대가 세워져 있고 대문이 열린 채다.
경아가 들어선다.

S# 55. 경아네 마당(밤)

댓돌 위에 나란히 놓인 군화 두 켤레.
한 켤레는 새 것이고 한 켤레는 낡아서 바로 세워지지도 않는 것이다.

경아   저 왔어요.

S# 56. 경아의 방(밤)

경아가 인기척을 내며 들어서면 아랫목에 벌렁 누워 있던 민이가 벌떡 일
어난다.
윗목에는 긴장한 듯 앉아 있는 운전병.

민이   (선하품을 하며) 늘 이렇게 늦니?
경아   늘은 아니에요. (운전병에게) 저녁은 드셨어요?
운전병   예. 먹었습니다. 걱정하지 마십시오.
민이   일은 할 만한 거니?
경아   민이 오빠 언제나 똑같은 걸 묻네요? 그럭저럭 할 만
           하다니까요.
어머니   (문을 반쯤 열고 들여다보며) 저녁상 가져오랴?
경아   네. 민이 오빠 저녁?
어머니   아예 먹구들 왔대.
경아   (황급히) 엄마, 저도 저녁 먹고 왔어요. 깜빡 잊었네.
민이   (퍼멀 담배를 한 개피 꺼내 물며) 저녁 먹은 걸 그새
           잊냐?

경아	손에 든 걸 찾을 때도 있는데요.
민이	(담배만 핀다)
경아	(연기만 보고)
민이	(담배를 비벼 끄며) 그냥 이대로 지낼 생각이냐? 실은 너를 강제로라도 끌고 오라는 명령을 받고 왔다만…….
경아	(도전적으로) 그렇겐 안 될 걸요.
민이	넌 여전하구나. 아버지는 가장 잃은 작은댁을 돌봐야 한다는 의무감에 시달리고 계신다.
경아	(민이의 눈을 빤히 본다) 큰아버지 핑계대지 말아요, 민이 오빠. 그날 밤에 민이 오빠만 우리 집에 오지 않았어도 우리 오빠 둘은 죽지 않았어요. 우리를 돌봄으로써 그 죄책감에서 벗어나고 싶은 거죠? 싫어요. 난 도움받지 않을 거예요. 그리고 알아 두세요. 전쟁은 끝난 게 아니에요. 언제 누구에게 무슨 일이 일어날지 알 수 없는 일이라구요.
민이	(경아의 시선을 피하며) 이렇게 힘들게 사느니 부산으로 가 편히 지내면 좋지 않겠니?
경아	힘들지 않아요. 말했잖아요. 지낼 만하다구요.
민이	(괴로운 듯) 경아야.
경아	민이 오빠가 무슨 생각을 하고 있는지 전 알아요.
민이	(운전병 눈치가 보이는데)
운전병	(꾸벅꾸벅 졸고 앉아 있다. 옆으로 쓰러져 그대로 코를 곤다)
민이	아버지 핑계를 대고 있다만…… 사실은 내 마음이

	더…….
경아	그만 하세요.
민이	내겐 평생을 두고도 갚지 못할 빚이 있다.
경아	(한숨을 쉬고) 큰아버지도, 민이 오빠도 제발 우릴 좀 내버려 두세요. 엄마와 난 이대로 살 거예요. 부담스럽게 이러지 말아요. 앞으론 생활비 보조도 사양하겠어요.
민이	왜 그렇게 옹졸하니? 받아 두는 거야. 우리 아버진 부자야. 부자가 되셨어. 전쟁이 사람을 죽게도 하지만 어떤 사람에겐 부자가 될 기회도 주더구나. 빚을 진 사람에겐 갚을 기회도 좀 줘야 되는 거 아니겠니? 작은아버지가 살아 계셨을 땐 우리가 신세를 진 적도 있다, 너?
경아	(외치듯) 빚! 빚! 하지 마세요. 듣기 싫어요.
운전병	(마음놓고 코를 고는데)

경아와 민이가 그 모양을 한동안 본다. 단순하고 건강해 보인다.
경아가 방바닥에 놓인 라이터를 집어 엄지손이 아프도록 불을 켰다 껐다 한다.

민이	다시 한 번 부탁한다. 작은어머닌 아예 어림도 없으시구, 너만이라도 내려가자. 내려가서 학교를 계속 다니는 거야.
경아	그런 말이 어딨어요?
민이	작은어머닌…… 이 집에서 욱이, 혁이와 함께 살고

	계신다. 너도 작은어머니처럼 미쳐 가는 거냐?
경아	(발끈해서) 미쳐 가요?
민이	내 말은 그만큼 함께 느끼면서 사시고 계시더라 이거야. 너도 그러냐?
경아	…….
민이	내 말이 널 아프게 했다면 용서해라. 내 속맘은 알아주리라 믿는다.
경아	전 아무 데도 안 가요. 엄마가 이 집을 지키면 저두 지켜요. 엄마가 미쳐 가면 저두 미쳐 가요. 난 엄마 딸이에요. 하늘에서 떨어지진 않았어요.
민이	(포기하고 일어나며) 어이, 김 하사.
경아	조금만 더 재워요……. 별 일 없으면……. 이 집에서 유일하게 살아 있는 사람 같잖아요?
민이	(김 하사를 보다가 다시 앉으며 담배를 꺼낸다)
경아	(비꼬는 투로) 민이 오빠……. 진짜 죽고 죽이고 하는 전쟁을 해봤수?
민이	물론……. 지금은 후방 근무다만…….
경아	(좀더 노골적으로 야유하며) 사람도 죽이고 총도 쏴 보고?
민이	가봐야겠다. (담배와 라이터를 챙겨 주머니에 넣고 일어선다) 김 하사!
운전병	(팅기듯이 벌떡 일어서는)

S# 57. 경아네 마당(밤)

비가 내리고 있다.
운전병이 먼저 뛰어나가고 어머니와 경아가 우울하게 민이를 배웅한다.

S# 58. 대문 앞(밤)

빗속에 떠나가는 짚차. 그 뒷모습을 우두커니 바라보는 경아와 어머니.

S# 59. 마당(밤)

비를 맞으며 들어온 어머니는 안방으로.
경아는 잠시 생각하다가 부엌으로 들어간다.

S# 60. 부엌(밤)

김칫국에 밥을 말아 부뚜막에 앉아 먹는 경아, 목이 메이고 내리는 비를 밥을 문 채로 보고 있다.

경아   (E) 난 안 미쳐. 못 미쳐. 미치지 않을 자신 있어. 난 살고
            싶으니까…… 살 거야. 사랑할 거야. 난 자신을 불쌍
            하게 이대로 놔두진 않을 거야.

S# 61. 안방(밤)

어머니가 잠자리에 들었는데 경아가 베개를 안고 들어온다.
밖에서는 비바람 치는 소리가 들린다.

어머니   (자는 척 눈을 감는다)
경아   (어머니 옆에 누워 어머니를 등 뒤에서 꼭 끌어안는
             다) 엄마…….
어머니   …….
경아   (눈물겹게) 엄마, 이렇게 나란히 누운 거 참 오랜만이
             지?
어머니   (경아의 손을 가만히 떼어 놓는다)
경아   (더욱 꼭 끌어안으며 어리광부리듯) 엄마, 나 어렸을
             때 아버지한테 혼나고 다락에 갇혔던 일 생각난다. 엄
             마, 생각 안 나? 일곱 살 땐가 여덟 살 때…….
어머니   (감정 없이) 가서 자 거라.
경아   그때 나, 다락 안에서는 너무너무 신났거든……. 오
             빠들 장난감이랑 근사한 책들이 너무너무 많았
             고……. 근데 엄마가 집에 와서 아버지한테 막 화냈
             잖아. 우리 고명딸을……. 아휴 가엾어라…… 얼마
             나 놀랐겠니……. 그러면서……. 생각나요?
어머니   (차갑게) 가서 자래두.
경아   (어머니를 끌어안았던 손을 풀고 벌떡 일어나 앉으며
             격해져서) 나 그때 하나도 울고 싶지 않았는데 불쌍
             한 척하구 막 울어 버린 거 엄마 알아요?

온 집안을 뒤흔드는 요란한 비바람 소리.

경아　　　　난 그때 다락에 있는 동안 조금도 가엾지 않았어요.
　　　　　　(절규하듯 그러나 소리 죽여) 지금도 그래요. 엄마가
　　　　　　아무리 그래도 난 불쌍하지 않아요. 난 나를 결코 가
　　　　　　엾게 놔두지 않을 거예요. 난 내가 소중해요. 엄마처
　　　　　　럼 지내진 않을 거라구요! (무릎을 싸안고 운다)

S# 62. 경아네 집 전경(밤)

비바람에 젖고 있는 묵은 집.
특히 구멍이 뚫려 있는 행랑채가 보이고.

S# 63. 거리(아침)

바람이 몹시 불어 을씨년스럽고 쓸쓸한 거리.
전쟁 특유의 암담한 기운이 감돈다.
행인도 드문데 처마 밑에서 잠을 잔 거지가 출근하는 경아를 멍하니 본다.

S# 64. PX매장 복도

경아가 만나는 사람마다 과장되이 하이, 굿모닝, 안녕 등의 인사를 한다.
미숙이 앞서 가는 게 보인다.

경아　　　　안녕! 미숙 씨!

미숙		(돌아보며) 지금 와? (하다가) 언니 뭐 언짢은 일 있었수?
경아		아니.
미숙		아냐, 있었어. 언닌 우울한 날은 일부러 더 명랑하게 굴어. 난 알지.
경아		아니래두. 니가 뭘 안다구 까부니.
태수	(E)	하이, 경아 씨.
경아		(소리 나는 곳을 찾으면)
태수		(한쪽 사다리 위에서 전기 작업을 하며 찡긋 윙크한다)
경아		아침부터 실 없기는…… .
태수		(내려다보며 빙글대는데)
린다조		(목을 깊이 판 드레스를 입고 지나간다)
태수		야…… 경치 좋다…… . 린다 조 가슴 속이 훤히 다 보이네.
린다조		(눈을 흘기고 지나가고)
태수		아니! 미숙 씨. 쌍가마잖아. 쌍가만 두 번 시집 간다던데?
경아		사다리에서 떨어지고 싶어요? (다가가서 사다리를 흔들 듯)
태수		(능청맞게) 경아 씨, 춤 출 줄 알아요?
경아		아뇨. (그대로 매장으로)
태수		(소리친다) 내 이따 갈게요. 파티가 있댔어요.
수잔정		(지나가며) 이따 나한테도 좀 와, 미스터 황!

S# 65. 초상화부 안

경아가 주문 들어온 사진들을 다섯 등분하며 두세 장씩 각자에게 나눠 준다.

경아   남의 나라 명절 덕을 우리도 톡톡히 보네. 눈코 뜰 새
           가 없어졌으니. 아직도 주문서 많으니까 가급적이면
           빨리 빨리들 좀 해주세요.
린다조   (지나가며) 미쓰 리, 저녁 때 데이트 약속 없으면 파
           트너 하나 구해 줄까?
경아   약속 있어.
린다조   그러다 평생 시집도 못 가겠다. 뭐가 그렇게 짜고 매
           워. (고개를 돌려 미숙을 보고) 넌 어때? 근사한 가이
           하나 있는데…….
미숙   (소리) 어떤 사람인데?
진씨   (느릿느릿) 말세다 말세……. 처녀애들 하나 남아날
           거 없겠네……. 전쟁이 뭔지……. 쯧쯧……. 나라꼴
           돌아가는 거 보니 한심해서 어디…….

이때 다이아나 김, 손바닥만한 핸드백을 손 끝으로 뱅뱅 돌리며 들어와 옥
희도 쪽으로 간다.

다이아나김   내 초상화 다 됐어요?
옥희도   (완성품들 사이에서 꺼내 주며) 여기…….
다이아나김   (펼쳐보며) 세상에! 이것도 그림이라고 그렸어? 내가
           이렇게밖에 안 보여요?

경아	(당황해서 다가가 그림을 본다) 잘 그려졌는데 왜 그래요?
다이아나김	설마 이 거지 같은 그림 솜씨로 돈을 벌려는 심보는 아니겠죠?
경아	(앙칼지게) 다이아나 김! 무슨 말을 그렇게 함부로 해요! (하다가 태도를 바꿔 다소 상냥하게 다가서며) 어디가 어떻다는 거야, 언니? 고쳐 줄게요. 뭣 하면 다시 그리든지.
옥희도	(그리던 그림을 중단하고 다이아나 김에게서 스카프를 잡아챈다) 미쓰 리, 딴 사람에게 부탁하도록 해요. (표정은 담담하나 손등에 일어나는 푸른 힘줄)
다이아나김	어머머…… 어머머……. 어쩜 남의 얼굴을 그렇게 함부로 구겨요. (옥희도의 손아귀에서 스카프를 잡아빼 탈탈 터는) 버릴 거면 가져가야지. 잘 다리면 쓸 수 있겠네……. (획 간다)
경아	(쫓아나가며)

S# 66. 복도

경아	언니. 그냥 가는 게 어딨어요? 돈을 내야지, 돈을……. (붙잡는다)
다이아나김	얘가 왜 이래? 돈, 니가 가질 거 아니잖아. 너 안 주는 거 아니잖아.
경아	(사정하며) 그러지 마……. 그거 하나 그리려면 얼마나 많은 공이 드는데. 옥 선생님 자존심은 생각 안 해

봤어요?

다이아나김　뭘 믿고 그렇게 뻣뻣하대냐. 형편없는 칠쟁이 주제에.

경아　　　（얼굴이 빨개져 화내며) 그분한테 그런 식으로 말하지 말아요. 언니가 그렇게 함부로 말해도 되는 사람 아니에요.

다이아나김　（느물대며) 그으래? 근데 너 이상하다……. 아니……. 그러구 보니까 미쓰 리, 속 차려! 네 아버지 뻘이다, 안 그러니?

경아　　　　말이면 다 해요! (씩씩댄다)

다이아나김　캥기는 게 있긴 있나 부지?

경아　　　　정말…….

다이아나김　선배로서 충고하는데 다 쓰잘 데 없는 짓이다, 너? 누울 자릴 보고 다릴 뻗어야지. (간다)

경아　　　　（분을 삼키느라 마른 침을 꼴깍꼴깍 삼킨다)

다이아나김 (E) 내 말 허투루 듣지 말어!

미숙　　　　（다가와 경아를 보고 놀라며 다정하게 팔짱 끼며) 언니, 왜 그래?

경아　　　　（돌아서며) 아냐, 아무것도.

S# 67. 명동 거리(밤)

완구 좌판상 앞.
구경꾼들 두서너 명 속에 섞인 경아와 미숙.
경아가 표정 없이 침팬지를 내려다보고.

미숙   (재밌어 하며) 야, 또 마시네. 취하겠다아.

스르륵 스르륵 동작이 느려지더니 그대로 서 버리는 침팬지.

경아   할아버지.
할아버지   (알았다는 듯 태엽을 다시 감는데)
경아   그게 아니구요. 할아버진 집이 어디세요?
미숙   (침팬지와 놀고)
할아버지   집이 어디냐구? 지금은 없어…….
경아   부서졌군요.
할아버지   북에다 두고 온걸.
경아   네에……. 식구들은요?
할아버지   할멈은 길바닥에서 저 세상으로 보내버렸고 자식 놈
           은…….
경아   (바짝 긴장하는데)
할아버지   고향 사람이나 만나면 소식을 들을래나……. (시선을
           돌려 버린다) 어서 집으로들 가요. 처녀들이 이런 시
           간에 나댕기면 쓰나.
경아   (짠해서 할아버지를 보는)

S# 68. 거리(밤)

경아와 미숙이 걷고 있다.

미숙   갈 데도 없어, 그치 언니?

경아	집으로 가야지.
미숙	집에 가기 싫어요, 언니.
경아	나하고 같이 있느라고 여태 있었던 게 아니구?
미숙	(고개 끄덕이고) 언니두? 언니도 집에 들어가기가 싫어?
경아	…….
미숙	언닌 잘 모를 거야. 우리 집은…… 우리 집은 마치 돼지우리 같애. 난 집에서 뛰쳐나오고 싶어. 어디든지 집이 아니면 좋겠어. 어디든지…….
경아	(놀라며) 그러니? 넌 참 깨끗하고 맑아서 집안 분위기가 꽤 좋겠구나 생각했는데.
미숙	(서글프게 웃고) 언닌, 왜 화장두 안 하구 옷도 맨날 그런 거만 입어? 환하게 하면 훨씬 이뻐 보일 텐데…….
경아	(한숨 쉬며) 그러고 싶지. 그런데…….
미숙	왜?
경아	몰라. 머릿속이 뒤죽박죽이다.

S# 69. 성당 앞(밤)

멀리서 들리는 포성.
경아와 미숙이 언덕을 오름에 따라 십자가 끝에서부터 성당이 보이기 시작한다.

미숙	언니, 성당이야. 우리 기도 드리고 갈까?

경아   기도……?

미숙   그러자, 언니. 하느님은 신자가 아닌 사람의 기도도
         들어 주실 걸?

경아   나? 난 바라는 거 없어. 바라는 거 하나도 없어. (자조
         적이다) 잃어버린 걸 찾을 수 있다면 또 몰라…….

미숙   왜 이래, 언니. 말도 안 된다, 그건.

경아   넌 뭘 빌 거니? 너무 많아서 말이나 제대로 나올까 몰
         라. (암담한 눈으로 보면 밤하늘에 선명하게 보이는
         성당의 십자가)

S# 70. 초상화부 앞(아침)

화가들은 아직 나오지 않았고 경아가 앉아 장부 정리를 하고 있다.
뭔가를 적다 한숨 쉬는 경아.
미숙, 출근하는 길이다.

미숙   왜 아침부터 한숨이야, 언니? 즐거운 주말인데.

경아   (장부 덮으며) 대목은 봤는데 옥 선생님 몫이 아주 형
         편없어, 어떡하지?

미숙   다이아나 김 언니, 돈 냈어?

경아   아첨하느라구 바쁜가 바본가한테 편지까지 써줬는데
         아직 안 준다.

다이아나 김이 커다란 붉은 가죽백에 까만 장갑까지 끼고 나타난다.

경아	(얘길 들었나 싶어 찔끔한데)
다이아나김	(미숙의 갈래머리 하나를 가볍게 잡아끌며) 너 잘 돼 가니? 양키하구 재미 좋더라? 데이트가 한창이길래 내가 못 본 척했다, 너?
미숙	(경아의 눈치를 보는데)
경아	(이해한다는 듯이 웃어 주고)
미숙	(얼굴 붉히며 유기매장으로 가며) 옥 선생님 초상화 값이나 내요!
다이아나김	(깔깔 웃으며) 옥 선생님? 그림 값? 주지!
경아	정말요?
다이아나김	(백을 열었다 닫았다 하며) 나 오늘 기분 좋아 막 미칠 거 같다, 미쓰 리. 요 앞 다방으로 잠깐 나올래? 차 살게.
경아	옥 선생님 그림 값…….
다이아나김	나오면 줘, 지금이다. (간다)

S# 71. 다방

경아가 들어서면 한쪽 구석에 앉아 있던 다이아나 김, 장갑 낀 손을 번쩍 든다.

다이아나김	여기야! 이리 와.
경아	(마주 앉으면)
다이아나김	너, 주스 마셔라, 주스…….
경아	바브가 결혼이라도 하재요?

다이아나김	그깐 결혼이 대수냐. (까만 장갑을 조심스럽게 벗으며) 너, 이것 좀 볼래? (무명지에서 찬란하게 빛나는 녹두알만한 다이아 반지) 글쎄……. 편지 봉투를 아무렇게나 찢는데 뭐가 툭 떨어지잖니? 화장지에 꼬깃꼬깃 싼 게 말야……. 진짜배기 다이안데 어쩜 그런 식으로 내 손까지 들어오니……. 엽전들 같애 봐라. 어림도 없는 일이지.
경아	……!?
다이아나김	어머, 내 정신 좀 봐……. (편지 내놓으며) 좀 읽어 줘……. 전번에 네가 써준 편지 덕분에 이런 게 굴러 들어왔지 뭐니……. 고맙다, 고마워.
경아	그림 값, 먼저 줬으면 좋겠는데.
다이아나김	너 정말, 그동안 닳고 닳았구나……. 좋아! 얼마였더라?
경아	육 달라.
다이아나김	그랬던가? 어차피 바꿔 쓸 거니까 원으로 줄게. 얼마지, 공정 환률로?
경아	원으로 주려면 야미 시세로 줘요. 차액이 좀 있을 테니까…….
다이아나김	(샐쭉해서) 애 좀 봐. 앙큼해졌네……. 난 이 편지 안 읽어도 그만이야.
경아	(태도를 고치며) 알았어요, 주고 싶은 대로 주세요.
다이아나김	(백에서 두툼한 돈 뭉치를 꺼내 세어 주며) 아무래도 느낌이 수상쩍단 말이야. 미쓰 리 너 말야. 그 늙다리 화가는 왜 그렇게 끔찍하게 챙기니?

경아	이건 정당한 대가예요.
다이아나김	그래, 그래……. 내 코도 석자니까 니 일은 니가 알아서 하고 (편지) 이거나 좀 읽어 줘.
경아	(편지 받아 눈으로 읽고)
다이아나김	(읽어 주기를 기다리며 다이아에 입김을 쐬어 손수건으로 열심히 닦는다)
경아	(일어나며) 읽을 것도 없어요. 맨날 같은 소리죠 뭐. 결혼이나 약혼에 대해 구체적인 언급은 없구요. (나가는데)
다이아나김	(심드렁하게) 결혼? 내가 그거 기다리는 줄 알아? 왜 거기 가서 업신여김 받으며 살어? 여기서 실컷 돈 벌어서 남 업신여기며 살지. 난 돈이면 다야! (계속 다이아를 닦는다)

S# 72. 초상화부 안

다른 사람들은 다 가고 옥희도 씨 혼자 남아 꼼꼼히 뒷정리를 하고 있다.
맑은 물이 나도록 깡통에 붓을 헹구는 옥희도.

경아	(다가가 봉투를 내밀며) 저…… 이거……. 다이아나 김한테 받아 됐어요.
옥희도	(슬픈 듯 낭패한 듯 경아를 보며) 제풀에 그 돈을 내놨을 리는 없구. 미쓰 리, 왜 그런 수고를 했어? (허허 웃으며) 그건 그냥 준 건데.
경아	(분해하며) 그냥 주다뇨……. 그 여자가 그 그림 덕

을 얼마나 톡톡히 봤는지나 아세요? 옥 선생님만 헛
수고하실 필요가 어딨어요?

옥희도   (의기소침하게) 내가 무능해 보였던 모양이군…….
미쓰 리한테. (한동안 회색 휘장을 바라보고 있더니
짐짓 밝게) 미안하군! 아니 이럴 땐 고맙다고 해야 하
나? (돈을 내려다보며 민망한데)

경아   (짠해서 옥희도를 보다가 돌아서 가려는데)

옥희도   (경아의 어깨를 한 손으로 잡으며 어두운 시선으로
본다) 이 돈을 써버리고 싶은데…… 도와주겠어?

경아   (고개를 끄덕인다)

S# 73. 일식 집(밤)

정갈한 다다미방.
옥희도는 흰 사기 잔에 정종을 자작으로 따라 마신다.
경아, 전골을 공기에 덜어 옥희도 앞에 밀어 놓는다.
옥희도, 술 한 잔을 맛있다는 듯 마시고 경아를 보고 빙긋 웃는다.

옥희도   이런 호강은 정말 오랜만이군.

경아   (계속 전골을 뒤적인다)

옥희도   (또 술을 따른다)

경아   벌써 네 잔째예요. 샘물 마시는 거 같으세요.

옥희도   괜찮아, 술 마시는 사람 싫은가?

경아   싫긴요. 아버지가 약주를 좋아하셔서 술시중 많이 들
어 봤어요.

옥희도	그랬군.
경아	식구들……. 많이 보고 싶으시겠어요.
옥희도	(술잔을 잡으며) 보고싶기야 애들이 더 하지.
경아	선생님은 그래도 희망이 있으세요. 산 사람은 만나지게 마련이니까요.
옥희도	그럼 경안……?
경아	…….
옥희도	이 난시에 상처 없는 사람이 어디 있을라구.
경아	(서러워지는데)
옥희도	가족 얘기를 좀 해보겠어? 아버진 약주를 얼 만큼 즐기시는지. 경아를 얼 만큼이나 귀여워하시는지…….
경아	…….
옥희도	…….
경아	아버지가 미워요.
옥희도	……?
경아	돌아가셨거든요. 무책임하게 우리만 남겨 놓으셨어요. 아버진 전쟁도 모르세요. 아버지 돌아가시고 한 달 후에 전쟁이 났으니까요.
옥희도	…….
경아	아버진 우릴 위해…… 날 위해…… 아무것도 해주지 않으셨어요. 아무것도요. (눈물이 솟구치는데)
옥희도	공연한 얘길 시킨 거 같군…….
경아	(탁자에 엎드리며) 오빠들까지 아버진 데리고 가셨어요. 오빠들까지…….
옥희도	(경아의 어깨를 토닥인다)

경아	어머닌 어떤 줄 아세요? 어머닌 절 버리셨어요. 전 어머니한테 버림을 받았다구요.
옥희도	자…… 그만…… 그만……. 눈물 씻고.
경아	(흐느끼며) 어머니가 절 어떻게 버렸는지 아세요……?

S# 74. 경아의 집 건년방(밤)

어두운 남포불 아래 방바닥에 걸레질을 하고 반듯한 책꽂이의 책들을 다시 정리하고 있는 어머니.

S# 75. 일식 집(밤)

경아	그날 그 끔찍했던 날, 전 오빠들 몫까지 어머니께 효도를 하겠다고 수백 번 수천 번 다짐을 하며 엄마가 눈 뜨시기를 기다렸어요.

S# 76. 경아네 안방(회상)

죽은 듯이 눈 감고 누워 있는 어머니의 손을 정성스럽게 주무르고 있는 경아. 오빠들이 죽던 밤이다. 민이도 참담한 얼굴로 옆에 앉아 있다.

경아	엄마! 엄마!
어머니	(가늘게 눈을 뜬다) 욱아……. 혁아……. (눈동자 움직이다가 스르르 힘 빠지고 감기는 눈)

경아	엄마! 저 여깄어요. 경아요. 엄마, 경아 여깄어요. 눈 좀 뜨세요.
민이	나만 오지 않았더라도, 잠자리만 바꾸지 않았더라도…….
어머니	(다시 눈을 뜨고 희미하게 두리번댄다)
경아	엄마, 저 여깄어요. (어머니의 손을 잡는다)
어머니	(땅이 꺼져라 한숨)
민이	작은어머니. 정신이 좀 드세요?
어머니	하늘도 무심하시지…….
경아	…….
민이	…….
어머니	생떼 같은 내 아들들 다 잡아가고…….
경아	…….
민이	…….
어머니	쓸 데도 없는 계집애만 남겨 놓다니…….
경아	(비틀대며 일어선다)

S# 77. 후원의 나무 아래

경아가 비틀대며 나와 서럽게 운다. 울다가 고개를 반짝 치켜든다.

어머니	(E) 쓸 데도 없는 계집애만 남겨 놓다니…….

경아, 다시 서러움이 북받치고

S# 78. 일식 집(밤)

서럽게 흐느끼는 경아의 양어깨를 옥희도가 감싸고 있다.

경아   (가늘게) 죄송해요. 누구한테도 하지 않던 얘긴
           데…….
옥희도   그래. 됐어요, 됐어.
경아   (방바닥을 내려다보며) 선생님이 좋아요. 괜찮을까
           요?
옥희도   그럼…… 괜찮고 말고……. (경아를 다시 꼭 안아 준
           다)

S# 79. 명동거리(밤)

옥희도를 끌다시피 장남감 노점상 앞으로 가는 경아.

경아   꼭 보여드리고 싶은 게 있어요.
옥희도   늦었는데……. 집에서 기다리시지 않아?
경아   잠깐만……. 잠깐이면 돼요, 선생님. 그 침팬지 녀석
           하고 선생님도 인사를 나누시란 말이에요. 제 친구거
           든요.

S# 80. 완구 노점 앞(밤)

구경꾼 하나도 없는 노점상.

주인 할아버지 졸고 있고 침팬지 위스키 병을 든 채 얼굴을 반듯이 쳐들고 무료하게 서 있다.

경아   할아버지 태엽 좀 감아 주세요!

깜짝 놀라 잠을 깬 할아버지, 별로 싫어하는 기색도 없이 침팬지 궁둥이의 태엽을 감는다.
전신을 리드미컬하게 흔들며 거푸거푸 위스키를 따라 마시는 침팬지.
구경꾼들 모여들기 시작한다.
경아, 옥희도의 팔짱을 끼고 한껏 즐거운 표정.
서서히 태엽이 풀리면서 동작을 멈추는 침팬지.
구경꾼들 다시 흩어지고 외롭게 가만히 서 있는 침팬지.
경아가 옥희도를 바라보면 매장 안의 회색 휘장을 볼 때처럼 아득한 시선으로 침팬지를 보고 서 있다.

S# 81. 거리(밤)

계동 어귀 깜깜한 골목길 앞.
경아가 옥희도의 헐렁한 주머니에 손을 같이 넣고 걷고 있다.

경아   이제 다 왔어요. 그만 돌아가세요.
옥희도   밤도 늦었는데 집 앞까지 데려다 주지.
경아   혼자 갈 수 있어요. (옥희도의 주머니에서 손을 빼고
           날쌔게 골목길을 달려가며) 안녕, 선생님 안녕…….
옥희도   (경아가 사라질 때까지 보는)

S# 82. 마당(밤)

어머니가 열어 준 문으로 경아가 들어선다.

어머니	큰아버지가 와 계신다.
경아	우릴 좀 그냥 내버려 두라고 하세요.
어머니	…….

S# 83. 안방(밤)

큰아버지가 점잖게 앉아 있다.
경아 들어선다.

경아	언제 올라오셨어요?
큰아버지	계집애가 이렇게 늦게까지 싸다니다니. 취직은 무슨 놈의 취직, 망칙하게스리……. 곱게 들어앉았다 시집이나 갈 것이지.
경아	(인사하고 대꾸없이 앉는다)
큰아버지	좀 자주 와 봐야 하는 건데 그놈의 증이니 뭐니가 여간 까다로워야지.
경아	…….
큰아버지	지금 막 너의 어머니하고 의논하던 참이다만 이런 흉가집 같은 데서 어떻게 여자 둘이서 계속 지내겠다는 거냐? 피난지에서 굳이 먼저 서울로 오겠다고 우길 때만 해도 나도 자리도 안 잡히고 해서 그만 얼떨결에

떠나보냈다만, 원 이거야 그냥 두고 볼 수가 있어야
지. 이게 어디 온전한 정신 가진 사람이 살 집이냐?
민이를 보내 그만큼 얘기를 했으면 알아들어야 한단
말이지.

경아   큰아버지, 어머니와 전 이 집에서 떠날 생각이 없어요.
큰아버지   난 너희 집 허물어진 행랑채만 봐도 가슴이 선뜻하던
데 참 어지간도 하다.

S# 84. 마루(밤)

어머니가 방안의 대화를 듣고 있다.

큰아버지 (E)   네가 잘 돼야지. 어서 네 어머니도 낙을 좀 보실 거 아
니냐?

어머니, 쓰게 웃는다.

S# 85. 초상화부 앞 복도

태수   굿모닝, 미쓰 리! (전깃줄 다발을 들고 지나간다)
경아   지금이 몇 신데 굿모닝이에요?
태수   (느물거리며) 내 아침은 경아 씨를 만나야 시작되는
거니까……. 근데 오늘은 또 왜 이렇게 저기압이
야……. 쉬 늙을라구.
경아   태수 씨 걱정이나 해요.

태수	나보다 먼저 늙어 버리는 여자를 마누라로 갖고 싶지 않거든.
경아	(짜증내며) 나 장난할 기분이 아니란 말예요.
태수	(목을 길게 빼고 안을 들여다보며) 어? 옥 선생님이 안 보이시네.
경아	안 나오셨어요. 며칠째 결근이세요.
태수	어디 편찮으신가? (하다가) 오늘 저녁 파티 같이 가 주는 거죠?
경아	그까짓 너절한 파티.
태수	난 꼭 경아하고 가고 싶은데…… .
경아	(잠깐 무슨 생각에 잠기다가) 태수 씨, 옥 선생님 댁 알아요?
태수	아아뇨. 몰라요.
경아	형님께서 아실지도 모르잖아요? 태수 씨 형님이랑 옥 선생님 친구시랬잖아요.
태수	알아볼 수야 있겠죠. 근데 왜요?
경아	댁 좀 알아봐 줘요…… . 꼭.
태수	어려울 건 없는데…… . 대신 내 부탁도 들어 줘야 될 걸.
경아	뭔데요?
태수	너절한 파티! 같이 안 가면 나두 옥 선생님 댁 안 알 아올 거야.
경아	애들같이…… . 좋아요. 같이 가주죠.
태수	(동그랗게 만 전선 다발을 빙빙 돌리며) 우리 옥 선생 님이 나를 도와주시는군. 이따 만나요!

나이 어린, 좀 심술궂게 생긴 PFC(상병)가 영수증을 내민다.

스카프를 찾아 내주는 경아.

선뜻 가지 않고 고개를 갸우뚱하며 찌뿌드드한 얼굴을 하는 상병.

경아가 불안하게 상등병을 쳐다보는데, 죠오가 다가와 상등병 어깨 너머로 초상화를 보고

죠오   오오……. 이 그림 아주 좋은데……. 아주 근사해요.
               여봐요, 미쓰 리. 이거 어떤 화가가 그린 거지?

경아가 의아해 하면 한쪽 눈을 찡긋해 보이는 죠오.

경아, 제일 그럴듯한 풍채를 지닌 진씨를 가리키며

경아   저 분이에요.

죠오   잘 됐네. 나도 저분한테 부탁해야겠는데. 꼭 저 사람
               에게 그리게 하는 거 잊지 말아요. 우리 애인 사진이
               어디 있더라.

수선스럽게 안주머니를 뒤지며 사진 찾는 시늉까지 한다.

상등병, 표정이 점점 누그러지더니

상등병   됐어요. 싸 주세요.

경아   (짓궂게) 마음에 드세요? 마음에 안 들면 딴 화가에
               게 다시 그려 드릴게요.

상등병   아주 좋아요. (간다)

죠오   (꺼냈던 사진을 어름어름 도로 넣는다)

364

경아	초상화 안 그릴 건가요?
죠오	(한국말로) 난 딸라의 가치를 남들보다는 좀더 잘 알지.
경아	아무튼 도와줘서 고마워요.
죠오	언제라도 도울게요.
경아	다시 만나 기뻐요.
죠오	정말? 나 많이 생각했어요?
경아	아뇨. 그렇지만 오늘부턴 좀 할지도 모르죠.
죠오	(활짝 웃으며) 고마워요.
경아	오늘은 연애편지들 안 썼나요?
죠오	안 써도 될 거 같은데요.
경아	거봐요. 그렇게 무더기로 연애편질 써대더니.
죠오	대신 미쓰 리를 이렇게 보고 있잖아요.
경아	농담도 곧잘 하시네.
죠오	농담 아닙니다. (담배에 불을 당기고 경아를 보면)
경아	(자연스럽게 딴청을 부린다)

S# 86. 지하실 스탠드바 입구

요란한 음악 소리가 들린다.

경아가 우두커니 서서 아래를 내려다보면 몰라보게 말쑥히 단장한 노무자들과 청소부 아줌마 속에 다이아나 김, 의외로 진씨와 나란히 내려간다.

경아	세상에 두 분……. 파트너세요?
다이아나김	그러니까 난 체하지 마. 세상 일이 모두 미쓰 리 눈 안

에 있는 건 아니라니까.

진씨   (쑥스러운 듯이 웃어 보이고)

야하게 차린 세일즈걸들, 미군 하나씩 대동하고 속속 몰려드는데
죠오와 팔짱을 끼고 내려가는 린다 조.
수잔 정, 흑인 하나와 내려가며 경아에게.

수잔정   황태수, 나랑 같이 가쟀더니 미쓰 리하고 약속했다
                고……. 정말 가만 안 놔둘 거야.

이때 어지간히 취한 싸진 발콤, 혼자 있는 경아를 보고 다가와 허리에 손을
두르며.

싸진발콤   혼자야? 나랑 같이 들어갈까? (거의 얼굴을 맞대려
                드는데)

빨간 타이를 거북한 듯 맨 태수가 나타나 기겁을 하고 경아를 나꿔채고는
발콤의 배에 주먹을 한 방 먹인다.

태수   망할 자식, 싸진이면 단 줄 알아?
싸진발콤   (화도 안 내고 히히거리며 사라진다)
태수   (거칠게) 나가자! (경아의 손을 꽉 잡고 끌 듯이 계단
                을 올라간다)

훤칠한 미군 상등병 하나와 같이 온 미숙, 둘을 발견하고 거의 울듯이

미숙   언니! 어디가…… 파티장에 언니 안 가면 나도 안
          가…… 언니!

S# 87. PX 입구(밤)

양쪽에 우뚝 서 있는 순경과 엠피.
두 사람의 몸을 눈으로만 훑고 귀찮은 듯 그냥 통과시킨다.

경아   (짐짓 명랑하게) 오늘은 여기까지 프리패스네. 콜라
          병이라도 하나 차고 나올걸…….

태수, 대꾸도 없이 시무룩하게 경아의 옷자락을 당기며 앞으로…… 약간
후미진 곳에 이르자 갑자기 서더니 충동적으로 경아를 껴안고 성급하게 입을
맞춘다.

경아   어? 어, 미스터 황. 태수 씨, 미쳤어요?
태수   미안해. 경아를 그런 갈보년들 틈에 데리구 가는 게
          아닌데……. 넌 딴 여자애들하고는 달라야 돼!
경아   (짐짓 명랑하게) 피이……. 그러면서 수잔 정하고는
          그렇구 그런 사이죠?
태수   (버럭 화내며) 놀리지 마. 난 진지한 얘기를 하고 있
          단 말이야. (다시 경아를 끌어안으려 한다)
경아   (태수의 팔을 가볍게 뿌리치고 잽싸게 달아나며) 안
          녕! 안녕! 난 진지해지고 싶지가 않아요. 즐겁고 싶어
          요.

S# 88. 거리

태수에게 벗어난 경아가 혼자 걷고 있다. 시무룩하고 기운이 없다.

S# 89. 초상화부 앞

흑인 병사 하나가 스카프에 그려진 여자를 가리키며

병사   눈 색깔이 이게 아니라니까…….

경아   뭐가 아니라는 거예요? (주문서를 뒤적이며) 봐요.
          다크 블루잖아요.

병사   이게 어디 다크 블루요? 검은색이지…….

경아   (귀찮다는 듯) 두고 가요. 다시 그려 줄 테니.

병사   (뭐라 투덜거리며 가버리고)

경아   (퉁명스런 표정으로 김씨에게 방금 퇴짜 맞은 스카프
          를 갖다 준다)

김씨   아니…… 누구 목매달아 죽는 꼴 봐야 되겠어, 미쓰
          리! 오늘 도대체 왜 그래? 쌩긋 웃고 달래면 그냥 가
          져갈 것들을 그렇게 심통부리고 다시 그려 준단 게 벌
          써 몇 번째야?

경아, 김씨의 말은 아랑곳하지 않고 옥희도의 빈자리를 한 번 쳐다보고는
창가로 다가가서 휘장의 한 귀퉁이를 제치고 밖을 내다본다.
거센 빗줄기, 유리에 볼을 댄 채 쏟아지는 빗발을 바라본다.

돈씨   (퇴짜 맞은 스카프를 집어 들어 목매는 시늉을 하며)
            금방 죽겠는데…… . 캑!

이때 진열장을 들여다보는 껑충한 GI.

진씨   (느리게) 미쓰 리. 손님 오셨어.

경아, 돌아서 책상으로 가면 기웃거리다 그대로 가버리는 GI.
맞은편 유기매장 안.
미숙, 낯익은 미군 병사와 웃고 얘기한다.

돈씨   미쓰 리, 지금 휘장 뒤에서 울었잖아?
진씨   어린 사람을 그렇게 몰아부쳤으니 쯧쯧…… .
김씨   젠장. 속상하면 무슨 소린 못 해. 누가 미워서 그런 건
            가.

S# 90. 옥희도의 집 앞(저녁)

비 그친 하늘. 유난히 맑다. 나지막한 기와집.
우산을 든 경아와 과자봉지를 든 태수가 기웃거린다.

태수   아, 이 집이 맞군.
경아   옥 선생님 성함이 아닌데…… .
태수   철없는 소리하고 있어. 옥 선생님 집이야 북에 있겠
            지. 문간방 하나 세 들어 사신다던데 뭘…… . (문 두

드린다) 옥 선생님, 옥 선생님, 계십니까?

S# 91. 시장(황혼)

온몸에 너덜너덜 자물쇠를 걸고 팔러 다니는 할아버지.

휠체어를 타고 앉아 가방 하나, 깡통 하나를 달랑 앞에 놓고 구두를 수선하는 상이용사.

줄줄이 늘어앉은 떡장수. 반찬 장수들.

몸뻬, 검정고무신, 커다란 함지박을 머리에 이고 아이를 업고 가는 여인네.

빨래처럼 줄줄이 국수를 걸어놓은 국수가게.

리어카와 지게를 세워놓고 파이프를 입에 문 채 손님을 기다리는 짐꾼들.

우산 수리하는 할머니.

냉차 장수.

온갖 잡동사니들이 다 모여 있는 시장 안.

S# 92. 옥희도의 셋방 앞 툇마루(황혼)

경아는 앉았고, 태수는 서서 옥희도를 기다리고 있다.

경아   집에 안 계신 거 보면 편찮으신 건 아닌가 봐?

태수   돈씨나 김씨 아저씨가 결근을 해도 경아 씨가 방문을 하나?

경아   (샐쭉해져 입 다물어 버린다)

귀퉁이에 옥희도가 멍해서 사람들을 보고 있다.

어린애를 업고 지나는 여인네를 유심히 보고.

S# 93. 들판(황혼)

옥희도가 지는 해를 망연히 보고 서 있다.

S# 94. 경아의 집 골목(밤)

태수가 경아를 집까지 바래다 주는 길이다.
집이 보이자 걸음을 늦추는 경아.

태수	다 왔어? 어디야?
경아	돌아가라니까 그래요.
태수	여기까지 왔는데 집은 알고 가얄 거 아냐. 들어가재서 차 대접은 못 할지언정 너무 야박하게 구네.
경아	(단념한 듯) 알았어요, 알았어. 들어가면 될 거 아냐.
태수	야, 황태수 꼴이 이게 뭔지 모르겠구나. (돌아선다)
경아	오늘 고마웠어요.
태수	(씩 웃고 간다)

S# 95. 경아의 집 마당(밤)

경아	나 늦었죠? 몇 시나 됐어요? 기다리셨어요?
어머니	(대꾸 없이 휘청휘청 부엌으로 들어가는)
경아	(댓돌에 서서 하늘을 쳐다보고)

환하게 불이 켜져 있는 건넌방.

경아가 의아한 얼굴을 하며 건넌방으로 가 거칠게 방문을 연다.

S# 96. 건넌방(밤)

벽에 걸렸던 기타, 방바닥에 딩굴고 여러 개의 사진첩이 펼쳐져 있고, 사진
들이 방바닥에 흩어져 있다.

금방 입었다 벗은 듯 아무렇게나 뭉쳐놓은 유도복들.

경아   (앙칼지게) 이 방에 들어오지 말라고 몇 번이나 말했
           잖아요! 혼자서는 여기 들어오지 마세요.
어머니 (E) 넌 되고 난 안 되는 거냐?
경아   엄마!
어머니   (돌아다보며) 기타 소리가 나는 거 같아서……. 꼭
           욱이가 치는 거 같더라.
경아   오빤 죽었어요. 난 살았구요. 날 기다려 봐요, 날…….

기타를 내려치는데 기타 한쪽을 꽉 부여잡는 어머니.

어머니   (새된 소리로) 안 돼! 안 된다!

경아의 팔을 할퀴다시피 하고 기타를 뺏으려 하는 어머니.

필사적으로 기타의 머리를 부둥켜안고 서로 당기다가 어머니의 힘에 밀려
경아가 방바닥으로 넘어진다. 그래도 기타를 놓지 않는 경아와 뺏으려는 어
머니.

한참 만에 가쁜 숨을 쉬고 맨 손으로 경아가 물러나고, 어머니 기타와 유도
복을 있던 자리에 걸어놓는다.

경아는 안타까이 어머니의 하는 양을 본다.

경아   엄마, 오빠들은 죽었어요. 그거 아시죠?

어머니   안다.

경아   그런데 욱이 오빠가 치는 기타 소리가 들려요?!

어머니   내 귀엔 들렸다.

경아   바람 소리였겠죠.

어머니   그래……. 그렇겠지.

경아   (엄마를 안으며 안타까이) 엄마아…….

어머니   …….

경아   (도전적으로) 이번 어머니 생신엔 잔치할래요. 아주
            크게요. 맛있는 거 잔뜩 차려놓고 고운 옷 입고 엄마
            한테 절할 거야.

어머니   ……. (눈물이 고이는데)

경아   엄마……. (어머니를 안고 운다)

S# 97. 초상화부 안

캔디 매장의 다이아나 김, 진열대에 팔꿈치를 괴고 손바닥에 이마와 머리
카락을 함께 파묻은 자세로 뭔가 생각하고 있다. 움켜쥔 검은 머리카락 사이
로 빨간 손톱과 다이아가 반짝인다.

경아   (혼잣말로) 저런 멋진 포즈로 돈 말고 딴 생각을 좀

하지.

출입문으로 양키들 서넛 들어서는데 죠오도 있다. 린다 조의 양품부로 간다.

태수	(다가오며) 옥 선생님은?
경아	(고개를 저어 보이고)
태수	우울해 보이는데?
경아	…….
태수	(생각하다가) 유토피아로 나와. 열 시까지.
경아	……?
태수	내일 말야. 노는 날은 바람 좀 쐬고 그래야지.
경아	…….
태수	나올 때까지 기다릴 테니까…… (윙크하고 가버린다)
경아	(아직 똑같은 자세로 앉아 있는 다이아나 김을 바라보는데)
민이	(경아 앞에 불쑥 나타난다)
경아	민이 오빠!
민이	(들고 있던 꾸러미를 경아에게 내밀며) 작은어머니 생신, 내일이지? 아버지가 보내시는 거다. 나, 내일은 시간이 없고, 또 너 어떡하고 있나 보고 싶기도 해서 이리로 들렀어.
경아	난 잘 있어요. 걱정 안 해두 된다니까요.
미숙 (E)	안녕하세요?
민이	아, 예……. (유기매장을 보면)

374

미숙	저번엔 고마웠어요. 짚차…….
민이	아, 예……. (경아에게) 작은어머니도 괜찮으시지?
다이아나김	(다가서며) 와, 미쓰 리. 이렇게 핸섬한 애인이 있었어? 소개 좀 시켜줘.
미숙	(삐죽이며) 경아 언니 오빠예요. 사춘 오빠.
다이아나김	믿어도 되는 말이야? 괜히 둘러대는 거겠지.
민이	(들은 척도 안 하고 자리를 뜨며) 작은어머니께 못 뵙고 내려간다고 잘 말씀드려. 수일 내로 또 올라올 거니까. 나 간다. (간다)
경아	걱정 안 하셔도 된다니까 자꾸…….
다이아나김	뭐 저런 사람이 다 있어. 사람이 사람으루 안 보이나?
진씨	(실크 스카프 하나를 들고 나와 다이아나 김의 팔을 잡아끌며) 이봐, 다이아나 김. 보여줄 게 있어. 이리 와 봐요.
다이아나김	(금방 풀어져서 진씨를 따라가며) 그래두 날 사람으루 봐주는 건 진씨밖엔 없어.

이층 휴게실로 올라가는 두 사람.
훤칠한 양키 상등병이 다가와 유기부를 기웃거린다.
반색하며 상등병을 데리고 매장 안으로 들어가는 미숙.

S# 98. 경아의 집 부엌(이른 아침)

미역국을 끓이고 전을 부치고 고기를 굽고 푸짐하게 상을 보는 경아.
까치가 운다.

경아가 까치 소리를 의식하며 잠시 얼굴이 환해진다.

S# 99. 안방(아침)

잘 차려진 상을 들고 들어서는 경아의 밝은 표정.
우두커니 벽에 기대 열려진 창으로 뜰을 내다보는 어머니.

경아　　　　마침 노는 날이라 잘 됐어요. (상 놓고 나가며) 나 얼
　　　　　른 옷 좀 갈아입고……. 엄마한테 절 해야지…….

S# 100. 경아 집 전경(아침)

까치가 울어대는 소리.

S# 101. 안방(아침)

다시 들어서는 경아. 여태까지와는 달리 화사하고 밝은 꽃무늬의 원피스를
입고 있다.

경아　　　　엄마, 절 받으세요. 앞으로는요. 심통두 안 부리구 일
　　　　　찍일찍 다니고 더 잘 할게요. (어머니 앞에 절 하려는
　　　　　데)
어머니　　　(모질게) 치워라. 같잖게시리……. 니 오래비들 죽은
　　　　　지 일 년두 채 안 됐다. 뭐가 좋다구 색깔 있는 옷이
　　　　　냐……. (격해서) 뭐가 좋다구 생일상을 받어!

경아	(노랗게 질려 그 자리에 주저앉으며) 엄마!
어머니	사람이면 이럴 순 없는 게다.
경아	사람이 아니면, 그럼 전 짐승인가요!
어머니	(땅이 꺼져라 한숨)
경아	엄마, 최소한 우리는 살아 있잖아요. 난 살아 있어! 잊어버려요, 엄마. 잊어버리고, 나, 하나 남은 나를 위해 살아 주세요.
어머니	(상을 들고 나가며) 네가 안 치우면 내가 치우마.
경아	(속상해서 노려본다)

S# 102. 마당

맨발로 마당으로 뛰어내려 어머니가 들고 있는 상을 뺏어 팽개치며 소리지르는 경아.

경아	그래요! 두 오빠 죽이구 혼자 살아서 미안해요! 나도 따라 죽을까요? 죽어요? 엄마가 죽으라면 죽을게요. 죽을 거예요!
어머니	(우두커니 서 있는데)
경아	(울음을 터뜨린다)

제 2 부

S# 1. 영화관 안

비비안 리와 로버트 테일러의 『애수』의 영화 화면.
전쟁, 폭격, 사랑, 안개 낀 워털루 브릿지 등……
손수건으로 눈물을 닦는 경아.
그런 경아를 보며 무릎을 토닥여 주는 태수.

S# 2. 영화관 앞

쏟아져 나오는 사람들.
경아는 울어서 발개진 얼굴을 태수의 등 뒤로 숨기며 나온다.

태수	(놀리듯) 울보.
경아	울긴 누가.
태수	안아 주고 싶어 혼났네.
경아	징그러.
태수	솔직한 것도 죄가 되나……. 암튼 난 그랬다구.
경아	…….

S# 3. 거리

경아와 태수가 걷고 있다.

태수는 뭔가 근질근질한 듯 길가의 돌멩이도 걷어차고, 지나가는 아이에게 괜히 군밤도 먹이고 한다.

S# 4. 영화관 앞(경아의 회상)

옥희도와 경아가 걷고 있다.
『애수』 포스터가 붙어 있는 옆을 지난다.

경아	옥 선생님. 저, 이 영화 보고 싶어요.
옥희도	(본다)
경아	굉장히 슬프데요. 우리처럼 전시 상황에서 비비안 리 하고 로버트 테일러가 사랑을 하는데요.
옥희도	비극으로 끝이 나겠군.
경아	네, 선생님. 미숙이가 봤다는데요. 얼마나 슬픈지 말도 못 한데요. 선생님, 우리 같이 보러 가요. 네?
옥희도	…….
경아	(조르며) 선생니임…….
옥희도	(대꾸 없이 가기만)

S# 5. 거리(현재)

태수	무슨 생각을 그렇게 골똘히 하는 거야? 아직도 그 영화 내용에 빠져 있는 얼굴이네. 암튼 여자들이란…….
경아	알지도 못하면서…….

태수   그러니 내가 알게 뭐든 얘길 좀 해봐요.

경아   …….

골목 어디쯤에 한복들을 조잡하게 차려 입은 창녀 몇이서 지나는 남자들을
호객하는 게 보인다. 그 중 하나가 태수의 팔을 나꿔챈다.
태수가 팔을 빼내고 경아는 외면을 한다.

태수   어유, 뭐 딴 일을 찾아볼 것이지.

경아   오죽해서 저러고 나왔을려구.

S# 6. 경아 집 마당(경아의 회상)

맨발로 마당으로 뛰어내려 어머니가 들고 있는 상을 패대기치는 경아.

경아   그래요. 두 오빠 죽이고 혼자 살아서 미안해요. 나도
            따라 죽을까요? 죽어요? 엄마가 죽으라면 죽을게요.
            죽을 거예요.

S# 7. 거리(현재)

경아의 얼굴이 고통으로 일그러진다.

태수   얼굴이 왜 그래?

경아   가기나 해요.

태수   우린 지금 어디로 가고 있는 거지?

경아	…….
태수	경아 씨.
경아	말해요.
태수	집에 가고 싶어? 데려다 줘요?
경아	…….
태수	(어렵사리) 그럼 우리 집에 가서 좀 앉았다 갈래요?
경아	…….
태수	나 사는 거 구경도 좀 하고…… 어때요?
경아	…….

S# 8. 태수의 집 앞(황혼)

음식점이 많은 뒷골목.

낡은 일본식 이층집. 아래층에 회현피부비뇨과라는 병원 간판.

병원을 통하지 않고 이층으로 직접 올라가는 좁은 계단.

계단으로 통하는 유리문에 달린 커다란 자물쇠에 열쇠를 꽂는 태수.

경아가 주변을 두리번거리며 아직도 망설이는 얼굴.

태수	(문 열고 경아에게) 긴장할 거 없어. 올라가.

S# 9. 태수의 집 안(황혼)

사조 반의 다다미 방.

태수가 들어서고 경아가 따라 들어선다.

닫혀 있던 창문을 활짝활짝 열며 신나게 휘파람을 부는 태수.

좀 당황한 듯 무엇에 걸려 넘어지기도 하고, 널려 있는 옷가지는 한쪽으로 치우기도 하는 모습.

단촐한 방안에 풍경화 한 점이 걸려 있다.

경아는 두리번대기만 한다.

태수	이 그림 어때요?
경아	좋은데요? 태수 씨가 그린 건 아닐 테고.
태수	내가 그런 재주가 어딨어요. 그랬담 초상화부에 취직해 있게? 경아가 그림을 좋아할 거 같아 사다 건 거지.
경아	…….
태수	형님 집에서 지냈는데 취직이 되자마자 나왔어. 형님네 사는 것도 어렵거든. 조카들이 많아서……. 다섯이나 된다고 내가 말했었지?
경아	그래요. 옥 선생님네도 다섯이랬구.
태수	……! 그러고 섰지 말고 이리 좀 앉아요.
경아	(엉거주춤 계속 서 있는데) 오래 있을 거 아니에요.
태수	집 무너지지 않아. 앉아.
경아	…….
태수	(경아를 지그시 본다)
경아	(시선을 피하며) 방이 생각보다 깨끗해요.
태수	실은 미쓰 리 데려오려고 대청소한 건데…….
경아	작정했던 일이에요?
태수	아니, 굳이 오늘이 아니어도 언젠가는 하고…….

경아, 창가로 다가가 밖을 내다본다. 노을이 타고 있다.

태수, 경아를 보다가 용기를 내어 마른 침을 꼴딱 삼키고는 경아를 뒤에서 살그머니 안는다.

경아, 가만히 있다.

태수	어떻게 해야 내 맘을 전할 수 있는 거지? 아냐, 경아는 알아. 내 맘 아는 거지? 경아가 내게 얼마나 특별한 여자인지……. 그건 내가 경아를 처음 본 순간부터 그랬었어.
경아	…….
태수	(경아를 돌려세운다) 표현할 길이 없었어. 지금도 그래.
경아	(전혀 동하지 않는 담담한 얼굴)
태수	(타는 듯한 갈망으로 경아를 지긋이 안는데)
경아	(여전히 반응이 없다)
태수	(경아의 얼굴을 두 손으로 잡고 격렬하게 입 맞춘다)
경아	(응하지도 빼지도 않는다)
태수	(경아를 안은 채 바닥으로 넘어진다)
경아	(몸을 빼려고 잠깐 태수를 밀치나 금방 잠잠해지면서 눈을 감고 무표정해진다)
태수	(경아의 겉옷 단추를 하나 성급히 풀어내린다)
경아	(가만히 있는데)
태수	(어느 순간 감을 잡고 몸이 굳어진다)
경아	…….

황혼이 스러지고 어두워져 가는 방안.

태수   (경아에게 떨어져 나와 창가로 간다) 이럴 수 있는 거
        야. 이럴 수가 있는 거냐구?

경아, 차분히 일어나 옷매무새와 머리를 가다듬고 태수에게 다가가 등에
고개를 묻는다.

태수   내가 싫어?
경아   아니.
태수   그럼?
경아   모르겠어. 나도 모르겠어.
태수   …… 답답하구나. 모든 게 답답해.
경아   …….
태수   여기까지 왜 같이 왔어?
경아   갈 데가 없었으니까.
태수   (돌아서서 분위기를 바꿔) 저녁 지을까? 나 밥 잘 해.
경아   집으로 가겠어요.
태수   그런가? (냉소적으로) 엄마가 기다리니까? 그렇지?
        (일어서며) 그럼 가 봐야지. 나 같은 놈은 경아한텐
        아무것도 아닐 테지.
경아   그게 아냐, 태수 씨. 나도 내 맘을 모르겠다니까.
태수   (복잡한 얼굴로 다시 경아의 눈을 보는데 슬프다)

S# 10. 태수의 집 앞(밤)

병원 간판 불빛.
우울하게 나오는 경아와 태수.
간절한 눈으로 경아를 바라보는 태수.
경아, 그 시선을 피하며

경아	오늘 고마웠어요.
태수	고마웠다구? (자조적으로 웃는다)
경아	혼자 갈게요, 안녕. (간다)
태수	(멍해서 사라지는 경아를 본다)

S# 11. 거리(밤)

파괴되고 허물어진 건물들의 실루엣.
머리카락을 날리며 휘청휘청 걷는 경아.

S# 12. 명동(밤)

잠자리 날개 같은 여름옷을 입은 마네킹이 빙글빙글 도는 쇼윈도.
장난감 노점에는 할아버지가 졸고 있다. 사람은 하나도 없다.
누운 채 하늘을 쳐다보고 있는 침팬지.
우두커니 침팬지를 내려다보는 경아.
거지 아이 하나가 손을 내밀고 섰다.

경아　　　(E) 마음이 무거웠습니다. 이럴 수가 있는 거냐고 탄식하
　　　　　　는 태수씨의 음성이 계속 귓가에 맴돌았습니다. 나는,
　　　　　　내게도 과연 뜨거운 피가 몸 속을 돌고 있는 것인지
　　　　　　그게 궁금해졌습니다. 나는 어떤 식으로든 내가 살아
　　　　　　있다는 걸 확인해 보고 싶었습니다. 마음이 급해졌습
　　　　　　니다.

빠른 걸음으로 되돌아 걷기 시작하는 경아.
손을 거두지 않고 우두커니 바라보고 있는 거지 소년.
경아가 거의 뛰다시피 한다.

S# 13. 태수의 집 앞(밤)

숨차하며 태수의 문 앞에 당도한 경아.
그러나 태수의 집 계단으로 통하는 문에는 커다란 자물쇠가 굳게 물려 있다.
태수의 방에는 불이 꺼져 있고 경아가 발작적으로 자물쇠를 비틀어 본다.
필사적으로 매달려 보다가 마침내 불 꺼진 창을 다시 한 번 올려다보고 서
글프게 돌아선다.

S# 14. PX매장 1층

출입문을 들어서는 경아.
초상화부 안에서 옥희도, 다른 화가들과 악수하는 게 보인다.
진씨는 안 보인다.
순간 환하게 빛나는 경아의 얼굴. 춤추듯 탄력 있는 걸음으로 매장을 가로

지르는 경아.

청소부든 잡역부든 닥치는 대로 반갑게 인사한다.

경아   안녕하세요. 굿모닝. 굿모닝…….

S# 15. 초상화부 안

경아가 들어서며

경아   안녕하세요.

김씨   (화구를 챙기며) 미쓰 리, 뭐 좋은 일 있었어? 종달새
             같애?

옥희도   (경아에게 눈인사를 보내고)

경아   또 그렇게 무단결근하실 거예요?!

김씨   나도 무단결근이나 할까 부다. 미쓰 리 관심이나 좀
             끌게.

경아   하세요.

돈씨   진씨가 왜 안 나와? 출근 하난 젤 빠른 사람인데.

경아   돈씨 아저씨 수입이 오를 텐데 무슨 걱정이세요.

돈씨   어이구. 말하는 거 하군.

경아   (일거리를 나눠 주며) 자아, 일거리들 받으세요.

태수   (공구를 들고 지나가며 초상화부 쪽엔 시선도 주지
             않는다)

경아   (그런 태수를 물끄러미 본다)

옥희도   (그런 경아를 또 물끄러미 본다)

S# 16. 유기부 안

경아가 유기부로 들어와 미숙 옆에 앉으며

미숙   언니, 기분 좋아 보이네?

경아   그러니?

미숙   웬일이야? 언니가 마실을 다 오구.

경아   그냥. 여기서도 우리 가겐 보인다 뭐.

미숙   다들 어디 갔어?

경아   점심 먹으러……. 빵 사온댔으니까 너도 점심 먹지 마.

미숙   그래요? 아, 아, 행복하다.

경아   (미숙의 어깨를 껴안고 그녀의 머리에 뺨을 댄다) 너 한테 항상 싱그러운 풀냄새 같은 게 난다. 너 그거 아니?

미숙   언니, 무슨 일이야?

경아   일은 무슨……. 그냥 이상하게 오늘 아침 나절은 기 분이 좋아. 나라고 잠시만이라도 행복해 하면 안 되는 거야?

미숙   언니, 사랑하는 사람이라도 생긴 거야? 무슨 책에 보 니까 그렇게 씌었대. 사랑을 하면 모든 게 금빛으로 빛나 보인다구.

경아   쬐끄만 게 뭘 안다구……. (긍정의 미소)

미숙   ……. (경아에게 할 말이 있는 듯)

경아   할 얘기 있니?

미숙	(불쑥) 미국 사람하구 정식으로 결혼을 해도 사람들이 양갈보라구 그럴까?
경아	(놀라) 애! 너!
미숙	(눈을 내리깔며) 이것저것 생각이 복잡해.
경아	그 상병? 결혼까지 생각할 정도야?
미숙	날 대하는 게 장난 같지는 않아. 날 굉장히 좋아해.
경아	너도 좋아?
미숙	그 사람이 좋은 건지, 그 사람의 나라가 좋은 건지, 나도 모르겠어. 미국으로 가게 되면 여길 벗어날 수가 있잖아.
경아	(놀라서) 너…… 그렇게도 미국이 가고 싶어?
미숙	꼭 미국이 아니라도 좋아. 그냥 이 나라를 떠나고 싶어. 전쟁이니 피난이니 굶주림이니……. 지긋지긋해. (연필 끝으로 종이에 구멍을 내서 찢으며 몹시 초조한 듯) 구질구질해.
경아	……!
미숙	언니는 상상도 못 할걸……. 우리 집 식구는 잦은 병치레에다 생각하는 거라곤 먹는 거뿐이야.
경아	(별 거 아니라는 듯 웃는데)
미숙	웃지 마, 언니. 난 웃고 싶은 기분이 아니야. 나 하나 부자 나라, 부자 사람한테 시집을 가서 우리 집을 일으켜 세울 수만 있다면…….
경아	미숙아, 안 돼. 결혼을 그런 식으로 생각하면 안 돼.

옥희도를 비롯해 화가들 우르르 몰려 들어오며 김씨가 빵 봉지를 유기부로

두 개 던져 준다.

돈씨   미쓰 리, 그 빵. 우리가 가부시끼한 거야.

김씨   (이를 쑤시며) 배도 불렀으니 슬슬 잡종들 쌍통이나
      그려 볼까?

미숙   언니, 비밀이야…….

경아   (목소리 낮춰서) 미숙아. 네가 그 상병하고 결혼하면,
      결혼해서 애길 낳으면 그 얼굴이 어떨 거 같니? 그거
      생각해 본 거야? 혼혈아, 잡종, 튀기 그런 소릴 못 들
      어본 건 아니지?

미숙   (얼굴이 핼쑥해진다) 언니! 어쩜 그런 쌍소리를…….
      짐승들에게나 할 수 있는 소리를! (복잡한 심사가 돼
      서 고개를 숙인다)

S# 17. 초상화부 안

다른 사람들 열심히 그림 그리는데, 옥희도는 무슨 생각을 하는지 회색 휘
장만 바라보고 앉아 있다.

경아가 옥희도를 바라보다가 맞은편을 바라보면 진열대에 이마를 대고 엎
드려 있는 미숙.

경아가 다시 옥희도를 보면 아직도 그 자세.

경아가 일어나 그의 주의를 환기시키려 잔기침도 하고 화구도 정돈하고 스
카프를 펴놓기도 하지만 요지부동인 옥희도.

우두커니 서서 한숨 쉬는 경아.

익살맞게 생긴 GI, 팝콘을 씹으며 초상화부 안을 기웃댄다.

경아   초상화 그릴래요?

붐비기 시작하는 매장 복도.

S# 18. 경아의 집

우체부가 던져 주고 간 편지를 경아모가 받아들고 있다.
   편지 앞뒤를 살피고 반갑지 않은 듯 저고리 소매에 넣고 갑갑한 듯 하늘을
보다가 장독대로 가 항아리 뚜껑들을 모조리 열어 젖힌다.

S# 19. 초상화부 안

진씨만 없고 모두들 있는데 다이아나 김이 흥분해 있다.

다이아나김   모두들 이렇게 천하태평이라니? 진씨 아들이 죽었다
             는데, 진씨 아들이 죽었다고 통지서가 왔다는데…….
김씨   망할 놈의 세상. (담배를 피워 문다)
돈씨   멀쩡한 젊은 아이들 목숨도 초개 같으니…….
옥희도   (한숨을 쉬고)
경아   다이아나 김은 어디서 들었어요?
김씨   아, 지금 그게 문제야? 진씨는 생병이 나서 누워 있다
             는데.
돈씨   일을 안 하면? 산 입엔 거미줄 치고?
다이아나김   불쌍한 진씨. 그 아들 하나 믿고 사는 진씨가 그 착한
             진씨가 이제는 뭘 믿고 뭘 의지해서 살아. 아이구 망

할 놈의 세상.

모두들 참담해서 말을 잃는다.

S# 20. 산동네(저녁)

최 사장, 옥희도, 김씨, 돈씨, 경아, 다이아나 김이 진씨의 집을 찾아 나선 길이다.

S# 21. 진씨의 집

진씨가 방문에 걸터앉아 넋을 놓고 있다.
모두들 들어서지만 눈앞에 아무것도 보이지 않는 듯한 진씨.

최사장	이봐요. 진씨. 우리가 왔어요.
진씨	…….
돈씨	소식 듣고 얼마나 놀랐었는지……. 최 사장한테도 우리가 연락을 했어요.
최사장	출근일랑 신경 쓰지 말고 한 며칠 쉬도록 해봐요.
김씨	이런 땔수록 산 사람이 정신 바짝 차려야지, 어쩌겠어요.
진씨	…….
다이아나김	(진씨를 안타까이 보다가 슬그머니 먼저 돌아서 버린다)
옥희도	(가는 경아를 보고 있다)

사람들이 진씨를 흔들고 어쩌고 하며 다가가서 위로를 하는 모습.

진씨는 완전히 넋이 나간 얼굴로 여전히 말이 없다.

S# 22. 전차 정류장 앞(밤)

우두커니 서 있는 경아.

S# 23. 경아네 안방(밤)

모잽이로 팔을 베고 누워 있던 어머니가 일어나 낮에 온 편지를 뜯는다.

큰아버지 (E)　　계수씨 보십시오. 그간도 안녕하신지요? 민이 편에
　　　　　　안부는 전해 듣고 있습니다만, 늘 걱정이 앞서는군요.
　　　　　　어지간만 하면 계수씨 생일엔 서울엘 한번 갈까 했었
　　　　　　습니다만 벌여놓은 고철상 일이 얼마나 바쁜지 도무
　　　　　　지 짬을 낼 수가 없었습니다. 일간 짬을 한 번 내어 상
　　　　　　경을 할까 합니다만 경아 문제를 계수씨도 좀 잘 생각
　　　　　　을 해주시지요. 학업은 마쳐야 무슨 일이 되지 않겠습
　　　　　　니까? 여식이긴 하지만 저한텐 하나뿐인 조카자식 아
　　　　　　닙니까. 이대로 두고 볼 수는 없는 노릇이지요. 더군
　　　　　　다나 듣자니까 경아가 다니는 직장도 점잖지는 못한
　　　　　　곳이라고 하니…….

어머니, 미간을 찡그리며 편지를 밀쳐 버린다.

S# 24. 거리

경아가 어디로 갈까 서성이는데, 미군을 상대로 한 소년이 놋재털이와 담뱃대를 치켜들고 서툰 영어를 한다.

소년   할로 플리즈 캄 캄 룩크 룩크 위해브 메니메니 베리
             나이스 프레젠트……

흑인   아이 돈 해브 머니. 유 프레젠트 오케이?

소년   (김이 팍 새서) 씨이발 개새끼!

경아, 소년에게 서글픈 미소 보내고 걷기 시작한다.

S# 25. 명동 거리 완구 노점 앞(밤)

사람들 붐비고 경아가 그들을 비집고 들어선다.

침팬지가 술 마시는 옆에 눈이 불거지고 흰 이를 드러내고 웃는 흑인 인형이 징을 들고 서 있다. 막 태엽이 풀린 두 인형을 차례로 태엽 감아 내려놓는 할아버지.

징 치고 술 마시고, 술 마시고 징 치고, 박자가 잘 맞는 두 인형.

허리를 잡고 웃는 사람들.

경아가 쪼그리고 앉아 금박 인형의 배를 눌러 삑삑 하는 비명을 듣다가 빨간 불자동차를 굴려 보고 권총을 들고 일어나 방아쇠를 당겨 보고 다시 소꿉을 집어본다.

뒤에서 가만히 경아의 어깨를 감싸 안는 옥희도.

경아, 긴장해서 가만 있다가

경아	옥 선생님, 옥 선생님 맞죠? (일어선다)
옥희도	뭘 하나 사주고 싶은데…….
경아	…….
옥희도	말해 봐, 뭐든지……. 마음에 드는 걸루.
경아	…… 모르겠어요.
옥희도	자기가 갖고 싶은 것도 몰라? 열심히 구경하던데?
경아	소꿉이요.
옥희도	(할아버지에게) 하나 싸 주십쇼.

풍로와 솥과 식기와 노란 꽃이 그려진 접시가 한 세트인 소꿉 장난감을 싸
주는 할아버지.
받아드는 옥희도.
경아는 계속 장난감들을 만져 보고 있다.

옥희도	뭐 더 사고 싶어?
경아	저도 선생님한테 뭘 사드리고 싶은데요. (침팬지를 본다)

S# 26. 성당 앞(밤)

옥희도	진씨네 일은 정말 안됐어.
경아	끝까지 입을 떼지 않으셨어요?
옥희도	눈물만 흘리더군.
경아	엄마 생각이 나서 더 이상 거기 있을 수가 없었어요.
옥희도	짐작이 가더군.

경아	…….
옥희도	…….
경아	어떻게 제가 있는 곳을 알아내셨죠?
옥희도	발길이 그냥 그쪽으로 놓였어. 주정뱅이 침팬지가 보고 싶어지는 게…….
경아	선생님…….
옥희도	…….
경아	제가 그 침팬지 앞에서 선생님을 기다리고 있었다면…….
옥희도	(경아의 손을 잡는다)
경아	사람들 속에 있으면서도…… 왜 이렇게 외로운 걸까요.
옥희도	(어깨를 안으며) 그래…… 그래……. 그렇지.
경아	선생님을 만나서 얼마나 기쁜지 모르겠어요. 지금은 조금도 외롭지…….
옥희도	(멈춰 서서 경아를 안아 준다. 아버지 같은 푸근함으로)
경아	(떨리는 소리로) 선생님과 있으면 마음속의 불안이 덜어지고 편안해져요.

경아, 옥희도의 가슴에 막 안긴다.

옥희도, 그런 경아를 마다않고 받아들이나 시선은 아득하다.

경아, 옥희도의 입술을 먼저 탐한다. 손에 들고 있던 경아의 소꿉과 옥희도의 침팬지가 밑으로 떨어지나 아랑곳 않고 서로 탐하던 두사람.

옥희도가 먼저 떨어져 나와 떨어진 소꿉 장난감과 침팬지를 주워 올린다.

S# 27. 성당 앞 벤치

밤하늘에 그로테스크하게 보이는 성당의 첨탑.
경아가 앉아 있고 옥희도 등을 보이고 서서 담배 연기를 뿜으며.

옥희도   이 침팬지를 보면 가슴이 아파. 나도 경아도 이놈과
           다를 바가 없잖아. 먹고 살기 위해 경아가 지껄이는
           브로큰 잉글리쉬나 내가 그리는 울긋불긋한 얼굴들이
           나…… 다…… 언제까지 이런 일을 해야 할까. 정말
           하고 싶은 일을 하게 되는 날은 과연 오기나 하려는
           걸까?

경아   선생님…….

옥희도   (이글대며) 그림이 그리고 싶어. 그냥 그림…….내가
           원해서 그리는 그런 그림…….

경아   그리세요.

옥희도   할 수 없어. 참담하구…… 막막해서……. 지금은 붓
           이 잡히질 않아.

경아   (일어서서 옥희도 등에 얼굴을 파묻으며) 선생님, 우
           린 왜 이렇게 살아야 하는 거예요? 이 전쟁은 무얼 위
           해 누가 일으킨 건가요. 도대체 언제 끝나는 건가요.
           끝나면 우리가 잃은 것들은 찾을 수가 있는 건가요?
           누가 돌려 주기나 하는 건가요?

옥희도   …….

S# 28. 극장 앞(밤)

환하다. 분홍 토슈즈를 신은 모이라 샤라가 광란의 춤을 추는 극장 간판.
꾸역꾸역 몰려나와 흩어지는 관객들.
옥희도의 팔짱을 끼고 경아가 걷고 있다.

경아   선생님, 우스운 얘기 하나 해요.

옥희도   (보면)

경아   발레리나를 꿈꾼 적이 있어요.

옥희도   가능한 일이지.

경아   포성이 들리지 않던 때였어요. 아버지는 안방에서 혼
           자 바둑 연구를 하시거나 묵화를 치셨고 어머니는 활
           기차면서도 정갈하셨죠. 개성 음식을 연신 맛깔스럽
           게 만드셨구요. 두 오빠들은 집안을 가득 채우고도 남
           을 만큼 건강하고 믿음직스러웠죠. 전 고명딸 노릇만
           잘 하면 되었어요. 모두모두 서로 사랑했지요.

옥희도   (안쓰럽게 경아를 보면)

경아   바로 그런 때에 전 발레리나를 꿈꾸었어요, 선생님.
           저 무용 잘해요. 그거 모르시죠? 무용 선생님이 얼마
           나 날 예뻐하셨는지……. 그렇다고 공불 못 한 거 아
           니에요. 공부도 잘 했다구요.

옥희도   그래, 그랬을 테지…….

경아   선생님, 지금 건성으로 그러시는 거죠?

옥희도   아냐. 그렇지 않아요.

경아   (현실로 돌아오며 다시 서글퍼지고)

398

옥희도	······.
경아	······.
옥희도	진씨가 잘 극복을 해얄 텐데······.
경아	이기지 못하는 슬픔은 없는 거라면서요? 세월이 약이 된다면서요? 전 이 말들에 마구 매달렸어요. 안타까운 건 우리 엄마죠. 엄만 바보예요. 울 엄만 바보라구요. (서러워진다)
옥희도	어머니가 기다리시겠군. 그만 들어가 봐요.
경아	우리 엄만 저 안 기다리세요. 엄마가 기다리는 건 죽은 오빠들이지 살아 있는 제가 아니에요. 우리 오빠들은 죽어서 살았고 난 살아서 죽어 버렸어요.
옥희도	그만 해둬요. 부모 심정은 그게 아닌 법이지. 경안 지금 껍질만 보고 있는 거야. 어떻게 경아의 어머니가 경아를 사랑하지 않을 수 있어?
경아	······.
옥희도	데려다 주겠어.
경아	아니에요, 선생님. 전 선생님하고 더 같이 있을 거예요. 그러고 싶어요. (떼를 쓴다)

S# 29. 진씨 집(밤)

다이아나 김이 죽을 쒀서 진씨 앞에 갖다 놓는다.

진씨가 눈물 맺힌 눈으로 올려다보면 액자에 끼워져 벽에 붙어 있는 아들의 사진.

다이아나 김이 수저를 손에 들려 준다.

S# 30. 술집 거리(밤)

옥희도와 경아가 여전히 걷고 있는데

주인   (E) 어디서 행패는 행패야! 멀쩡하게 생긴 놈이……. 야,
        바우야. 저 자식 내쫓아!

술집 문이 벌컥 열리며 누가 하나 밀려나와 길바닥에 넘어진다. 태수다.
옥희도와 경아가 그냥 지나다 말고 태수임을 알아 본다.
경아는 안절부절하고 옥희도가 다가가 일으킨다.
태수는 거의 인사불성이다.

옥희도   이 친구 이거 안 되겠군.
태수   좋다 이거야. 다 가! 다 가란 말야!
옥희도   이봐, 태수. 어이 정신차리라구.
태수   무슨 상관이야. 다 무슨 상관이냐구…….
옥희도   집까지 데려다 줘야 되겠는데 말야. 큰일 났군. 집도
        알 수가 없고.
경아   같이 가세요. 제가 집을 알아요.
옥희도   그래? 마침 잘 됐군. 이봐, 태수. 태수! 정신 좀 차려
        봐.

S# 31. 초상화부 안

경아가 우두커니 앉아 입구를 바라보면 출입문으로 들어오는 미군 GI.

모두가 비에 젖어 들어온다.

죠오, 비를 함빡 맞고 들어서서 경아에게 손을 한 번 흔들고 지나간다.

경아	비가 굉장히 많이 오나 봐요.
진씨	(출근은 했는데 멍하다)
김씨	빌어먹을 가뜩이나 먹을 게 없는데 장마라니……. 굶어 죽기 똑 알맞겠다.
돈씨	아귀가 붙었나, 맨날 먹는 타령은…….
김씨	요새 먹는 거보다 중한 게 세상에 어딨어? 있거든 대봐!
돈씨	돈이다 돈……. 돈만 있어 봐라. 뭘 못 먹나? 그저 원수는 돈이니라. 안 그렇소, 옥형?
옥희도	(화필을 놓으며) 글쎄요…….

피곤한 듯 어깨를 두들기며 비 맞고 들어서는 양키들을 보는 옥희도.

경아가 유기부를 바라보며 한숨 쉰다. 답답한 듯 창 쪽으로 가 회색 커튼을 확 젖히면 대부분이 군복인 행인. 길 건너의 조악한 선물가게. 비 맞는 가로수.

구두닦이 통, 껌, 양담배 목판을 든 소년들이 어느새 모여들어 구경거리가 난 양 유리창에 붙어 초상화부 안쪽을 들여다보기 시작한다.

커튼을 닫고 제자리에 가 앉는 경아.

옥희도, 마치 커튼이 닫혀진 것을 의식하지 못하는 듯 꼼짝하지 않고 회색빛 커튼을 뚫어져라 보고 있다.

옥희도의 뒷모습을 하염없이 바라보는 경아.

김씨	이거 이거 기분이 이래서야 어디······.
돈씨	맞아. 추렴들을 해서라도 오늘은 한잔 걸칩시다. 진씨도 출근했겠다, 단합대회 한번 해야지.
옥희도	······.
김씨	미쓰 리, 다이아나 김한테 가서 말해요. 오늘 우리 한잔 할 건데 다이아나 김도 데이트 있음 물리라구.
돈씨	다이아나 김도 회빈 내야 해.
진씨	······.
경아	······.

S# 32. 복도

환한 매장 복도를 따라 시선 옮기면 캔디 카운터의 다이아나 김, 열심히 손톱 손질을 하고 린다 조, 길게 하품하더니 백에서 립스틱을 꺼내 다시 칠하는 수잔 정, 아래층 책임자인 발콤과 키득댄다.

가끔 지아이 한두 명이 흐느적거리며 걷고, 훤칠한 상등병 하나가 유기부를 기웃거리다 힘없이 돌아서는 게 보인다.

S# 33. 초상화부

경아, 상병이 돌아서는 걸 보고 있는데

김씨	일 났군, 일 났어. 유기부 꼬맹이는 왜 또 결근이래? 미쓰 리, 몰라요?
경아	얘기 들은 거 없는데요.

돈씨	무슨 일이나 없어야 되는 건데 말이야.
김씨	맞아, 밤새 안녕이란 말이 딱 맞다니까.
경아	(불안한데)
미숙 (E)	언니. 정식으로 결혼을 해도 사람들이 양갈보라고 그럴까…….

S# 34. 부대 전경

비가 내리고 있다.

S# 35. 막걸리 집

옥희도, 경아, 다이아나 김, 김씨, 돈씨, 진씨 막걸리를 안주해서 어지간히 마시고 있다.

김씨	(다이아나 김에게 막걸리를 따르며) 야, 다이아나 김. 주량도 어지간한데? 같이 마실만 하네.
다이아나김	난 맨날 취한 기분으로 살았으면 좋겠더라. 이렇게 적당히 취하면 세상이 즐거워져. 우리 화가 아저씨들도 다 이뻐 보이구 말야.
돈씨	아니, 미쓰 리는 뭐 하고 있는 거야?
다이아나김	미쓰 리야 나하곤 격조가 다른 몸 아니시겠어? 전쟁만 아니면 공책 끼고 대학교에 다닐 몸이시지.
옥희도	(묵묵히 자기 잔에 술을 따른다)
진씨	…….

김씨	최 사장이 그러는데 옥형도 전쟁 전엔 저 북쪽에서 교편을 잡으시던 몸이라구요?
옥희도	아무럼 어떻습니까?
다이아나김	그 말 맞지요. (노래한다) 이래도 한세상 저래도 한세상……. 돈도 명예도 사랑도 다 싫다. (술을 따르려고 하면)
진씨	(다이아나 김이 못 마시게 하고 자신의 잔에 따른다)
김씨	옥형 가족들은 언제나 내려오게 되는 겁니까?
다이아나김	김씨는 꼭 남 아픈 데를 잘 건드리더라. 우린 그런 구질구질한 얘길랑 그만두고 즐거운 얘길하든지 노래나 부르며 놉시다, 응?
경아	(막걸리 잔을 들어 조금씩 마신다)

S# 36. 경아네 부엌(밤)

흐린 알전구 아래 앉아 있는 어머니, 내리는 비를 바라보며 혼자 밥을 먹고 있다.
모래알을 씹듯이 식욕이 없어 보인다.

S# 37. 술집(밤)

다이아나 김이 듬뿍 취해서 탁자에 엎드리다, 탁자를 치다 하며

| 다이아나김 | 가짜더라구, 가짜! 사랑이 가짠데 다이아가 진짜란 법 있냐. 당연하다, 당연해. 그래 좋다! 가짜 좋지! |

	야! 우리 가짜로 한번 서로 잘 살아 보자 이거야. (모 두들 조용한데)
경아	그만 가봐야 하는 거 아니에요?
다이아나김	상처뿐인 내 청춘이다. 야, 이 새끼야! 니가 날 속여? 으응!
진씨	아이들 아버지한테 하는 소리갑소.
다이아나김	야, 이 도둑놈아. 그래 마누라가 시퍼렇게 눈을 뜨고 있는데 총각이라고 날 속여? 안 속는다, 안 속아. 더 는 안 속는다. 차라리 양놈들 등을 처먹는 게 낫다. 첩 소리를 듣느니 그게 낫다구우…….
옥희도	(술을 또 따라 마신다)
경아	(그 모양을 가만히 보고)
다이아나김	진씨 아저씨, 슬퍼 말아요. 인생은 어차피 슬픈 거예 요. 그러려니 하며 살자구요. 알아요, 내 말?
진씨	(소리없이 눈물을 흘리고)
김씨	언제까지 이러고 살란 법 있을라구. 개구멍에도 볕들 날이 있더라구.
돈씨	돈을 벌어야 한다구, 돈을.
다이아나김	돈씨 아저씨, 그러지 맙시다. 돈? 나도 돈이라면 어지 간히 밝히는 년이오만 그렇지 않아요. 돈? 돈보다 더 중요한 게 있어요. 그게 뭔지 알아요? 돈씨 아저씨가 알 리 없지. 우리 옥 선생이라면 또 몰라. 돈보다 더 중한 거. 거 옥 선생님, 어디 말해 봐요. 그게 뭐죠?
옥희도	…….
다이아나김	김씨, 말해 봐요.

김씨	…… 사랑……?
다이아나김	사랑? 사랑 좋죠. (돈씨에게) 아저씨 말해 봐요, 돈 말구…….
돈씨	다이아나 김이 지금 가짜 땜에 울고 있겠다……? 그럼 진짜? 진실?
다이아나김	진시일? 진실 좋죠오. 어디 미쓰 리는 뭐 같애? 돈보다 더 중요한 게 뭐 같으냐구.
경아	목숨이요.
다이아나김	그거야 기본이지. 목숨 끊어지고 나면 뭐가 더 소용 있어? 사랑도, 진실도, 돈도, 명예도 다 부질 없는 것이지. (노래한다) 돈도, 명예도, 사랑도 다 싫다…….

좌중의 분위기가 우울하게 가라앉는다.

S# 38. 태수의 방(밤)

태수가 취해서 아무렇게나 누워 자고 있다.
창문을 두드리는 비.

S# 39. 다이아나 김의 집(밤)

형편없이 취한 다이아나 김을 경아 부축해서 들어오고 있다.
두 사람 다 비에 젖어 있다.
다섯 살, 세 살 정도의 사내아이 둘이 놀라서 보고 있다.
가난한 남의 집 셋방살이를 하고 있는 형편.

그래도 화려한 다이아나 김의 옷가지와 화장품은 보인다.

경아   아이들이 잘생겼네요. 난 몰랐어요. 자 편하게 누워
            요, 언니.

다이아나김   미쓰 리, 지금 나보고 언니라고 했냐? 그래, 내가 니
            언니다. 한 나이라도 더 먹었으니 언닌 언니지. (자조
            적이다)

경아   그만 가봐야겠어요.

다이아나김   (경아의 옷자락을 잡으며) 너, 미쓰 리. 너 정신 차려.
            옥 선생 좋아하는 거 누가 모를 줄 알고? 남들 다 몰
            라도 나는 안다. 사랑이 뭔지 모르는 사람들 눈엔 사
            랑이 비치지 않겠지만 내 눈엔 훤하다. 두 사람 다 어
            지간히 괴로울 것이다. 달콤하기도 할 거구. 미쓰 리,
            그렇지만 그건 안 되는 거야. 유부남은 안 되는 거야.
            어떻게 나 행복하자구 누구한테 상처를 줄 수 있냐,
            안 그러냐?

경아   (다이아나의 전혀 다른 면에 감동하는 얼굴인데) 자
            요.

다이아나김   야, 너 많이 배웠다구 나 무시하는 거 아니지? 인생
            선배 말은 새겨들어야 하는 거야.

경아, 사내아이 둘의 머리를 차례대로 쓰다듬어 주고 우울해서 나온다.

S# 40. 옥희도의 셋방

그리다 만 그림들이 여기저기 흩어져 있고 옥희도가 빗소리를 들으며, 술을 따라 마시는 침팬지의 모습을 멀거니 보고 있다.
태엽이 풀리면 또 감아 준다.

S# 41. 경아의 방(밤)

내리는 빗소리를 들으며 경아가 잠 못 이루고 누워 있다.

다이아나킴 (E) 두 사람 다 어지간히 괴로울 것이다. 달콤하기도 할 것이구……

S# 42. 경아네 집 마루(밤)

안방에서 나오는 어머니.
잠시 머뭇거리다 경아의 방으로 간다.

S# 43. 경아의 방(밤)

방문이 살그머니 열려 경아가 실눈을 뜨고 보면 어머니가 들어와 경아를 물끄러미 본다.
경아가 숨을 죽이고 있으면 어머니가 이불을 잘 여며 주고는 조용히 나간다.

경아   (울먹이는) 엄마……

S# 44. 창경원(저녁)

경아와 옥희도가 걷고 있다.

옥희도   (머뭇거리며) 경아한테 줄 게 있는데…….

경아   ……?

옥희도   (종이에 싼 것을 준다)

경아   (받아 펴 보면 경아의 얼굴이 그려진 스카프다) 언제
         이런 걸 그리셨어요?

옥희도   사람들 없을 때 몰래 그렸지.

경아   (보면서 걷는데)

옥희도   언젠가는 우리도 헤어져 살게 될 것이고……. 또 세
         월이 많이 지난 다음에는 어려웠던 시절도 그리워지
         는 법이니까.

경아   (슬픈 표정인데)

옥희도   맘에 안 들어?

경아   (E) 슬펐습니다. 스카프에 그려진 내 얼굴. 그걸 사람들
         몰래 그리실 때 옥 선생님은 어떤 심정이 드셨던 걸까
         요? 나는 몰래라는 단어가 그렇게 비정한 것인 줄을
         처음 알았습니다.

옥희도   미안해.

경아   잘 간직하겠어요, 선생님.

옥희도   너무 줄 게 없어서…….

경아   선생님, 그런 말씀은 듣고 싶질 않아요. 전 그냥 잠시
         라도, 잠깐이라도 선생님과 둘이 있으면 좋아요. 아무

것도 안 주셔도 돼요. 이미 너무 많은 걸 주고 계신 걸
요…….

옥희도   그럴까, 정말 그럴까…… 오히려 경아가 나한테 그런
것을…….

걸음을 멈추고 의미심장하게 마주보는 두 사람.

S# 45. 다른 거리

경아   미숙이가 며칠째 나오질 않아요.

옥희도   그렇더군. 어디 아프기라도 한 건가?

경아   마음에 걸리는 일이 있어요. 내일도 안 나오면 한 번
찾아가 보겠어요.

옥희도   집은 알고?

경아   알아낼 수 있을 거예요. 미숙이를 보고 있으면 또 하
나의 제 모습을 보는 거 같은 때가 있어요. 선생님.

옥희도   경아가 잘 도와주어요.

경아   전 제 앞가림도 힘이 드는 걸요.

S# 46. 판자촌(황혼)

닥지닥지 붙은 판잣집들이 마치 게 딱지 같다.

점치는 장님들, 벽 쪽으로 나란히 붙어 앉아 손님을 기다리고 있고, 바지를
홀랑 벗고 뛰어노는 아이들.

골목에다 요강을 내놓고 타고 앉아 노래를 부르며 볼일을 보는 소년.

악을 쓰며 부지깽이를 들고 울며 도망가는 아이의 뒤를 쫓아가는 어머니.
길에다 싸놓은 똥을 핥아먹고 있는 강아지.
이집 저집을 기웃거리며 미숙의 집을 찾는 경아.
마침내 쓰러져 가는 집 앞에서 물지게를 지고 가는 미숙을 발견한다.

경아   미숙아!
미숙   (돌아보며 놀란다) 언니! 여길 어떻게…… 이런 데
          를……. (물지게를 내린다)
경아   아픈 건 아니로구나. 다행이야.
미숙   어머니가 쓰러지셨어. 당장 간호할 사람도 없고…….
          동생들 밥해 줄 사람도 없어서…….
경아   그랬구나. 이 집이니?
미숙   우리 나가요. 저기 조금만 가면 시원한 동산이 있어.
경아   인사라도 드리고…….

미숙, 할 수 없이 방문을 열면 계딱지만한 방 안이 드러난다.
한 옆에 누워 있는 미숙의 어머니.
그 옆으로 머리가 하얗게 세고, 허리 굽은 할머니가 열 살 정도의 계집아이
와 쪼그리고 앉아 봉투를 붙이고 있다.

미숙   (소리 지르며) 할머니, 인사 받으세요.

남자아이 둘, 고개를 들고 꾸벅한다.
경아, 고개 숙여 인사하면 할머니, 쳐다보며 희미하게 웃고 다시 일하는데
계집아이는 돌아보지 않는다.

문 닫는 미숙.

| 미숙 | 엄만 약기운으로 주무시고 여동생은 귀가 안 들려요.
폭탄이 바로 옆에서 터졌었거든······. |

S# 47. 동산(황혼)

판자촌이 내려다보인다.
경아와 나란히 앉아 있는 미숙이 잡초를 함부로 뜯어낸다.

미숙	언니 눈으로 다 봤으니 이젠 더 설명이 필요 없게 됐 네.
경아	어떻게 하나같이들 이렇게 암담하니? (백에서 약간의 돈을 꺼낸다) 집을 찾을 건지 어쩔 건지도 몰라 서······. 빈손으로 왔어.
미숙	나 이 돈 못 받아, 언니.
경아	별 소릴······. 동생들 과자라도 사줘.
미숙	싫어, 언니. 절대로 못 받아요. 난 내 힘으로 잘 살 거 예요.
경아	쓸데없는 고집 피우네. 손님으로 오면서 인사도 못 하 니?
미숙	암튼 싫어요. 이 돈 넣지 않으면 나 가버릴 거야?
경아	(돈 처리에 난처해 하며) 너 혼자서 버는 거니?
미숙	아버지도 일자릴 찾아 다니셔. 하지만 아버진 몸이 성 칠 않으셔. 해소가 심해. (먼 데를 본다)

412

경아	…….
미숙	나, 내일부터는 나갈 수 있을 거야.
경아	(미숙의 어깨를 한쪽 팔로 안는다) 너랑 친한 그 상병이 니 가게를 기웃거리더라.
미숙	언니가 전에 한 얘기 난 잊어버릴 수가 없어.
경아	미안해. 심한 소릴 해서…….
미숙	아냐. 틀린 말도 아니었는데 뭘. 혼혈이구 잡종이구 그게 그거지 뭐……. 중요한 건 내가 애를 낳을 거라는 사실이야. 난 거기까진 생각 못 했거든. 바보 같지?
경아	잘 생각해서 해야 해. (일어난다)
미숙	(일어나 경아의 손을 잡으며) 언니, 조금만 더 얘기하다 가. 응? 나 정말 꼭 하고 싶은 얘기가 있는데 할 사람이 없어.
경아	그게 뭔데?
미숙	똑같은 얘기야. 여기 말고 어디든 딴 데로 가고 싶어. 어디든지. 잡종을 낳는 한이 있어도……. 경제적으로 우리 집을 도울 수 있다는 보장만 있다면…….
경아	(우울하게 미숙을 한 번 안아 주고는 돌아선다)
미숙	(그 자리에 다시 털썩 주저앉고 만다)

S# 48. 경아의 집 앞(저녁)

태수가 서성이고 기다리고 있다.

S# 49. 거리(저녁)

경아가 돌아오고 있다.

S# 50. 경아의 집 앞(저녁)

경아가 오다가 태수를 본다. 걸음을 멈춘다.

경아   날 기다린 거예요?

태수   생각해 보니까 옹졸한 거 같아서…….

경아   난 태수 씨가 다시는 날 마주하지 않을 거라고 생각했
어요. 무슨 남자가 삐치고 그래요?

태수   그러게……. 차 한잔 어때?

경아   이왕이면 맛있는 걸 사 줘요. 배고파.

태수   (좋아하며) 얼마든지 가요. (앞장 선다)

S# 51. 중국집(밤)

경아와 태수가 자장면을 먹고 있다.
두 사람 다시 스스럼없이 친해진 분위기다.

S# 52. 거리(밤)

옥희도가 사람을 찾듯 두리번거리고 있다.

414

S# 53. 중국집(밤)

경아   그럼 날 보고 선을 보이란 말예요? 기가 막혀.

태수   (우물거리며) 아니……. 그냥 저녁이나 같이 하면
       서……. 우리 형수님이 무지하게 극성이신데 날 보고
       계속 맞선을 보라고 성화신 거야. 그래서 내 그랬지.
       맘에 둔 처녀가 있노라고.

경아   그게 나구?

태수   날 좀 도와줘요, 응? 도와주는 심정으로 저녁 한 끼
       같이 먹는 거 그것도 안돼? 난 그저 당분간이라도 우
       리 형수님한테서 좀 벗어나고 싶어.

경아   …….

태수   승낙한 거지? 경아는 그 자리에만 나와 달란 말야. 그
       다음엔 경아 맘대로야. 정말이야. 이 황태수를 믿어
       보란 말야.

경아   (엽차를 꿀떡 꿀떡 마셔 버린다)

S# 54. 거리(밤)

쿵쿵 비교적 가깝게 들리는 포성.
짐을 가득 실은 마차를 밀고 끌고 가는 부부.
목발을 짚은 상이용사가 지나간다.
나란히 걷고 있는 경아와 태수.

경아   그새 어떻게 지냈어요?

태수		일찍도 물어 보네. 그래, 내가 다시 말 안 부쳤음 경아 는 그대로 아주 그만이었지?
경아	(E)	그건 알 수 없는 일이었습니다. 나는 그저 시간이 흘러가는 대로 나를 내맡길 참이었으니까요. 그건 자포자기의 심정과는 또 다른 것이었습니다. 인간의 의지와는 하등의 상관도 없이 일어나던 처참한 일들……. 그것이 주는 절망감 때문이었을 것입니다.
태수		이왕 약속한 거 부탁해, 응? 내 체면을 봐서라도 그날 나한테 너무 쌀쌀하게 굴지 말아야 해. 바로 오늘 우리가 자장면 먹은 집이 삼 일 뒤의 약속 장소야. 물론 방으로 들어가 앉겠지만 말야.
경아		뭐든 맘대로네. 거절할 걸 그랬었나 부다?
태수		아이구 이경 씨. 이거 또 왜 이러십니까. 잊지 말아. 친절하게 구는 거…….
경아		내가 언제 태수 씨한테 쌀쌀하게 굴었었나?
태수		그럼 친절하셨나?

S# 55. 중국집 계단(밤)

허름한 가게의 삐걱거리는 계단을 오르면서 한 눈을 찡끗하며 팔짱을 끼라고 팔꿈치를 내미는 태수.
어이없이 웃으며 태수의 팔을 끼는 경아.

416

S# 56. 중국집 방(밤)

경아와 태수가 손을 잡고 들어서면 태경과 형수가 엽차 잔을 놓고 앉아 있
다가 반색하고 일어선다. 수수하고 소탈한 30대 후반의 사람들.

형수   (후다닥 일어나며) 아이구, 도련님.
태수   좀 늦었습니다. 경아 씨 때문이 아니고 내 일이 늦는
        통에 그만…….
형수   벌써 동서깜 편들기예요, 도련님?
태수   인사드려.
경아   처음 뵙겠습니다. 이 경이라고 합니다.
태경   반가워요. 어서 앉아요.

모두 자리 잡고 앉으면.

형수   세상에, 도련님. 이런 색실 여태 감추고 있었다니. 여
        보, 이만하면 우리 도련님 눈도 상당히 높은 거죠? 이
        러니 내가 갖다 대는 색시깜들이 반눈에나 찾을려
        구…….
태경   (형수에게 말조심을 하라는 눈짓을 보내지만)
형수   어때요, 뭐……. 이미 한집 식구나 진배없는데 내가
        뭐 새삼스레 점잖을 필 까닭이 뭐예요.
태수   (경아의 눈치를 보는데)
경아   (눈을 내려깔고 가만히 있다)
형수   (수다스럽게) 이런 세상에. 눈에 보이니까 믿지 원, 이

	럴 수가……
태경	음식이나 주문하도록 하지.
형수	(경아의 손을 덥썩 끌어다 잡으며) 손도 곱기도 하지. 이 손으로 밥하고 빨래하고 할 수 있을까?
경아	(손을 빼내는데)
형수	하긴 뭐……. 나처럼 시부모 모실 맏이도 아니겠고 둘이 사는 소꿉장난 같은 살림 그걸 못 하려고……. 안 그래요?
경아	…….
태수	형수님, 오늘은 그냥 인사만 드리는 걸로…….
형수	아, 그게 그거지 뭐. 동서 간에 의가 좋아야 해요, 도련님. 우리가 빨리 친해져서 해될 게 뭐 있다고 그래요.
태경	(태수에게) 종업원을 부르거라.
태수	네, 형님. 이봐요. 주문 받아요.
형수	그런데 나이는 몇 살이지? 아무리 다 된 일이긴 하지만 우선 육갑이라도 짚어 봐야겠네. 몇 살이랬죠? 띠하고 시하고 어디 좌르르 일러 봐요. (손가락으로 육갑 짚을 준비에 혼자 부산하다)
경아	(태수를 꼬집는다)
태수	(조금만 참으라는)
형수	도련님, 벌써부터 둘이만 통하고 그러기예요? 이봐요, 뭐 해, 동서. 어서 내가 물어본 걸 대라니까.

S# 57. 명동거리(밤)

구경꾼이 아무도 없는 장난감 노점상 앞.

누런 봉투를 옆구리에 낀 옥희도, 우두커니 술 마시는 침팬지와 징 치는 흑인을 구경하고 있다.

폐점을 서두르며 주섬주섬 장난감을 챙기는 할아버지.

할아버지   오늘은 어째 처녀가 안 왔소?

옥희도, 대답 없이 씩 웃고 휘적휘적 그 앞을 떠난다.

S# 58. 중국집 방(밤)

음식을 다 먹고 난 후의 흐트러진 상.

태수의 형수가 일어나 경의 옆으로 옮겨와 손을 잡는다.

형수   (경의 손등을 어루만지며) 이런 예쁜 색시가 내 동서
            가 되다니……. 생각만 해도 꿈 같네. 난 친정으로 여
            동생이 없어요. 우리 친동기간처럼 잘 지내도록 해요,
            응?

경아   …….

형수   여보, 빨리 성례를 서둘러야 되겠어요. 참한 색시 놓
            치기 전에…….

태경   두 사람이 약속이 돼 있다는데 무슨 걱정이 있으려구.

태수   (얼른) 저희들이 알아서 하겠습니다.

나목 419

형수	(깔깔 웃으며) 도련님은 가만 있어요. 내가 알아서 다 할 테니까. 난 내 일이고 남의 일이고 그냥 앉아 못 봐.
경아	(거북해서 자리를 고쳐 앉으며 태수에게 그만 일어나 자는)
태수	오늘은 그만…… 경아 씨 집에서 어머니가 기다리시 구…….
형수	하긴 어머니가 얼마나 궁금해 하실까. 아무 걱정 마시 라고 해요. 동서는 우리한테 만점을 받았다고 말해요. 알았어요?
경아	(당혹해서 두 뺨을 싸안는데)
형수	아유, 신식 색시가 부끄러워하긴……. 일간 어른들끼 리도 한번 만나야 되겠네.
경아	(일어나려는데 발이 저려 비틀거리는데 난처하다)
형수	저런……. 발이 저린 거로군. 콧등에 침 세 번 발라 요. 어서.

S# 59. 명동 거리(밤)

완구 노점상 앞
늦은 밤이라 사람의 왕래가 거의 없고 불빛도 드문드문 남아 있다.
폐점한 노점상. 장난감들이 놓였던 널빤지가 추녀 밑에 비스듬히 놓였을 뿐.
낭패한 듯 사방을 둘러보는 경아.

태수	여기 뭘 보러 온 건데? 왜 한사코 여길 오는 거야.

경아	……. (성당 쪽으로 발길을 옮기며) 태수 씬 가도 좋 댔잖아.
태수	미쳤어? 경알 혼자 두고 가라구? 이 시간에?
경아	(앙칼지게) 나 오늘 태수 씨가 하자는 대로 다 했어. 그러니 지금은 내 말대로 해요. 태수 씬 가끔 혼자 있 고 싶을 때 없어? (사이) 내가 지금 그렇단 말예요.
태수	(멍해서 있다가) 금방 집으로 가야 해. 약속해?
경아	그래요. 걱정 말고 가요.
태수	(아쉬워하며 간다)

S# 60. 성당 앞(밤)

옥희도와 포옹하던 자리에 우두커니 서보는 경아.
다시 걸음을 옮기는데.

미숙	언니!
경아	(깜짝 놀라) 세상에……. 너 이 시간에 여긴 어쩐 일 이야?
미숙	그냥……. 맘이 하도 복잡해서 성당에 좀 있었어.
경아	그랬구나. 기도?
미숙	사실은 여기저기로 언닐 찾아다니다가…….
경아	날? 어디루?
미숙	장난감 할아버지 앞에 한참 있다가 성당에 앉아 있다 가…….
경아	너, 저녁두 안 먹었겠구나. 가자.

미숙	언니, 나 옥 선생님 봤어.
경아	(긴장하는데)
미숙	할아버지네서 침팬지를 혼자 구경하시던데.
경아	…….
미숙	선생님은 나 못 보셨어. 불러 보려다가 선생님이 하도 우울해 보여서 그냥 뒀어. 오늘은 같이 있었던 거 아닌가 봐?
경아	…… 그래……. (속상하다)

S# 61. 제과점 안(밤)

창가에 앉는 두 사람.
미숙만 빵을 먹고 있다.
미숙, 포크로 먹던 빵을 조각내며

미숙	나…… 미국 가는 거 그만둘까 봐.
경아	생각이 복잡하게도 생겼구나.
미숙	잡종……. 혼혈아……. 그 생각만 하면 끔찍해지는 거야.
경아	왜 안 그렇겠니.
미숙	미국도 가고 싶지만 더 중요한 것도 있겠다 싶거든. 남자하고 여자, 말이 통해도 서로 다를 때가 많잖아? 근데 내가 영어를 하면 얼마나 하겠으며 그 사람들의 문화를 이해하면 얼마나 하겠어.
경아	(픽 웃으며) 철이 다 들었구나.

미숙	미국엘 가지 않고서 집안 형편이랑 내가 나아질 방법은 없을까⋯⋯? 그걸 온종일 생각해 봤어, 나⋯⋯.

미숙   미국엘 가지 않고서 집안 형편이랑 내가 나아질 방법은 없을까⋯⋯? 그걸 온종일 생각해 봤어, 나⋯⋯.

경아   ⋯⋯.

미숙   언니, 나 언니네 집으로 거처를 좀 옮기면 안 될까? 언니넨 식구도 없고 집도 넓잖아.

경아   그게 또 그렇게 간단한 일은 아닐 거야. 우리 엄마⋯⋯ 미숙아, 어떻게 설명해야 할까⋯⋯ (유리창으로 눈을 돌리고 그림자를 보고)

(E)   네가 돼지우리라고 표현하는 집은 그래도 사람의 냄새가 나는 곳이다. 내 집은 불모지, 지독한 한발의 땅이란다.

미숙   (옆으로 옮겨와 조른다) 언니⋯⋯. 잠시라도 떨어져 지내면 난 내 가족을 더 사랑하게 될 거야. 밥값은 낼 거구.

경아   엄마는 일어나셨니?

미숙   응. 그러니 집안에선 내가 꼭 필요도 없어. 돈만 벌어 드리면.

경아   그건 틀려. 필요 없는 가족이란 없는 거야. 가장 어려운 때에 자기만 빠져 나와? 그건 비겁한 일이야.

미숙   언니! 싫으면 그냥 싫다 그래. 그런 식으로 말하지 말구⋯⋯.

경아   미숙아. 니 눈엔 내가 마냥 좋아 보이니? 내 고통을 니가 어떻게 알아. 내가 어떻게 이런 너한테 낱낱이 설명하니⋯⋯. (신경질적이다)

미숙   (당황해서) 언니⋯⋯.

S# 62. 거리(밤)

미숙   언닌, 가끔 너무 쌀쌀맞을 때가 있어.

경아   미안해. 미안했어.

미숙   아냐. 가장 적절했어요. 내 흥분을 식히고 생각하게
해줬으니까…….

경아   그래. 뭘 생각했는데?

미숙   도망가지 않기로……. 내 나라, 내 집에서 내 문제를
피하지 않고 열심히 감당하기로.

경아   (미숙을 껴안으며) 이제 그만 가자! 우리들의 엄마가
기다리시겠다!

미숙   우리들의 엄마?

경아   응. 너의 엄마와 우리 엄마!

S# 63. 안방(밤)

어머니가 장롱이며 서랍 속을 깨끗이 정돈하고 있다.
경아도 거들고 있다.

어머니   두고 가서 쉬어라.

경아   (무슨 말인가 하려다가 조용히 일어난다)

S# 64. 경아의 방(밤)

안방에서 어머니의 마른 기침 소리가 들리다가 잠잠해진다.

적막이 잠시 흐른다.

경아가 생각이 많은 얼굴로 턱을 고이고 엎드려 있다가 벌떡 일어나 한구석에 쪼그리고 앉는다.

바람에 우는 문풍지.

분합문과 채양의 떠는 소리.

경아가 편지지와 만년필을 찾아들고 엎드린다.

'사랑하는'까지만 쓰고 한참을 망설이는 경아.

경아   (E) 사랑하는 옥 선생님! 그 분한테는 너무 초라한 표현
            이야. 사랑하는 태수, 거짓말! 사랑하는 민이 오빠,
            더 거짓말! 그럼 그냥 민이 오빠 보세요. (쓰지는 않
            고 생각만 한다) 제일 먼저 엄마가 얼마나 정상적인
            가를 말씀 드릴게요. 엄마는 서랍을 너무나도 깨끗하
            게 정돈하고 계셨습니다. 저도 오늘에야 그걸 알았죠.
            어머니는 외면이나 내면이 똑같이 단순하고 평화로움
            에 틀림이 없습니다. 사람이 미친다는 건 너무도 많은
            생각을 처리 못 하고 뒤죽박죽이 된 상태가 아닐까
            요? 민이 오빠, 죠오라는 미군이 있는데 허공에라도
            대고 사랑한다는 말을 하지 않으면 못 견딜 때가 있다
            고 했습니다. 그가 그 말을 할 때 저는 그를 바로 보지
            못했어요. 사실은 저하고 똑같아서……. 이렇게 우리
            들은 모두 외롭고 허전합니다. 지금은 이 넓은 집이
            완전히 고요합니다. 이렇게 무섭고 완벽한 적막을 견
            디는 길은 사랑하는 여러 사람들을, 사랑하는 남자,
            사랑하는 친구, 사랑하는 혈연을 가졌다는 믿음뿐일

거예요.

경아가 종이를 구겨 버리고 그 위에 엎드려 버린다.
사이렌 소리가 들린다.

S# 65. 초상화부 앞(오후)

경아, 바라다보면 심각한 표정의 싸진 발콤, 이층으로 가는 난간을 비스듬히 집고 서서 태수에게 뭔가 야단치고 있다.
수잔정, 걱정스럽게 태수 쪽을 바라보다가 이쪽을 바라보고 섰는 다이아나 김에게 손짓한다.
뒷주머니에 대여섯 가지의 연장을 찌르고 섰는 태수, 머리를 긁적이며 어색하게 웃는다.
다이아나 김, 유혹적인 몸짓으로 발콤을 손짓해 부르면 갑자기 태도를 누그러뜨려 태수의 어깨를 툭툭 치며 관대한 표정을 짓는 발콤, 뭐라고 몇 마디 하더니 서둘러 캔디 매장으로 들어간다.
발콤을 얼싸안다시피 하며 애교를 피우는 다이아나 김.
약간 풀이 죽어 난간에 기대선 채 담배를 붙여 무는 태수.
지나가던 쇼리가 계단을 오르다가 자기 목을 자르는 시늉을 하며

쇼리   파이어?
태수   (장난스럽게) 낫 옛!

기운을 회복한 태수, 주머니에서 연장 두어 개를 꺼내 손장난을 치며 경아 쪽으로 다가온다.

S# 66. 초상화부 앞

거침없이 경아의 책상에 걸터앉는 태수.
경아, 태수의 주머니에서 연장들을 빼내 쇳소리를 내보며

경아   이건 뭐 하는 거예요?

태수   전깃줄 까는 거.

경아   이건?

태수   전깃줄 끊는 거.

경아   이건?

태수   쇠파이프 자르는 거…….

경아   와, 은행 금고도 털겠네.

태수   쳇. 도둑질은 쉬운지 알아? 남의 속도 모르고.

경아   왜? 도둑질 해보니까 잘 안 돼요?

태수   (히히 웃으며) 전지 다말 빈 상자에다 숨겨가지고 나
           가다가 들켰지 뭐야. 그게 어디 훔친 건가. 달라 주고
           산 건데도 숫제 도독놈 취급이니 나 원 드러워서.

경아   여기가 어딘데 한국 사람이 딸라로 물건을 사요? 무
           엄하게시리…….

태수   (심난한 표정으로) 돈벌기는 생각보다 어려워.

경아   (아까 쇼리의 모양으로 목을 쳐 보이며) 이거나 안 당
           했어요?

태수   이번만 용서해 준다나…… 치사해서.

경아   이번에도 다이아나 김 덕 같은데?

태수   (입을 삐쭉이며) 그게 공짠 줄 알아? 다 돈 드는 일이

라구.

경아　　　　수잔 정도 한몫한 거죠? 태수 씨 꽁무니 쫓아다니면
　　　　　　서…….

태수　　　　남들은 도라꾸띠도 하는데……. 밑천은 얼마나 들었
　　　　　　다구…….

그림을 그리고 있던 김씨가 갑자기 붓을 내던지며

김씨　　　　에이 썅! 점심 먹었더니 나른하구 통 일이 안 되네.

돈씨　　　　시발 잡것들. (덩달아 붓을 던진다)

태수　　　　(한술 더 뜨며) 에이 썅, 잡것들…….

태수, 더 크게 기지개를 켜고 양손에 깍지 껴 뒤통수에 댄 채 고개를 젖혀
무심히 천정을 본다.
부연 백 촉짜리 전구가 그를 비추고 있다.

경아　　　　싫증나죠? 뺑소니 치고 싶잖아요? 옥 선생님처
　　　　　　럼…….

태수　　　　그러고 보니 오늘도 안 나오셨네. 그래 어디로 도망을
　　　　　　치셨어?

경아　　　　(말없이 출입문을 드나드는 미군들을 바라보다가) 태
　　　　　　수 씨는 전기 기술자 아닌 딴 어떤 일을 하고 싶었던
　　　　　　적은 없으세요?

태수　　　　전공 노릇도 제대로 못 하는 판에 무슨 딴 것을 꿈꾸
　　　　　　겠어? 왜, 어디 좋은 자리라도 있어?

경아	생활 방편 말고요. 좀더 다른 거……. 자기를 몰입시킬 수 있는 어떤 거…….
태수	글쎄……. 막연한데…….
경아	막연하게라두요. 자기가 지금의 자기 말고 딴 어떤 사람이고 싶다든가…….
태수	(히죽 웃으며) 딱 한 가지 있긴 있지. 미쓰 리 남편!
경아	(태수의 뒷주머니에 연장들을 하나씩 꽂아 주며) 그만 가보세요. 가뜩이나 싸진 눈 밖에 났는데 태업까지 하면 쓰겠어요?
태수	맞아. 부지런히 해서 잘 보여야지……. (손을 흔들고 자리를 떠난다)
미숙	(선하품을 하며 다가서는)
경아	(미숙의 손을 꼭 잡아 주며) 어때, 요샌 괜찮어?
미숙	몰라. 여전히 헷갈려.
경아	시들하구나…….
미숙	무슨 말이 그래?
경아	내가 그러니까…… (사이) 마냥 처져 있다가도 발작적으로 무슨 일을 저지르고 싶기도 하고…….
미숙	언니! 왜 이래! 중심 잡어…….
경아	(서글프게 웃는다)
죠오	(슬그머니 나타나 경아를 보며 똑바로 선다)
미숙	나, 가. (간다)
죠오	(들고 있던 책을 경아 책상 위에 놓고 경아의 손을 잡는다)
경아	(주위를 의식하며 손을 빼낸다) 왜 이래요?

죠오   사랑을 하고 싶어. 너랑 사랑하고 너를 통해 이 나라
             를 사랑하고 싶고.

경아, 민망해 하며 죠오가 들고 온 책을 건성으로 넘기면 슈미즈가 어깨에
서 반쯤 흘러내린 여자가 침대에 비스듬히 누워 있고 그녀의 발치에 한 사나
이가 꿇어앉아 머리를 쥐어뜯고 있다.
   책 제목을 들여다보는 경아. 도스토예프스키의 『죄와 벌』이다. 경아가 얼
굴을 찡그린다.

죠오   왜 그런 얼굴을 해? 이 그림이 싫어?
경아   『죄와 벌』에 이런 그림은 너무해요. 아무리 싸구려 책
             이래도.
죠오   (싸울 듯) 왜 나빠? 남자와 여자의 본연의 모습인
             데…….
경아   그래도…….
죠오   (낭패한 얼굴로) 너 역시 동방예의지국이군. 잊을 뻔
             했어.
경아   (발칵 화를 내며) 왜 툭 하면 동방예의지국을 쳐들
             죠? 이국인인 당신이 무슨 권리로 하필 이 나라의 대
             대로 내려오는 긍지를 헐뜯어서 요령부득의 슬랭으로
             만드는 거죠?
죠오   난 적어도 이 나라를 위해 싸우러 왔어. 어쩌면 이 나
             라를 위해 죽을지도 몰라. 좀더 이 나라를 알고 싶어.
             특히 이 나라의 여자를……. 그런데 싸구려로 살 수
             있는 여자 외에는 알 수가 없어. 이 나라의 여자들이

430

란 얼마나 많은 타부에 쌓여 있는지. 난 내가 목숨을 걸고 지키고 있는 이 나라의 진짜 여자를 알고 싶단 말야.

경아   과장하지 말아요.

죠오   과장이라구……. (힘없이) 그렇게 들렸다면 할 수 없지. (시무룩해져 가 버린다)

경아, 뒷모습을 바라보다가 책상 위에 그가 놓고 간 책을 몇 번 넘겨 보다 서랍에 넣는다.

S# 67. 거리(저녁)

바람이 몹시 분다.
혼자 터덜터덜 걸어가는 경아.
나무 끝에 뾰족한 것을 달아 매어 땅바닥의 담배꽁초를 줍는 사람들.

미숙   (뛰어서 따라오며) 언니, 나 좀 도와줘.

경아   뭘?

미숙   나하고 대포집에 좀 가.

경아   애가 새록새록 못 하는 소리가 없네.

미숙   설마 내가 막걸리 마시잘까 봐? 빈대떡 몇 조각 살려구 그래. 진짜 녹두 빈대떡. 엄마가 통 잡숫지를 못해. 명동에 잘 하는 데를 알아났는데 혼자 갈 수가 없잖아…….

경아   (혼잣말로) 겨울두 안 됐는데 그걸 팔까? 우리 어머니도 빈대떡 좋아하시는데.

S# 68. 명동 뒷골목(밤)

으슥하고 협소한 길.
볼품없는 널쪽문이 달린 집 앞에 서서

미숙   이 집이야, 바로. 아주 유명한 집이래. (문 연다)

S# 69. 술집 안(밤)

취객이 부르는 노래 가락 들리고 연긴지 김인지 부연 전깃불 속에 술꾼들 서넛 앉아 있다.
방 쪽으로 널따란 번철에 여나믄 조각이나 되는 빈대떡과 누런 기름덩어리가 한꺼번에 지글대고 있다.

미숙   (곧장 주모 쪽으로 가) 빈대떡 따끈한 걸루 다섯 장만 주세요. 언니 엄마도 좀 사다 드려.
경아   그럴까. 그럼 나도 세 장만…… 갓 지진 걸로 좀 주세요.

S# 70. 술집 앞(밤)

미숙   아휴……. 부끄러워서 혼났다. 난 손님들 쪽은 쳐다보지도 않았어. (겉옷을 들치고 빈대떡을 그 속에 넣

는다)

경아	얘는……. 옷에서 냄새 나.
미숙	괜찮아. 식으면 맛없어.
경아	그건 그래. 너 땜에 나까지 옷에 냄새 배겠다.
미숙	(깔깔거리며) 언닌……. 그래도 좋아하실 엄마를 생각해 봐.
경아	좋아하기나 하실지 모르겠다.
미숙	그거야 말하나 마나지.
경아	사람이 다 같진 않다, 너?
미숙	무슨 소린지 난 모르겠네.
경아	그래. 그럴 테지……. 가자.

S# 71. 경아의 집 앞(밤)

경아, 야단스럽게 대문을 딜컹이며 엄마, 엄마, 부른다.
느리게 나와 문을 열어 주는 어머니.

경아	엄마. 무슨 냄새 안 나요? 좋은 냄새……. 알아맞혀 보세요.
어머니	(시들하게) 냄샌? (앞서 들어간다)

S# 72. 부엌 앞(밤)

경아는 댓돌에 서고 어머니, 희미한 전등이 매달린 부엌으로 들어가는데 경아가 따라간다.

경아	엄마. 빈대떡. 엄마, 이거 좋아하시죠? (자랑스럽게 내민다) 진짜 녹두로만 부치는 유명한 집에서 사온 거예요. 식기 전에 잡숴 보세요. 식을까 봐 급히 왔어요. (생기에 차서 어머니를 보는데)
어머니	(시들하게 받아 펴보지도 않고 부뚜막 위에 놓고 상을 본다)
경아	엄마!
어머니	상차려 들어가마.
경아	…… 엄마, 엄마가 좋아하실 거라는 생각만으로 이걸 사왔어요. 근데 펴보지도 않으세요?
어머니	나중에 먹으마.
경아	나중에 언제요?
어머니	너나 먹든지.
경아	이럴 수는 없는 거예요. 엄마, 어쩜 이웃집 아줌마가 뭘 들고 와도 이러시진 않을 거라구요.
어머니	들어가거라.
경아	나 못 들어가요. 엄마가 빈대떡을 한 쪽이라도 떼서 드시기 전엔 못 들어간다구요.
어머니	나중에 먹겠다고 하지 않았니?
경아	왜! 오빠들한테 엄마가 맨날 부쳐 주시곤 하던 거라 목이 메어 못 드시겠어요? 엄만 오빠들을 따라 죽어 버렸으니까!
어머니	말을 막 하는구나.
경아	저한테 막 하시는 건 엄마예요. 엄마라구요.
어머니	…….

경아	엄마가 내 방에 와서 밤에 이불을 잘 덮어 주시는 거, 저 알아요. 모르는 줄 아셨죠. 난 안 잤어요. 안 자면서 자는 척했어요. 다신 내 방에 들어와서 그러지 마세요. 엄마가 날 밀어내는데 난 왜 엄말 못 밀어내!
어머니	(일손 멈추고 가만히 있다)
경아	(빈대떡을 밀쳐 버리자 바닥으로 떨어져 버린다) 다신 이런 짓 안 할 거야, 다시는! (휙 나간다)
어머니	(바닥에 떨어진 빈대떡을 멍해서 본다)

S# 73. 마당(밤)

경아	(부엌을 향해) 미국 사람을 데려올 거야! 미국 사람하고 자버릴 거야. 엄마가 나 때문에 놀라고, 엄마가 나 때문에 괴로워하는 걸 보고 말 거야! (소리 지른다)
(E)	지금 생각해 보면 절망의 늪에 빠진 내 어머니를 이해할 수도 있는 일이었는데. 나는 그렇게 어머니의 가슴에 다 생채기를 내고 있었습니다. 어쩌면 어머니와 나는 서로에게 상처를 주고 또 상처를 받는 일로 눈앞에서 겪은 괴로움에서 잠시라도 벗어나고 싶은 건지도 몰랐습니다. 그것은 서글픈 생존의 확인이었습니다.

S# 74. 초상화부 안

최 사장이 나와 싱글거리며 앉아 있고 경아가 주급 봉투를 나눠 주고 있다.

돈씨	(봉투를 열어 보며) 낼 모레가 추석인데……. 보너스 좀 없나?
최사장	부지런히들 그리시면 내 얼마 안 있어 조금씩 더 올려 드릴게.
김씨	그 말이 벌써 언제부텁니까?
최사장	(일어서며) 자……. 나는 그만 가봐야 되겠는데……. 옥 선생, 이 사람 이거 아주 안 나올라나……. (하나 남은 봉투를 안주머니에 넣으며) 대가는 귀찮구만. 자기 멋대로니…….
경아	(재빨리) 그거, 제가 갖다 드릴게요.
진씨	(느리게) 그래야 될 것 같소……. 그 사람 보아하니 없으면 굶기밖에 못 하겠습니다.
최사장	(마지못해 봉투 내놓으며) 사람 구해도 되느냐고 물어 보고 와, 미쓰 리. (돌아서 가다가) 미쓰 리, 이쁜 옷 좀 사줘? 환하게 있으라니까 왜 맨날 쯧쯧…….
경아	…….

S# 75. 명동 거리(밤)

완구 노점상 앞.
구경꾼 한 명도 없고 할아버지 졸고 있다.
침팬지도 껌둥이도 보이지 않는다.

경아	(다가가 인형의 배를 누르며) 침팬지, 또 파셨어요?
할아버지	(졸다가 깜짝 놀라) 응? 응……. 왔구랴……. 요새는

	통 안 뵈더니……?
경아	징 치는 깜둥이도 없네요.
할아버지	비싸도 그 놈들은 나오기가 무섭게 팔려. 요샌 또 잘 안 나오구.
경아	할아버지, 저하고 같이 다니던 분, 요새 못 보셨나요?
할아버지	글쎄…… 한두 번 혼자 다녀가긴 했는데 요샌 통 안 왔어.
경아	네…….
할아버지	부녀간인가? 그런 거 같지는 않구…….
경아	그 분 가족들은 이북에서 아직 못 내려오신 걸요.
할아버지	나 같은 사람이 거기 또 있었구만……. (사이) 그럼 처녀랑은 어떤……?
경아	(난처해 하다가) 그냥……. 직장에 같이 (하다가) 그만 가봐야겠네요.

S# 76. 성당 근처(밤)

경아가 옥희도와 포옹했던 장소에서 한동안 서성댄다.

S# 77. 옥희도의 집 앞(밤)

옥희도의 방에 불이 꺼져 있다.
불 꺼진 창을 올려다보다가 경아가 대문으로 간다.
대문에 손을 대보면 문이 잠겨 있지 않다.

S# 78. 집 안(밤)

안채엔 불이 켜져 있는데

경아   계세요? 아무도 안 계세요?
안집   (E) 누구요? (나와 본다)

방안에서 들리는 침팬지의 북 소리.

경아   (소리에 의아해 하면서) 여기 문간방 선생님 어디 가
             셨어요?
안집   불러 봐요. 들고나고 아무 말이 없는 사람이라…….
             불이 꺼져 있는 걸 보니 없는 거 같기도 하고…….

S# 79. 옥희도의 방(밤)

옥희도가 어둠 속에 누워 밖의 말을 듣고 있다.

경아   (E) 전 같은 직장에 근무하는 사람이에요. 오늘 돈이 나왔
             길래.
안집   (E) 거 듣던 중 반가운 소리구랴. 방세가 많이 밀려 있다
             오.
경아   (E) 네…….

S# 80. 옥희도의 집 마당(밤)

안집	기다려 보든지…… 돈을 날 주고 가든지 알아서 하시구랴.
경아	(옥희도의 군화가 놓여 있는 걸 본다) 선생님……. 옥 선생님? 방에 계세요?

S# 81. 경아의 집(밤)

경아의 어머니, 다듬이질이 한창이다.
문득 멈추고 시름에 잠기다 말고 다시 다듬이질에 열중한다.

S# 82. 옥희도의 방(밤)

초라한 방.
남자 혼자 사는 방 특유의 정돈되지 않고 거친 분위기다.
그린 그림, 그리다 만 그림 등이 어지럽게 널렸다.
그리다만 '나목'이 경아의 눈을 끈다.
방바닥엔 경아가 사준 침팬지가 작동을 정지한 채 놓여 있고 경아와 옥희
도가 백열등 아래 마주 앉았다.

경아	불이나 좀 켜고 계시지 않구요.
옥희도	뭐 하러 집까지.
경아	최 사장님이 이걸 갖다 드리라고 해서요. (봉투를 방바닥에 놓는다)

옥희도		…… .
경아		집에 계셨어요, 주욱?
옥희도		여기저기 다니기도 하고.
최사장	(E)	그 친구, 거 처자식 못 잊어서 다시 북으로 간 거 아냐?
경아		가족 소식은?
옥희도		(고개를 젓고)
경아		그림은 잘 되세요?
옥희도		(고개를 젓고)
경아		…… .
옥희도		…… .
경아		저녁은 드신 거예요?
옥희도		경안 그런 걱정은 안 해도 돼.
경아		(서운해서)
옥희도		돌아가.
경아		선생님 그림은 왜 다 저래요?
옥희도		……?
경아		너무 황량해 보여서요.
옥희도		사람 사는 모습일 뿐이야.
경아		선생님, 좀 환한 색깔들을 써보세요. 전 그림은 아무 것도 모르지만 선생님 그림들은 너무 어둡고 우울하고……. 죽은 나무 등걸…….
옥희도		(침팬지의 태엽을 감으면 침팬지가 술을 따라 마시기 시작한다)
경아		…… 선생님, 절 한번 그려 보실래요? 예쁜 옷을 입

	고 올 수도 있어요.
옥희도	부질 없는…… .
경아	선생님, 가르쳐 주세요. 제가 선생님을 위해 할 수 있는 걸요.
옥희도	그만 돌아가도록 하지.
경아	선생님, 좀 솔직해져 보세요. 선생님도 절 만나서 기쁘시죠? 반가우시죠?
옥희도	…… .
경아	기쁘시면 기쁜 표정을 좀 지으세요, 네? 선생님? (고개 숙이며) 선생님을 보고 싶었어요. 가슴이 미어질 때도 있고 그대로 숨이 멎을 거 같을 때도 있어요. 절 보세요. 전 이렇게 제 감정을 선생님한테 막 말해요. 전요. 지금 선생님이 절 좀 안아 주셨으면 좋겠어요. (간절하게 다가간다)
옥희도	(꼼짝도 않고 침팬지만 보고 있다. 태엽이 풀리자 또 감고)
경아	(두 손으로 얼굴을 감싸안는다)

S# 83. 초상화부 앞

죠오가 출입문을 들어서는 게 보인다. 다가오는 죠오.

죠오	하이, 베이비!
경아	(서랍에서 책을 꺼내 죠오에게 내밀며)
죠오	(한국말로) 보고 싶었어. (찬찬히 경아를 훑어보는)

경아	(도전적으로) 나도요. 나도 보고 싶었어요.
죠오	(좋아하며) 당신을 여기 말고 딴 데서 만날 수는 없을까?
경아	우리 집으로 초대할까요?
죠오	정말?
경아	정말이고 말고…….
죠오	그만둬. 당신의 집 대문은 열리지 않아야 돼. 그래야 당신이 양갓집 규수지. 당신을 창녀로 만들긴 싫어.
경아	(더욱 도전적으로) 쇼핑은 어때요? 내 발에 예쁜 구두를 신기고 내 목에 화려한 스카프를 걸어 주면…….
죠오	(경아의 저의가 잔뜩 궁금한데) 당신 오늘 딴 날하곤 좀 다른데?
경아	(힘없이) 왜 까다롭게 굴어요. 조금 친절하게 구니까…….
죠오	(결심한 듯) 좋아, 펜과 종이 좀 줘.
경아	(주면)
죠오	(약도를 그리며) 이따 이리 와. 마음이 변하면 안 와도 물론 좋고. (휘파람을 불며 가버리는)

S# 84. 휴게실

세일즈걸들이 들락거리는 가운데 빵을 먹고 앉은 경아와 미숙.
커다랗고 빨간 백을 멘 다이아나 김이 들어선다.

다이아나김   이제 점심이니? 난 지금 막 먹고 오는 길이야.

입술을 콜드로 말끔이 닦아내고 새로 진홍빛 루즈를 멋스럽게 칠하는 다이
아나 김.
분첩으로 얼굴을 몇 번 두드리고, 가운데 손가락으로 눈가의 잔주름을 뱅
글뱅글 돌려 가며 문지른다.

경아   애들 잘 있어요?
다이아나김   잘 있지. 세월이 키워 주겠지. 별 거냐?
미숙   그렇게 잘생겼다며?
다이아나김   지 아버지가 허우대 하난 멀쩡했었지.
미숙   아버진 어디 있는데? 돌아가셨어?
다이아나김   죽긴……. 두 눈이 시퍼렇게 살아 있지.
경아   속았었댔잖아. 유부남한테…….
상병   (미숙을 찾아 기웃댄다)
다이아나김   들어와. 여기 니 여자 있다. (미숙에게) 니 상등병이
           다.
미숙   (경아의 눈치를 보며 자릴 뜨는데)
다이아나김   쟨 실속이 좀 있는 거냐, 어떤 거냐?
경아   결혼하자고 한다는데 미숙인 맘이 왔다갔다 해요. 아
           마 안 할 걸?

S# 85. 초상화부 안

김씨   (붓을 던지며) 에이……. 언제나 이 짓 좀 안 해먹고

사나! (담배 문다)

경아 (짜증내며) 그만둘 때 그만두더라도 제발 그 소린 이제 그만 하세요. 귀에 못 박히겠네.

진씨 (느리게) 옥 선생을 만나긴 했어, 미쓰 리?

경아 집에서 그림 그리고 계시던데요.

돈씨 배가 덜 고픈 게로군. 돈이 중한 줄을 아직 모른다니까.

경아 사람들이 다 돈씨 아저씨 같은 줄 아세요?

진씨 이런 데서 썩고 있을 사람이 아니란 건 처음부터 알았지.

돈씨 근데 무슨 큰 수지맞는 그림이라도 주문 받았나? 먹구는 살아야 할 거 아냐.

경아 (짜증내며) 전 아는 거 암 것도 없어요. 돈만 드리고 왔으니까요.

창가로 가서 휘장을 연다.

텅빈 창 밖의 모습.

한둘 다가서는 쇼리들. 어느 녀석은 손으로 이상한 짓을 하며 경아를 놀린다.

휘장을 닫아버리는 경아.

S# 86. 경아의 집 대문 앞

짚차에 운전병이 무료하게 앉아 있으면 동네 조무래기들이 기웃댄다.

S# 87. 경아의 집 마루

민이		작은어머니, 한 번만 더 생각을 해보세요.
어머니		글쎄……. 백날 얘기해 봤자 그 얘기 되풀이야.
민이		작은어머니.
어머니		경아는 어떻게 만나서 설득을 하도록 해 보마.
경아	(E)	미국 사람을 데리고 올 거야! 미국 사람하고 자버릴 거야!
민이		경아한테 무슨 일이 있습니까?
어머니		일은 무슨……. 아주버님 말마따나 학업이나 마쳤으면 싶은 거구.
민이		경아가 어디 제 말을 듣습니까? 그리고 경아 하나만 부산으로 데리고 간다 쳐요. 작은어머닌 이 집에서 혼자 어떻게 사시겠어요.
어머니		글쎄, 내 걱정은 할 게 없대두. 육신 아직 성해.
민이		(행랑채 쪽을 보다가) 저어……. 저 행랑채는 헐어버리고 다시…….
어머니		(민이를 정면으로 쏘아보는데)
민이		볼 때마다 가슴이 아파서 그렇습니다, 작은어머니.
어머니		아침저녁으로 보면서 사는 사람도 있네.

S# 88. PX정문 앞(저녁)

짚차를 대고 기다리는 민이.
경아가 나와 짚차에 타는데 태수가 먼발치서 보고 있다.

린다 조, 수잔 정과 나오는 미숙도 보인다.

수잔정	태수 씨 간 다 타네.
태수	(수잔 정을 노려 보고)
미숙	경아 언니, 사촌오빠세요.
민이	저 아가씨도 부르지. 내가 저녁을 사마.
경아	미숙아, 볼 일 없으면 우리 오빠하구 저녁 먹으러 가자.
수잔정	미숙이만 보여?
미숙	다음에 가요. 나 오늘은 약속이 있어.

출발하는 짚차.

S# 89. 짚차 안(밤)

경아	엄마가 그렇게 말씀하셨다, 이거죠?
민이	작은어머니 뜻은 당신은 도저히 뜻이 없으시지만 경아 넌 학업을 계속해야 하지 않겠냐는 거야.
경아	엄만 내 꼴이 보기 싫으신 거예요. 오빠들을 행랑채로 가게 한 게 바로 저거든요. 민이 오빠도 그건 몰랐죠?
민이	……!
경아	암튼 이젠 그만 좀 가만 계세요. 엄마와 제 문젠 어디까지나 엄마와 제 문제예요. 살아도 같이 살고 죽어도 같이 죽을 거란 말예요.
민이	경아야.

경아	저 여기서 그만 내려 주세요.
민이	저녁이나 먹으면서 얘길 더 해보자꾸나.
경아	내려 주세요. 내리고 싶어요. (단호하다)

S# 90. 거리(밤)

경아, 생각에 잠겨 혼자 걷고 있다.

| 경아 | (E) 모든 것에서 버려진 듯한 느낌이었습니다. 나는 내가 둘러쓰고 있는 두껍디 두꺼운 껍질을 깨부수고 새로운 나, 변질된 나와 만나고 싶다는 강한 유혹에 부대꼈습니다. 그것이 비록 지금보다 훨씬 참혹한 모습일지라도 상관없다 싶었습니다. |

S# 91. 죠오의 방(밤)

노크소리 들린다.
죠오, 침대에 엎드려 책을 뒤적이다가 반색해서 일어난다.

| 죠오 | (한국말로) 안 오는 줄 알았다. |

경아, 단단히 결심한 얼굴로 들어서는데

| 죠오 | 미쓰 리, 잘 왔어. 정말 잘 왔어. |

경아, 방안을 생소하게 둘러보며 침대에 엎어져 있는 책을 본다.

경아   소설인가요?

죠오   아니······. (책을 밀어 놓으며) 와 줘서 고마워.

경아   무슨 책이에요? 적어도 지금까지 죠오가 뭘 생각하고
          있었나는 알고 싶어요.

죠오   역사책.

경아   어느 나라? 물론 당신 나라겠죠?

죠오   아니······. 사람들의 역사······. (영어로) 사람들이 어
          떻게 짐승에서부터 갈려서 문화를 만들고 예술을 창
          조했나 하는 얘기야.

경아   재미있겠네요. 얘기해 주지 않을래요?

죠오   (관능적이 되어) 더 재미있는 걸 가르쳐 줄게. (경아
          의 목에 입술을 댄다)

경아   전공이 뭐였어요? 역사학?

죠오   제발······. 기다리기 지루해서 읽었을 뿐야. (발로 책
          을 차 버리며) 이따위를 우리 사이에 끼우지 말라
          구······. (스웨터의 단추를 풀며) 사랑해. (거칠게 경
          아의 옷을 벗기려 든다)

경아, 체념한 듯 거의 반항하지 않고 미미하게 몸을 사린다.
슈미즈만 남겨진 경아의 몸을 안고 침대로 가는 죠오.
사랑한다고 속삭이며 경아의 온몸을 애무하는데.

경아   불 좀 꺼 줘요. (고통스레 입을 사려문다)

죠오   (성급하게 불을 끈다)

깜깜한 어둠.
짐승처럼 거친 숨소리를 내며 경아의 몸을 만지는 죠오.

경아   (두려움에 가득 차서) 안 되겠어요. 불을 다시 켜줘
             요. 불 좀…….
죠오   (동작만 계속하는데)
경아   죠오! 불 좀 켜 달라니까요. (슈미즈를 부둥켜 안고
             단호하게) 불을 켜라니까!

죠오, 투덜거리며 침대 머리맡의 전기스탠드의 스위치를 돌린다.
진홍빛 꼬마전구가 온 방안을 새빨갛게 밝힌다.

S# 92. 행랑채(경아의 회상)

피…… 피…… 피…….
귀청을 뚫는 듯한 굉음이 들리고, 피로 검붉게 물든 호청.
군데군데 고여 있는 검붉은 선혈.
여기저기 흩어진 오빠들의 살점들.
아직도 꿈틀거리는 손가락.
피…… 피…… 피…… 피로 물든 이불 호청.

S# 93. 죠오의 방(밤)

슈미즈를 움켜잡고 침대에서 다다미 바닥으로 굴러 떨어지는 경아. 얼굴이
핼쑥하다.

죠오   왜 그래, 무슨 일이지?
경아   아니야. 이건 아니야!

급하게 옷을 찾아 입는 경아, 제대로 다 입지도 못하고 문을 박차고 나간다.
낭패스러운 죠오가 경아의 하는 모양을 보고만 있다.

S# 94. 거리(밤)

휘청휘청 걷고 있는 경아.

S# 95. 옥희도의 집 앞(밤)

옥희도의 문간방 창에 불이 켜져 있다.
경아가 말없이 창문을 두드린다.
쓰러질 듯 대문에 기대 서 있는 경아의 모습.
방문 여는 소리, 신발 끄는 소리, 빗장 여는 소리.

옥희도   웬일이야, 경아. 무슨 일 있었어?
경아   (무너지듯 옥희도에게 안긴다)

통금 사이렌 소리가 들린다.

옥희도, 암담한 얼굴로 경아를 안은 채 하늘을 올려다본다.

S# 96. 경아의 집 앞 골목(밤)

통금 사이렌 소리가 들리고, 바람이 휘몰아쳐 먼지바람이 분다.

골목 끝에서 서성이는 어머니의 그림자.

사이렌 소리가 멎자 개가 컹컹 짖고 어머니는 심하게 기침한다.

S# 97. 옥희도의 방(밤)

경아와 옥희도가 간격을 두고 나란히 누워 있다.

남루한 이부자리.

옥희도는 그나마 책으로 베개를 하고, 경아가 다가가 옥희도에게 팔베개를 하려고 하면 옥희도가 밀어낸다.

옥희도	통금이 해제되는 대로 데려다 주겠어.
경아	선생님하고 잤다고 엄마한테 말할 거예요. (장난을 섞어)
옥희도	…….
경아	선생님.
옥희도	…….
경아	정말 안 되는 거예요?
옥희도	기차 여행을 하다 보면 터널을 지나게 될 때가 있지.
경아	지금이 바로 그런 때라구요?

옥희도	…….
경아	선생님. 제가 지금 어디서 오는 길인지 아세요?
옥희도	눈을 좀 부쳐 두지. 낼도 출근해야 할 테니.
경아	(토라져서 입을 다물어 버린다)

S# 98. 거리(새벽)

행인도 드문데 옥희도와 경아가 걷고 있다.

S# 99. 경아네 집 앞(새벽)

묵묵히 걸어온 경아와 옥희도, 어디쯤에서 경아가 발걸음을 멈추고 집을 보면 옥희도가 걸음을 멈추고 그대로 돌아선다.

경아	선생님…….

옥희도, 등을 보인 채 그대로 걸어가고 만다.

S# 100. 초상화부 안

열려진 잿빛 휘장.
닫혀진 창문을 두드리며 억수같이 퍼붓는 비.
옥희도를 포함한 화가들 열심히 그림 그리고 있고 좀더 차분해진 경아, 우두커니 앉아 우산 쓰고 입구에 들어서는 미군들을 보고 있다.
태수가 지나가다가 경아의 책상으로 허리를 굽히고.

태수　　　　　(작은 소리로) 죽겠어. 형수님 성화에…….

태수의 어깨 너머로 비웃을 털며 들어서는 죠오, 린다 조의 가게로 들어간
다.
눈으로 쫓는 경아.
태수, 쓸쓸한 눈으로 경아를 보다가 돌아선다.

S# 101. PX복도

삼각 사다리를 놓고 그 위에 올라가 전기를 고치고 있는 태수.
지나가던 경아, 그를 한참 올려다보다가

경아　　　　　미스터 황.
태수　　　　　어, 그래.
경아　　　　　오늘 시간 있어요?
태수　　　　　(반색하며) 그럼!
경아　　　　　유토피아, 어때요?
태수　　　　　오케이!

S# 102. 초상화부 안

다른 사람들 다 나가고 옥희도 혼자 남아 초상화 마무리를 하고 있다.

경아　　　　　(다가가) 오늘 차 사주실래요?
옥희도　　　　(무슨 일인가 하는)

S# 103. 다방—유토피아(밤)

유행가가 흘러나오고 먼저 와 있다가 경아를 보고 손을 번쩍 드는 태수.
뒤따르는 옥희도를 보더니 당황한다.
두 사람, 자리에 앉고

옥희도   형님은 안녕하신가?
태수   예.
옥희도   하는 일은 잘 되고?
태수   뭐 다른 걸 해보실까 생각 중이신 거 같습니다.

잠시 어색한 침묵.

경아   태수 씨, 지난번엔 형수님 신세를 너무 졌어요.
태수   뭐 그쯤은 당연하지.
경아   우리 사이가 아무것도 아니라도 당연할까요?
태수   (놀라) 무슨 뜻이지?
경아   형수님은 고마운 분이지만 전 곤란해요.
태수   미안해, 알겠어. 아직은 경아가 그런 문제를 생각할
           땐 아니지. 그래서 나도 형수님께 제발 서두르지 마시
           라고 그렇게 이르는데도 형수님이 워낙 급하셔
           서……
경아   이 기회에 우리 사이를 분명히 해두고 싶어요.
태수   (옥희도를 의식하며 긴장한다)
옥희도   (피던 담배를 끄며 엉거주춤 일어서려 한다)

경아	(옥희도의 소매를 잡으며) 앉아 계세요.
옥희도	내가 앉아 있을 자리가 아닌 거 같은데······.
경아	두 분이 다 같이 필요하기 때문에 제가 모신 거예요.
태수	······!?
경아	태수 씨, 우린 그냥 아는 사이라는 걸 똑똑히 말해 두 겠어요.
태수	알고 있어. 아직은 그렇다는 걸. 그 얘기하는데 꼭 입 회인이 필요한가?
경아	옥 선생님하고 저는 사랑하는 사이니까요.
태수	(태연하게) 농담이겠지, 경아?
경아	정말이에요. 선생님, 그렇죠? 정말이라고 말해 주세 요.
태수	정말이십니까?
옥희도	······.
태수	그럴 수가······. 선생님, 그럴 수가······. 경아를 어쩌 려고······.
옥희도	······.
태수	불쌍한 경아는······ 사모님은······ 제 문제는 나중입 니다.
옥희도	난 아내와 아이들을 사랑하네.
태수	이해할 수 있는 말씀을 하셔야죠.
옥희도	······.
태수	고고한 예술가란 말씀이군요. 속인의 이해 따윈 상관 없는······.
옥희도	(조용하게) 조롱하지 말게. 난 말주변이 없어서 진실

	을 그대로 말했을 뿐야.
태수	변명이라도 좋으니 좀 이치에 닿는 말씀을 해주세요. 이치에요.
옥희도	이치? 사막에서 목마른 자가 신기루나 오아시스를 보는 데도 이치가 있을까? 아……, 어떡하면 자네가 알아 줄 수 있을까? 내가 살아온 이 미칠 듯 암담한 몇 년을. 가정적으로가 아니라 그림을 그리는 사람으로 말일세. 질식할 것 같았네. 이 절망적인 일상에서 그래 경아라는 풍성한 색채의 신기루에 얼마간 정신을 팔았대서 나는 과연 파렴치한 치한일까? 이 신기루에 바친 소년 같은 동경이 그렇게도 부도덕한 걸까?
태수	선생님!
옥희도	경아를 다치지 않게 할 수 있었던 게 지금 내겐 가장 큰 위안일세.
태수	변명이 능란하시군요.
옥희도	자네에게 이런 책망을 듣기 전에 끝나 있었어야 하는 건데……. 실은 그럴 작정이었는데 내 우유부단함도 있지만 경아의 불행……. 경아의 외로움을 함께 나눌 수 있다는 데 기쁨과 보람을 느끼기도 했었지. (휘청거리며 일어선다) 나 좀 먼저 가겠네. 너무 긴 말을 한 거 같아. 혼자가 되고 싶구만…….
경아	(따라 일어나며) 선생님.
옥희도	(슬픈 눈으로) 경아, 경아는 나로부터 놓여나야 돼. 경아는 나를 사랑한 게 아냐. 나를 통해 아버지와 오빠를 느끼고 있었던 거지. 이제 그 환상으로부터 자유

로워져 봐. 자기가 혼자라는 사실을 두려움 없이 받아
들여. 사랑도 꿈도 다시 시작해봐.

S# 104. 거리(밤)

혼자 걷는 경아.
미숙이 저만큼 가고 있다.

경아	미숙아!
미숙	아…… 언니!
경아	오늘은 빈대떡 안 살 거니?
미숙	빈대떡은 뭘……. (하다가 안쓰러운 얼굴로) 언니,
	엄마 생각나서 그러는구나?
경아	우리 그거 먹으러 가지 않을래? 내가 사줄게.
미숙	그러지 말고 만두집으로 가요. 내가 살게.
경아	아냐…… 빈대떡 먹으러 가…….

S# 105. 빈대떡 집 안(밤)

경아, 들어서며 서슴치 않고 드럼통을 엎어 놓은 상으로 가앉는다.

경아	빈대떡 한 접시만 주세요.
미숙	(어색한 표정) 언닌…… 먹고 가려고 그래? 난 몰라.

몇몇 술꾼들이 이들을 쳐다본다.

구석에서 혼자 술을 마시던 태수, 경아 쪽으로 다가오며

태수	야아……. 경아가 이런 델 다 오고……. (어지간히 취했다)
경아	태수 씨야말로 여기까지 웬일이야?
태수	나야, 올 자격이 충분하지.
미숙	언니……. 나 먼저 가두 돼?
경아	(웃으며) 그렇게 거북하면 먼저 가.
미숙	정말 그래도 되는 거지? 아휴, 살았다. (간다)

태수, 주모가 옮겨다 놓은 부연 막걸리를 다시 한 사발 들이키고 게슴츠레한 눈으로 경아를 오래오래 바라본다. 사발을 경아에게 넘기며.

태수	자, 마셔.
경아	(말없이 받아 마신다)
태수	(본다)
경아	신기루는 뭘로 이루어졌을까요?
태수	……?
경아	수증기 같은 걸까?
태수	(강렬한 눈으로 경아를 보기만 한다)
경아	(손을 불쑥 내밀며) 나를 만져 보고 싶잖아요?
태수	(화들짝 놀라며) 왜? 뭐 하러?
경아	내가 수증기로 되어 있는지, 뼈와 살로 되어 있는지 알고 싶지 않아요?
태수	(경아의 손을 아프게 쥔다, 점점 더 조인다) 센

	데……. 비명도 안 지르고…….
경아	힘이 겨우 고것뿐이에요?
태수	으스러뜨릴 수도 있지만 차마 그럴 수가…….
경아	겁쟁이. (태수의 손을 어루만지며) 사람들이 육신을 지녔다는 건 커다란 축복 같아요.
태수	…….
경아	아직도 볼이 붉은 아이가 있는 집을 꿈꾸나요?
태수	왜? 나빠? 볼이 붉은 사내아이, 착한 아내, 찌개 끓는 화로, 커튼이 늘어진 창, 그런 건 너무 평범해서 경아야 뭐 흥미 있을라구…….
경아	흥미 있어지는데요? 점점…….
태수	점점?
경아	네. 점점 색칠을 하듯……. 눈에 보이게 그런 것이 흥미 있어져요. 꿈이 아닌 모든 것이……. 수증기 아닌 모든 것이……. 다시는 꿈을 꾸기도 남의 꿈이 되기도 싫어요. 다시는…….
태수	막걸리 한 사발로 취하는 거 아냐? 가자구……. 넓은 데로 나가 보자.
경아	그래. 가요……. (일어선다)

S# 106. 고가 앞(밤)

태수	좀 괜찮아? 경아에게 술을 먹이다니……. 나야말로 취했었나 봐.
경아	…….

태수	다 왔어. 나 간다.
경아	…….
태수	차 한잔쯤 대접한다고 해보든지.
경아	그뿐이에요? 겨우 그뿐?
태수	그럼 밥이라도 줄 거야?
경아	(E) 나를, 내 육신을……. 아프게 상처 내보지 않을래요? 아까 팔을 비틀 듯이……. 아니, 그거보다 훨씬 더 아프게……. 내 육신이 다시 수증기가 되어 허공에 걸려 있지 못하도록……. 나는 내가 살아 있다는 걸 확인하고 싶어요.

S# 107. 대문 앞(새벽)

경아가 불안해서 서 있다.
대문을 두드리려다 밀어 보면 그대로 스르르 열린다.
가슴을 쓸어내리며 대문 안으로 들어가는 경아.

S# 108. 경아네 마당(새벽)

불안하게 들어서는 경아, 행랑채 쪽을 보고는 혼비백산해 달려간다.

S# 109. 행랑채 앞(새벽)

어머니가 툇마루 위에 비스듬히 쓰러져 미동도 않고 있다.

경아   엄마! 엄마! (안타까이 흔들다가 심장이 멎는 듯한 충
     격을 받는다)

S# 110. 묘지

아버지, 두 오빠들 무덤이 있는 곳에 새로이 생겨난 어머니의 묘.
경아가 소복 차림으로 망연히 앉아 있다.

경아 (E) 어머니는 그렇게 가셨습니다. 결국 어머니의 죽음에
     조차 나는 무관한 사람이 아니었습니다. 짐승처럼 꺼
     이꺼이 나는 울었습니다. 내 어머니와 살아도 같이 살
     고 죽어도 같이 죽겠다던 내 말은 거짓말이었습니다.
     나는 살아남았습니다. 다이아나 김과 진씨는 결혼식
     을 올리진 않았지만 함께 살게 되었고 미숙이는 수천
     번의 망설임 끝에 상병을 따라 미국으로 갔습니다. 떠
     나던 날, 미숙이는 울었습니다. 미숙이가 친정에 경제
     적인 도움을 주었는지 어쨌는지 그건 모릅니다. 혼혈
     아를 낳았는지 어쨌는지 그것도 모릅니다. 미숙이의
     편지는 아무도 받지 못했기 때문입니다.

S# 111. 38선 근처(밤)

옥희도가 가족을 기다린다.
상상처럼 가족과 상봉하는 순간, 어딘가의 총격을 받는다.

S# 112. 야산

거적대기에 덮혀 있는 옥희도의 시신.
경아가 탈진해 앉아 있다.

경아　　(E)　아…… 내 사랑. 스물한 살의 내 사랑도 끝나 버렸습
　　　　　　니다. 선생님은 아주 가버리셨으니까요. 선생님은 두
　　　　　　고 온 처자식을 직접 데리고 내려오실 심산이셨나 봅
　　　　　　니다. 선생님의 시신은 휴전선 가까이에 누워 계셨습
　　　　　　니다.

S# 113. 경아의 집

태수의 형수가 먹을 걸 들고와 경아에게 막 권하고 집안도 치운다.

경아　　(E)　태수 씨의 형수님은 지칠 줄도 모르고 나를 돌보았습
　　　　　　니다. 좀 주책스럽긴 했으나 소박하고 따뜻했습니다.

S# 114. 전시회장(현재)

주부의 모습이 몸에 밴 경아가 '나목' 그림 앞에 서 있다.

옥희도　(E)　경아가 사랑한 건 내가 아니야. 나를 통해 아버지를
　　　　　　만나고 오빠들을 만난 거지. 경아는 나로부터 놓여나
　　　　　　야 해. 꿈도 사랑도 경아는 다른 곳에서 찾아야 해. 내

영혼은 저 벌거벗은 나무야. 내게는 경아가 쉴 만한 그늘이 없어.

경아   (E) 그러나…… 오늘 나는 봅니다. 저 나목에서 맑고 여린 새잎이 또 다시 무수히 피어나는 것을……. 그 나목 아래 방황하던 어리고 추운 영혼에게 선생님은 그걸 가르쳐 주셨습니다.

나이 먹은 모습의 태수가 다가와 경아의 어깨에 손을 얹는다.
태수를 보고 미소 지으며 돌아서는 경아.

〈끝〉